Enjoy Esperanto

Teach Yourself®

Enjoy Esperanto

Tim Owen

First published in Great Britain in 2021 by Teach Yourself

An imprint of John Murray Press

A division of Hodder & Stoughton Ltd,

An Hachette UK company

1

A CIP catalogue record for this title is available from the British Library

ISBN 978 1 529 33379 4

Typeset in 10.5/14pt FS Albert Pro by Integra Software Services Pvt. Ltd., Pondicherry, India

Printed and bound by CPI Group (UK) Ltd, Croydon, CR0 4YY

John Murray Press policy is to use papers that are natural, renewable and recyclable products and made from wood grown in sustainable forests. The logging and manufacturing processes are expected to conform to the environmental regulations of the country of origin.

The publisher has used its best endeavours to ensure that any website addresses referred to in this book are correct and active at the time of going to press. However, the publisher and the author have no responsibility for the websites and can make no guarantee that a site will remain live or that the content will remain relevant, decent or appropriate.

John Murray Press

Carmelite House

50 Victoria Embankment

London EC4Y 0DZ

Contents

Acknowledgements

Clare Hunter knows this book as well as I do, despite never having seen it at the point that I'm typing this. I had first been approached about the possibility of publishing a follow-up to *Complete Esperanto* immediately prior to a visit to Powis Castle in Wales, where I batted some ideas about with Clare over the weekend. I drew up the detailed breakdown of the ten units whilst we were on holiday in Cyprus, with Clare assisting me as the thoughts took greater shape during an excursion to Paphos Archaeological Park, before heading back to our apartment and typing them up. I wrote the book whilst we both shared our home office during the national lockdown in the UK of 2020, and so our afternoon walks often involved discussions about what I was working on. Clare has been an invaluable sounding board during the writing process, helping me to produce something better than it might otherwise have been.

I am particularly indebted to Jorge Rafael Nogueras and Lee Miller, who received drafts of the units, promptly returning helpful comments. I put them under quite some strain with the rapid turnover of new units, and they didn't complain once, despite the short notice and lack of respite, and they have spared my blushes on several occasions, as has Edmund Grimley Evans, who proofread extremely diligently under considerable time pressure. Not for the first time, his eye for detail and depth of knowledge astounded me, and this book is all the better for his assistance. Viv O'Dunne, my long-time colleague at the Esperanto Association of Britain, has been wonderfully supportive, particularly through her mindfulness in keeping distractions away from me whilst I was working on the book. Bertilo Wennergren has been revolutionary in making Esperanto grammar accessible to ordinary people, and his influence will be clear within these pages. Maurizio Giacometto, Stela Besenyei-Merger, Marteno Miniĥ and Clare Hunter did sterling work in the studio, lending their voices to this project and bringing the characters to life in very challenging circumstances owing to COVID-19 restrictions.

Without *Complete Esperanto*, there wouldn't be an *Enjoy Esperanto*, and so I owe an expression of thanks to Judith Meyer, who co-authored the previous book with me. I'm proud of what we achieved together. There wouldn't have been a *Complete Esperanto* in the first place without Emma Green, Senior Commissioning Editor, Languages at John Murray Learning. I owe Emma a personal debt of gratitude for commissioning *Complete Esperanto* in 2016, and for then commissioning *Enjoy Esperanto*.

Finally, I would like to thank the individuals, publishers, and associations whose contributions are spread throughout the book, Eric Zuarino for his helpful and supportive editorship, and Przemysław Wierzbowski, who provided the artwork for Units 6 and 9.

Tim Owen

Dedication

My friend Ian Carter, the voice of *Complete Esperanto*, was always going to be my first choice to be in the studio for *Enjoy Esperanto*, until illness cruelly, and unexpectedly quickly, turned his and his family's lives upside-down. He once told me over a pint of his favourite Plum Porter of his ambition 'just to do *something* for Esperanto', a hobby he discovered in 1966 and resumed in later life, having returned to the UK after living in Saudi Arabia, Thailand, and Burma. He's going to be getting a copy of *Enjoy Esperanto* with this page marked, so that every time curiosity leads him to open it, he'll see that although he's now sadly forgetting much, he hasn't *been* forgotten. And I hope that everybody who enjoyed that wonderful voice with the laconic delivery on *Complete Esperanto* will raise a metaphorical glass of Plum Porter to Ian to acknowledge that he certainly *did* do 'something for Esperanto': a very impressive something, for which I will always be grateful, as I am for his friendship since we met in 2014.

About the author

Tim Owen came across Esperanto in a children's encyclopedia one Saturday morning and thought it sounded like a really good idea. Decades later, he has travelled to several countries using the language, and is Director of the Esperanto Association of Britain.

He is the editor of *La Brita Esperantisto* and co-author of *Complete Esperanto*, and has been described as 'one of the premier scholars and writers in the world of Esperanto' by Lee Miller, the Director of the Esperanto Academy's Section for Evaluation of Learning Materials. All these years after leafing through a children's encyclopedia, he still thinks Esperanto sounds like a really good idea.

Introduction

Welcome to *Enjoy Esperanto*!

This course has been written specifically for the learner who:

▶ has already completed a beginner's course

▶ wishes to resume studying Esperanto after some interruption

▶ has intermediate proficiency and wants to attain an advanced standard in Esperanto

▶ prefers a self-study course or learns one-on-one with a tutor

▶ seeks to supplement classroom instruction with more guided practice

▶ needs to revise in view of sitting an advanced-level examination.

If one or more of these descriptions applies to you, you will find *Enjoy Esperanto* is consistent with your objectives. The course is designed to help you take your Esperanto to a higher level. The first few units are aimed at consolidating and building on your previous knowledge. The course then moves on to more complex language and issues in the later units. It is here that you will also be introduced to the more advanced points of Esperanto grammar, such as transitivity, participles, and the use of the reflexive pronoun in complex sentences. Additionally, much of the supporting audio material is based on real-life interactions between Esperanto speakers, and the storyline-based conversations are designed to be realistic scenarios. The course covers the four basic language skills – listening and speaking, reading and writing – and presents contemporary and historical Esperanto culture, including excerpts from books and magazines, podcasts and poetry. It will lead you to develop your vocabulary and give you opportunities to express your opinion on a number of everyday topics.

Develop your skills

The language introduced in this course is based on realistic situations, following a young Esperantist who spends a year in Slovakia as part of the European Voluntary Scheme, as other Esperantists have before her. Through her interactions with others, you will discuss travel, sport, the environment, social issues, the world of work, and meet both historical and contemporary Esperantists.

The first units are designed to consolidate and build on your prior knowledge, focusing on some of the essential language functions and grammatical points. You will then progress to dealing with more complex language and issues in the subsequent units. Activities are presented in English at the start of the course and then gradually move into Esperanto as the course progresses.

Do try to balance your study sessions so you work evenly on your listening, speaking, reading and writing skills.

And most importantly, **Amuziĝu lernante!** *Have fun while you learn!*

How the book works

What you will learn identifies what you should be able to do in Esperanto by the end of the unit.

Culture points present cultural aspects related to the themes in the units, introducing key words and phrases and including follow-up questions. As the book progresses, these points are presented in Esperanto.

Vocabulary builder introduces key unit vocabulary grouped by theme and conversation, accompanied by audio. By learning the words and listening to them, your progress in learning Esperanto will be swift.

Conversations are recorded dialogues that you can listen to and practise, beginning with a narrative that helps you understand what you are going to hear, with a focusing question and follow-up activities.

Language discovery draws your attention to key language points in the conversations and to rules of grammar. Read the notes and look at the conversations to see how the language is used in practice.

Practice offers a variety of exercises to give you a chance to see and use words and phrases in their context.

Listening, speaking and pronunciation offer practice in speaking and understanding Esperanto through exercises that let you use what you have learned in previous units. Transcripts are also provided online so you can read the texts after you have listened to them.

Reading and writing provide practice in reading and writing a variety of text types and contain mostly vocabulary from the unit. Try to get the main point of the text before you answer the follow-up questions and write your own text.

Language and **Culture tip boxes** aim to give you extra snippets of vocabulary, cultural tips or helpful pointers for remembering specific expressions.

Test yourself helps you assess what you have learned. You learn more by doing the tests without consulting the text, and only when you have done them checking if your answers are the correct ones.

Go further sections provide additional cultural information and suggestions for further study.

Self check lets you see what you can do after having completed each unit.

Throughout *Enjoy Esperanto*, you will find a system of icons to identify the purpose of a section or activity. They are:

 Culture point

 Listen to audio

 Figure something out

 Check your progress

The **Answer key** helps you check your progress by including answers to the activities in the text units.

Once you have completed all ten units in this course successfully, you may want to start reading more magazines, books, or articles in Esperanto. There are many resources for this online, some of which you will find listed on library.teachyourself.com, along with the listening transcripts for this course.

Learn to learn

The Discovery method

This book incorporates the Discovery method of learning. You will be encouraged throughout the course to engage your mind and figure out the meaning for yourself, through identifying patterns and understanding grammatical concepts, noticing words that are similar to English, and more. As a result of your efforts, you will be able to retain what you have learned, use it with confidence and continue to learn the language on your own after you have finished this book.

Everyone can succeed in learning a language – the key is to know how to learn it. Learning is more than just reading or memorizing grammar and vocabulary. It is about being an active learner, learning in real contexts and using in different situations what you have learned. If you figure something out for yourself, you are more likely to understand it, and when you use what you have learned, you are more likely to remember it.

As many of the essential details, such as grammar rules, are introduced through the Discovery method, you will have more fun while learning. The language will soon start to make sense and you will be relying on your own intuition to construct original sentences independently, not just by listening and repeating.

Happy learning!

Be successful at learning languages

1 MAKE A HABIT OUT OF LEARNING

Study a little every day, between 20 and 30 minutes if possible, rather than two to three hours in one session. **Give yourself short-term goals**, e.g. work out how long you'll spend on a particular unit and work within the time limit. This will help you to **create a study habit**, much in the same way you would a sport or music. You will need to concentrate, so try to **create an environment conducive to learning** which is calm and quiet and free from distractions. As you study, do not worry about your mistakes or the things you can't remember or understand. Languages settle differently in our brains, but gradually the language will become clearer as your brain starts to make new connections. Just **give yourself enough time** and you will succeed.

2 EXPAND YOUR LANGUAGE CONTACT

As part of your study habit try to take other opportunities to expose yourself to the language. As well as using this book you could try listening to music or watching uploaded videos, reading blogs or joining online groups. In time you'll find that your vocabulary and language recognition deepen and you'll become used to a range of writing and speaking styles.

3 VOCABULARY

To organize your study of vocabulary, group new words under:

a generic categories, e.g. food, feelings

b situations in which they occur, e.g. under restaurant you can write *waiter*, *table*, *menu*, *pay*

c functions, e.g. greetings, parting, thanks, apologizing.

Say the words out loud as you read them.

▶ Write the words over and over again. Remember that if you want to keep lists on your smartphone or tablet you can usually switch the keyboard language to make sure you are able to include Esperanto's special characters.

▶ Listen to the audio several times.

▶ Cover up the English side of the vocabulary list and see if you remember the meaning of the word.

▶ Associate the words with similar sounding words in English, e.g. **giganto** *(a giant)* with **gigantic**, something huge.

▶ Create flash cards, drawings and mind maps.

▶ Write words for objects around your house and stick them to the objects.

▶ Pay attention to patterns in words, e.g. adding **MAL-** to the start of a word indicates a logical opposite, **bela** – **malbela**, **granda** – **malgranda**.

Experiment with words. You meet lots of affixes during this course which enable you to easily create new words. Once you learn that **-AR-** creates the name for a group of something (**ŝafo** *(sheep)* – **ŝafaro** *(flock)*) and that **-EG-** intensifies something (**bona** *(good)* – **bonega** *(great)*), apply them to other words to help you get a feel for it. Do this with other affixes and you'll find your vocabulary increasing with no real effort.

4 GRAMMAR

To organize the study of grammar, write your own grammar glossary and add new information and examples as you go along.

Experiment with grammar rules.

▶ Sit back and reflect on the rules you learn. See how they compare with your own language or other languages you may already speak. Try to find out some rules on your own and be ready to spot the exceptions. By doing this you'll remember the rules better and get a feel for the language.

▶ Try to find examples of grammar in conversations or other articles.

▶ Keep a 'pattern bank' that organizes examples that can be listed under the structures you've learned.

▶ Use old vocabulary to practise new grammar structures.

▶ When you learn a new affix, apply it to words you already know in order to practise building new words.

5 PRONUNCIATION

When organizing the study of pronunciation, keep a section of your notebook for pronunciation rules and practise those that trouble you.

▶ Repeat all of the conversations, line by line. Listen to yourself and try to mimic what you hear.

▶ Record yourself and compare yourself to an experienced speaker.

▶ Make a list of words that give you trouble and practise them.

▶ Study individual sounds, then full words.

▶ Make sure you get used to placing the stress on the penultimate syllable.

6 LISTENING AND READING

The conversations in this book include questions to help guide you in your understanding. But you can go further by following some of these tips.

Imagine the situation. When listening to or reading the conversations, try to imagine where the scene is taking place and who the main characters are. Let your experience of the world help you guess the meaning of the conversation, e.g. if a conversation takes place in a snack bar, you can predict the kind of vocabulary that is being used.

Concentrate on the main part. When watching a foreign film you usually get the meaning of the whole story from a few individual shots. Understanding a foreign conversation or article is similar. Concentrate on the main parts to get the message and don't worry about individual words.

Guess the key words; if you cannot, ask or look them up. When there are key words you don't understand, try to guess what they mean from the context. If you're listening to an Esperanto speaker and cannot get the gist of a whole passage because of one word or phrase, try to repeat that word with a questioning tone when asking what it means. If, for example, you wanted to find out the meaning of the word **veturi** (*to go/travel (by vehicle)*), you would ask **Kion signifas 'veturi'?** (*What does 'veturi' mean?*) or **Kio estas 'veturi'?** (*What is 'veturi'?*).

7 SPEAKING

Rehearse in Esperanto. As all language teachers will assure you, the successful learners are those students who overcome their inhibitions and get into situations where they must speak, write and listen to the foreign language. Here are some useful tips to help you practise speaking Esperanto:

▶ Hold a conversation with yourself, using the conversations of the units as models and the structures you have learned previously.

▶ After you have conducted a transaction with a sales assistant or waiter in your own language, pretend that you have to do it in Esperanto.

▶ Look at objects around you and try to name them in Esperanto.

- ▶ Look at people around you and try to describe them in detail.
- ▶ Try to answer all of the questions in the book out loud.
- ▶ Say the conversations out loud then try to replace sentences with ones that are true for you.
- ▶ Try to role play different situations in the book.

8 LEARN FROM YOUR ERRORS

Don't let errors interfere with getting your message across. Making errors is part of any normal learning process, but some people get so worried that they won't say anything unless they are sure it is correct. This leads to a vicious circle as the less they say, the less practice they get and the more mistakes they make.

Many of the errors you will make as a beginner won't make your Esperanto difficult to understand. People will still know what you mean if, for example, you forget to add an **n**-ending to mark the direct object (**la viro kisis la virino** for **la viro kisis la virinon**), accidentally add an **n**-ending after a preposition (**iri al la urbon** for **iri al la urbo**), or don't make your adjectives agree with their nouns (**bela virinoj** for **belaj virinoj**). Concentrate on getting your message across and learning from your mistakes. And remember that nearly everybody who speaks Esperanto fluently used to be a learner too!

9 LEARN TO COPE WITH UNCERTAINTY

Don't over-use your dictionary. When reading a text in Esperanto, don't be tempted to look up every word you don't know. Underline the words you do not understand and read the passage several times, concentrating on trying to get the gist of the passage. If after the third time there are still words which prevent you from getting the general meaning of the passage, look them up in the dictionary.

Don't panic if you don't understand. If at some point you feel you don't understand what you are told, don't panic or give up listening. Either try to guess what is being said and keep following the conversation or, if you cannot, isolate the expression or words you haven't understood and have them explained to you. The speaker might paraphrase them and the conversation will carry on.

Keep talking. The best way to improve your fluency in Esperanto is to talk every time you have the opportunity to do so: keep the conversations flowing and don't worry about the mistakes. If you get stuck for a particular word, don't let the conversation stop; paraphrase or replace the unknown word with one you do know, even if you have to simplify what you want to say.

Pronunciation guide

At this point in your Esperanto study you may already have a good idea of how to pronounce Esperanto words and sentences but still experience difficulties with sounding 'more Esperanto'. This short guide is intended to help you understand the main elements of prosody.

Here is a simple guide to the letters of the alphabet, their Esperanto names, and how to pronounce them.

Esperanto uses the Roman alphabet, as English does. However, it has 28 letters rather than English's 26. It doesn't contain *Q*, *W*, *X*, or *Y*, but has six characters which are unique to Esperanto: **Ĉ, Ĝ, Ĥ, Ĵ, Ŝ**, and **Ŭ**.

 00.01 **Listen to the whole alphabet on the audio a few times, then try to join in.**

Aa amiko (friend)	Bb bona (good)	Cc certa (certain)	Ĉĉ ĉokolado (chocolate)	Dd danki (to thank)	Ee eble (maybe)	Ff fini (to finish)
Gg granda (big)	Ĝĝ ĝi (it)	Hh havi (to have)	Ĥĥ ĥoro (a choir)	Ii instrui (to teach)	Jj jaro (a year)	Ĵĵ ĵaluza (jealous)
Kk kafo (coffee)	Ll labori (to work)	Mm minuto (a minute)	Nn nomo (a name)	Oo ofte (often)	Pp pluvi (to rain)	Rr rapida (quick)
Ss studi (to study)	Ŝŝ ŝati (to like)	Tt tablo (a table)	Uu unu (one)	Ŭŭ aŭ (or)	Vv viziti (to visit)	Zz zumi (to buzz, to hum)

Esperanto is a phonemic language; if you know how to say a word, you can spell it, and vice versa. Words in Esperanto don't contain any silent letters.

You can usually switch keyboards on your phone or install software on your computer to be able to easily use Esperanto's special letters. If you're unable to do so, there are two common conventions in place to work around the problem. The first is to type the accentless letter and follow it with an **h**, except for after **u**: **ch, gh, hh, jh, sh, u**. This system dates back to 1888 and is the official alternative, proposed by Zamenhof in the ***Aldono al la Dua Libro de l' Lingvo Internacia***. As people started to use computers more frequently, there emerged an alternative scheme, in which the accentless letter was followed by **x**: **cx, gx, hx, jx, sx, ux**. This has become the most popular system, and Esperanto sites often automatically add the accents if users type an **x** following one of those six letters.

Vowels in Esperanto

The five vowels in Esperanto **A**, **E**, **I**, **O**, **U** are pronounced pure. Take care not to glide them, as in English. Two vowels next to each other are pronounced separately: the **O**s in **metroo** are each distinctly pronounced, as are the **I** and **O** at the end of **familio**.

Word stress

Words of more than one syllable are pronounced with a slightly stronger stress on the penultimate (i.e. the last but one) syllable: **famiLIo**, **ĉokoLAdo**, **raPIda**, **inSTRUi**. It might be the case in practice that a stressed vowel which is closed by a consonant is slightly shorter than one that isn't (the **E** in **VENdi** might not be pronounced as long as in **VEni**) but this is a natural phenomenon rather than something to learn.

Consonants in Esperanto

Nearly all of the consonants in Esperanto exist in standard English, and there is a one-to-one match between Esperanto and English in the following consonants: **B**, **D**, **F**, **H**, **K**, **L**, **M**, **N**, **P**, **S**, **T**, **V**, **Z**. The letter **G** is always pronounced hard as in *go*.

The letters C and R

C and **R** pose problems for English speakers. Although English speakers can all pronounce **C**, the sound can occur in Esperanto in places where it doesn't in English, such as the opening syllable. It becomes even trickier for English speakers to pronounce when it is preceded by the letter **S** in common words such as **scii** (*to know*) and **scienco** (*science*). **Mi ne scias** (*I don't know*) is pronounced something like 'mee nest see-ass'.

The semivowels J and Ŭ

Although **J** and **Ŭ** sound like vowels they behave as consonants. They can't take an accent or stress, and they have to have a vowel next to them. In the case of **J**, the vowel can be on either or both sides. **Ŭ** tends to follow **A** and **E**, causing a glide to be heard.

 00.02 **Listen to the pronunciation of the following words and then repeat them.**

ronroni

ĝojo

kiuj

scii

pacienco

ŝtormo

terura

historio

neniujn

balai

araneo

eŭroj

arĥitekturo

sciuro

ŝraŭbo

A FEW TIPS TO HELP YOU ACQUIRE AN AUTHENTIC ACCENT

It is not absolutely vital to acquire a perfect accent. The aim is to be understood. Here are a number of techniques for working on your pronunciation:

1 Listen carefully to the audio or a competent speaker, especially one who has used Esperanto internationally.

2 Record yourself and compare your pronunciation with that of an experienced speaker.

3 Ask experienced speakers to listen to your pronunciation and tell you how to improve it.

4 Ask experienced speakers how a specific sound is formed. Watch them and practise at home in front of a mirror.

5 Make a list of words that give you pronunciation trouble and practise them regularly.

1 La ZEO-ĉasanto
The ZEO hunter

In this unit you will:
▶ *review the formation of compound nouns.*
▶ *learn how to make compound nouns easier to read and pronounce.*
▶ *learn how to distinguish which naming approach applies to which country.*
▶ *learn where to find Esperanto-related monuments all over the world.*

CEFR: (B1) *Can write notes conveying simple information of immediate relevance, getting across comprehensibly the points considered important; can deal with most situations likely to arise when making travel arrangements.*

ZEO-j *ZEOs*

A ZEO beside Esperanto House, the headquarters of the Esperanto Association of Britain, in Stoke-on-Trent, UK.

Scattered throughout the world are **Zamenhof-Esperanto-Objektoj** (*Zamenhof-Esperanto objects*), monuments and places with ties to Ludoviko Zamenhof or Esperanto. The first ZEO was a **ŝipo** (*ship*) called *Esperanto*, which took to the seas in 1896.

Since then, ZEOs have appeared as **stratnomoj** (*street names*), **placoj** (*squares*), **ŝildoj** (*plaques*), busts and statues, and **konstruaĵoj** (*buildings*). The most easily identifiable ZEO is the **Verda stelo** (*Green Star*), the symbol of Esperanto. **Polujo** (*Poland*), **Francujo** (*France*) and **Brazilo** (*Brazil*) are good places to start looking for ZEOs; these **landoj** (*countries*) have more ZEOs than any other. **Bulgarujo** (*Bulgaria*), however, comes first by population, with **7,5** (*7.5*) ZEOs for every million **loĝantoj** (*inhabitants*).

The most isolated ZEO on **la Tero** (*Earth*) is Esperanto Island in Antarctica. But it can't compete with **kosmo** (*space*), flying through which are the asteroids '1462 Zamenhof' and '1421 Esperanto'. **Eksterteranoj** (*extraterrestrials*) may even one day encounter Esperanto; it's one of the 55 languages on the **Ora disko** (*Golden Record*) carried by the **kosmosondiloj** (*space probes*) Voyager 1 and 2, both launched in 1977 and still operational. The Esperanto **saluto** (*greeting*) on the Golden Record is '**Ni strebas** (*strive*) **vivi en paco kun la popoloj de la tuta mondo, de la tuta kosmo**'.

 1 What does Esperanto use to indicate a decimal? **2** How would an Esperanto-speaking extraterrestrial call you *earthling*?

Vocabulary builder

 01.01 **Read the vocabulary and try to complete the missing English translations. Then listen to the audio and try to imitate the pronunciation of the speaker.**

VOJAĜADO	*TRAVELLING*
flugi en aviadilo	*to fly in an aeroplane*
mendi taksion	*to order a _____*
eniri trajnon	*to board a _____*
eliri el (aŭto)buso	*to get off a _____*
vojaĝi eksterlanden	*to travel abroad*
veturi	*to go, to travel (in a vehicle)*
veturigi aŭto(mobilo)n	*to drive a car*
petveturi	*to hitchhike*

TURISMO	*TOURISM*
kontroli pasporton, vizon	*to check a _____, a visa*
dogano	*customs*
ferio, ferioj	*a holiday/vacation, holidays/vacations*
itinero	*itinerary*
ĉiĉerono	*tourist guide*
tranokti	*to spend the night*
gasto, gastigi	*a _____, to host*

Conversation

 01.02 *Sara is recording an episode for her podcast about the* **Pasporta Servo** *(Passport Service). Her guests are Travko, a frequent user of the service, and Mariella, who has hosted visiting Esperanto speakers in her home for many years.*

1 **Read the following questions. Then read and listen to the conversation, and try to answer the questions.**

   a Which countries are Travko and Mariella from?

   b Who has an interest in ZEOs?

Sara	Estas mia plezuro bonvenigi Travkon kaj Mariellan kiel gastojn ĉe la hodiaŭa podkasto. Travko estas junulo el Slovenujo, kiu multe vojaĝis al diversaj landoj en Eŭropo per Esperanto. Dek landojn li vizitis en la lastaj du jaroj, sed li ne estas riĉulo. Tute male, fakte. Kial do vi sukcesis vojaĝi tiel multe sen multe da mono, Travko?
Travko	Saluton! Jes, vi pravas, ke mi ne estas tre monhava. Tamen monon mi apenaŭ bezonis, ĉar mi uzis Pasportan Servon. Per ĝi eblas tranokti en la domoj de esperantistoj. Plej ofte ili proponas senpagan tranoktadon, do restas al mi pagi nur la vojaĝkostojn, ekzemple aĉeti bus- kaj trajnbiletojn.
Sara	La vojaĝagentejo devas do tre bone koni vin!
Travko	Tute ne: ĉion mi aranĝas mem. Per Interreto eblas kontroli, ĉu troviĝas stacidomo en la urbo, la horaron de la trajnoj, eblas antaŭmendi biletojn, kaj tiel plu. La gastigantoj ofte estas tre helpemaj, kaj konsilas pri itinero, kiel aĉeti kaj validigi biletojn, kaj proponas trovi min en aŭto.
Sara	Vi havas apartan intereson, kiu naskiĝis en la antaŭaj jaroj, ĉu ne? Temas pri 'Esperanto-turismado' en viaj ferioj.
Travko	Mi serĉas ZEO-jn, jes! Fakte mi konas Mariellan pro tio, ke en ŝia urbo troviĝas kaj bela monumento al Ludoviko Zamenhof kaj Esperanto-ĝardeno. Ni ambaŭ loĝas proksime al la landlimo inter Slovenio kaj Italio, do estis facile atingi ŝin. Estas stacidomo en Nov-Gorico, poste necesis transiri piede la landlimon, kaj veturi de stacidomo en Gorico al Udino, kie loĝas Mariella.
Mariella	Tio estis neebla en mia junaĝo! Ĉu vi imagas? Oni ne povis simple veturi de unu lando al alia sen vizo, sen la devo pasigi tempon ĉe la pasporta kaj dogana kontroloj, ŝanĝi monon, tralegi broŝurojn, kaj tiel plu.
Sara	Kial vi ebligas al esperantistoj resti ĉe vi senpage, Mariella? Kiuj estas viaj motivoj?
Mariella	La respondo estas tre facila: mi amas renkonti novajn homojn, aparte de aliaj kulturoj! Mi neniam havis la okazon vojaĝi en mia junaĝo. Sed nun multaj homoj el aliaj landoj pretas viziti min! Mi tre ŝatas ĉiĉeroni vizitantojn por montri al ili nian urbon kaj aparte niajn ZEO-jn, lerni pri aliaj landoj, kaj aŭdi pri la vojaĝoj kaj spertoj de niaj gastoj. Ĉu ankaŭ vi vidis ZEO-jn, Sara?
Sara	Jes, stratŝildon 'Esperanto Way' kaj verdstelan monumenton ĉe la sidejo de la Esperanto-Asocio de Britio.
Travko	Nu, vizitu Mariellan kaj vi tuj aldonos du pliajn!

2 **Now read the conversation and write down the answers to the questions in English.**

    a Travko uses which of the following means to plan his trips away?
The internet / A travel agency / The 'Passport Service'

    b What ZEOs are in Udine, Mariella's city? _____, _____

    c From what you have noticed about the participants' ways of speaking, who probably calls Mariella's country 'Italujo'?
Sara / Travko / Mariella

    d How did Travko travel to Udine?
By train / By train and on foot / Hitch-hiking / On foot / Free of charge

    e What does Mariella like about people coming to visit her?
She really likes meeting new people. / The guests bring her gifts from their own countries. / The 'Passport Service' pays her.

    f Which ZEOs did Sara see at the headquarters of the Esperanto Association of Britain?
_____, _____

> **CULTURE TIP**
> The **Pasporta Servo** really does exist! You can find Esperantists willing to let other Esperantists stay in their homes for little or no cost at pasportaservo.org.

3 **Find the words in the conversation which mean:**

    a today's

    b border

    c bus ticket

    d a host

    e to reserve, book in advance

    f to stay free of charge

    g to reach somebody (get to somebody's house)

    h how to buy and validate

    i headquarters

 4 01.03 **Listen to the lines from the conversation again and repeat them out loud. Be sure to pay attention to the correct pronunciation.**

🔆 Language discovery

1 **Find these words in the conversation. What do you think they mean?**

    a dogan-kontrolo, dogana kontrolo

    b vojaĝagentejo

    c stratŝildo

    d stacidomo

    e vojaĝkosto

    f junaĝo

2 Combine the following words to create a single new word.

Example: taksio + kosto (*cost for the taxi*)   taksikosto

a flugo + bileto (*a flight/plane ticket*)   _____

b trajno + vojaĝo (*a train journey*)   _____

c lando + nomo (*a country name*)   _____

d ŝildo + nomo (*a name badge*)   _____

3 Building on examples in the conversation, how would you say the following?

a to buy a bus ticket _____

b to reserve a train ticket _____

c a border check _____

d to lead friends around a city _____

4 How did Sara express 'monumenton kun la verda stelo' without creating a single word which would have been difficult to read? _____

1 COMPOUND NOUNS

Word building by combining roots is a common feature of Esperanto. As in English, the primary noun in the compound is the rightmost element.

ŝanĝmono	**monŝanĝo**	**florĝardeno**	**ĝardenfloro**
change	*money exchange*	*flower garden*	*garden flower*
A type of money, i.e. change given when paying.	A type of change, i.e. exchanging money in one currency for another one.	A type of garden, one with flowers on display.	A type of flower, which would be cultivated for gardens.

If it is not clear which word should be primary, then the ordering is flexible.

homlupo/luphomo	**ĉevalhomo/homĉevalo**
werewolf	*centaur*
(half human, half wolf)	(half human, half horse)

To make the compound nouns more pleasing to the ear (a characteristic called euphony) and facilitate pronunciation, an **o** may be inserted between each noun. The nouns may be separated by an optional hyphen in order to improve legibility. It is not correct in Esperanto to keep two nouns separated.

bird(o)nesto	**Esperanto-flago**	**'hundo timo'**
bird nest	*Esperanto flag*	*cynophobia, fear of dogs*
Optional 'o' for euphony.	'o' for euphony and hyphen for legibility.	Ungrammatical separation.

5 Using the roots **ĉasi**, **muro**, **poŝo**, **birdo**, **hundo**, **papero**, **kanti** and **domo**, create compound nouns which mean the following. Think about ease of pronunciation and legibility when deciding what forms they will take.

Example: birdsong   *birdkanto*

a wallpaper   _____

b a bird hunt   _____

c a hunting bird   _____

d pocket money   _____

e a hunting dog   _____

f a house bird   _____

g a paper wall   _____

h a pocket for money   _____

i a songbird   _____

j a dog house   _____

k a house dog   _____

> **LANGUAGE TIP**
> The **a**-ending of adjectives is not usually retained in compound forms, although you will find it used to make a word pronounceable (**anglalingvano** *English speaker*) or to distinguish meanings from one another (**unufoje** *once*; **unuafoje** *for the first time*).

Although it is possible to create ever longer words in Esperanto, it is important that what is produced be legible, comprehensible and easy to pronounce. In some instances, it may therefore be preferable to avoid joining all the nouns together, and instead use an adjectival form of one of the words or an alternative construction.

komputilprogramo → **komputila programo**

(*a computer program*)

landlimokontrolistobudo → **budo por landlimaj kontrolistoj**

(*a border checkpoint / a booth for border guards*)

6 Rewrite the following compound nouns so that they are easier to understand. There may be more than one answer for each question.

Example: pasportkontrolo   *pasport-kontrolo, pasporta kontrolo*

a biletantaŭmendado   _____

b feritagvojaĝado   _____

c pasportservouzado   _____

d flugbiletkontrolisto   _____

e stacidomoaŭtoparkejo   _____

> **LANGUAGE TIP**
> Compounds are routinely formed in Esperanto from other elements besides nouns. For example, the preposition **tra** (*through*) with **nokto** (*night*) produces the verb **tranokti** (*to overnight, to spend the night*).

2 TWO APPROACHES FOR COUNTRY NAMES

The names of countries in Esperanto fall into one of two categories. In the first, the country names are roots, from which the inhabitants' names are formed with the use of the suffix **-an-**. In the second approach, the inhabitants have their own name, called a demonym, from which the name of the country is derived by the addition of a suffix.

Ĉilio	**ĉiliano**	**franco**	**Francujo**
Chile	*a Chilean*	*a French person*	*France*

Inhabitant derived from the country.   Country name derived from the inhabitant.

Which approach applies usually depends on the distinction traditionally made between countries labelled 'Old World' and 'New World'. Countries 'discovered' by Europeans during the Age of Exploration (the Americas, Australasia) or colonized by them (Africa, some parts of Asia) usually have their own names, with the inhabitants derived by adding **-an-**.

country = inhabitant + suffix
inhabitant = country + -an-

> **LANGUAGE TIP**
> This distinction isn't perfectly consistent and should serve only as a guide. There are 'Old World' countries such as **Nederlando**, **Islando** and **Irlando** which are not named after their inhabitants, as you would expect to be the case if the distinction held.

egiptoj, Egiptujo	**grekoj, Grekujo**	**sudkoreoj, Sud-Koreujo**
Egyptians, Egypt	*Greeks, Greece*	*South Koreans, South Korea*

'Old World': the country name is derived from the inhabitants who historically lived there.

Brazilo, brazilanoj	**Usono, usonanoj**	**Filipinoj, filipinanoj**
Brazil, Brazilians	*The USA, Americans*	*Philippines, Filipinos*

'New World': the country has a name of its own, from which the name of the inhabitants is derived.

The names of the inhabitants and their associated adjectives aren't usually written with capital letters, unlike the names of countries. Some writers, however, prefer to keep the similarity between forms by maintaining the consistent use of initial capitals.

7 What are the demonyms for the following countries?

a Armenujo   _____
b Kanado   _____
c Japanujo   _____
d Kartvelujo (*Georgia*) _____
e Nov-Zelando   _____
f Kostariko   _____
g San-Marino   _____
h Sejŝeloj   _____

> **LANGUAGE TIP**
>
> The demonyms and adjectives of constructions such as **Nov-Kaledonio** (*New Caledonia*) and **Sud-Afriko** (*South Africa*) are built by adding **-ano** and **-a** to **novkaledoni-** or **nov-kaledoni-** and **sudafrik-** or **sud-afrik-**. Whether you collapse the various parts into a single word or use a hyphen to aid readability is a matter of choice, but you must remember not to separate out the parts such that an element is left isolated, as in '**nov kaledoniano**' and '**sud afrika**'.

3 DERIVING COUNTRY NAMES FROM INHABITANT NAMES

The grammar section of Esperanto's **Fundamento**, the foundational document which sets out what the rules of the language are, indicates that the suffix **-uj-** is used to create the name of the country from the inhabitant. Some Esperantists, notable among them Hector Hodler, co-founder of the **Universala Esperanto-Asocio**, introduced an alternative suffix **-i-** for this role in the first decade of the twentieth century, to create words which looked more like the international versions common in European languages. The suffix **-i-** has become the more commonly used of the two.

The **Akademio de Esperanto** has acknowledged the widespread use of **-i-** in the decades following its introduction, and accepted its use as equivalent to **-uj-** in deriving country names from the inhabitants'. You will see both forms in use in modern Esperanto, including in this course.

> **LANGUAGE TIP**
>
> A person living in a particular country does not necessarily have the associated nationality: an **italo** (*Italian*) could live in **Rusujo/Rusio** (*Russia*) without being a **ruso** (*a Russian*). One solution is to apply **-an-** to the country name: **rusujano/rusiano** (*an inhabitant of Russia*).

Some countries happen to have the letter '**i**' as the last letter of their name before the **o**-ending. People often interpret it as a suffix and thereby make mistakes deriving the demonyms and adjectives.

Niĝerio   **niĝeriano**   **niĝeria**
Nigeria   *a Nigerian* (not '**niĝero**')   *Nigerian* (not '**niĝera**')

Kolombio   **kolombiano**   **kolombia**
Colombia   *a Colombian* (not '**kolombo**') *Colombian* (not '**kolomba**')

8 Using the 'New World/Old World' distinction to guide you, decide whether the **-i-** in these country names is part of the root or is a suffix. Based on your answer, what are the demonyms?

   a Ĉinio

   b Ĉilio

   c Aŭstralio

   d Indonezio

   e Italio

   f Svedio

   g Sankta Lucio

   h Fiĝio

4 COUNTRY NAMES AS COMPOUND NOUNS

Sometimes people add the word **lando** (*country*) rather than a suffix to the inhabitant name to create a compound noun. In the cases of countries like **Finnlando** (*Finland*) and **Skotlando** (*Scotland*), this approach produces the established name, although the rarely used forms ending in **-ujo** and **-io** are also correct. Be aware that for some countries, **-lando** is a part of the name itself rather than something which has been added. Do not remove it when creating derivations of the name.

Skotlando (Skotujo, Skotio), skoto, skota	**Nederlando, nederlandano, nederlanda**
Scotland, a Scot, Scottish	*The Netherlands, a Dutch person, Dutch*
-lando added to create country name.	**-lando** is part of the country name.

> **LANGUAGE TIP**
>
> In 2009, the **Akademio de Esperanto** published a **Listo de Rekomendataj Landnomoj** (*List of Recommended Country Names*), which is hosted online. The list is a useful reference for when a compound noun with **-lando** is more established than using a suffix for a particular country.

9 What is the name of a person who comes from **Finnlando**? Which adjective means *Finnish*?

10 If somebody speaks **la islanda**, which country are they likely to come from? Which demonym applies to them?

11 Do you think that **Irlando** is a compound noun? How might knowing how demonyms relate to country names help you reach a conclusion?

Listening, speaking and pronunciation

1 01.04 **Listen to the recording of an extract from *Zamenhof en Varsovio* (*Zamenhof in Warsaw*) by Roman Dobrzyński from 2017. What part of the book does the extract come from?**

2 **Now answer the following questions, the first two in Esperanto and the second two in English.**

   a How does the writer refer to the worldwide community of Esperanto speakers as though they were from a country? _____

b What was Ludoviko Zamenhof elected as in 2000? _____ *de la dudeka jarcento.*

c At what stage in his life did Ludoviko Zamenhof notice 'the fatal consequences of the Tower of Babel'?

Childhood / The teenage years / Early adulthood

d What are most numerous in Brazil? _____

3 Read the following sentences out loud, filling in the gaps with the missing information.

2016	54	monumentoj al Zamenhof		Francio
Brazilo	Pollando	1500	Zamenhof-Esperanto-Objektoj	

Troviĝas proksimume _____ _____ en _____ landoj. Laŭ statistiko de _____, plej multaj troviĝas en _____ kaj en _____. Plej multe da _____ en la mondo troviĝas en _____.

4 There were seven countries mentioned in the extract which you just heard. List those which could be renamed using -uj-. Practise saying them in both their i- and their uj-forms out loud. Take care to pronounce i and o separately without inserting a *y* sound as we do in English In words like *trio*, and use the uj-forms as practice for Esperanto's u sound. _____, _____, _____, _____, _____, _____

Reading

The following excerpt is from *La Brita Esperantisto*, the magazine of the Esperanto Association of Britain. In her article '**Fuĝo ne eblas**' (*Escape is impossible*), Clare Hunter details how she and her partner went away on several trips one year hoping to take a break from Esperanto but could not help accidentally bumping into ZEOs.

1 Read the text.

En aŭgusto ni vizitis Litovion dum unu semajno. La unuan tagon en Kaunas ni faris malmulton, sed la sekvan matenon ni esploradis la urbon, kiam mia kunulo fingromontris ion: Zamenhof-straton. Mi ne povis kompreni, kiel ĝuste tia strato troviĝas en relative rimarkebla loko en la dua urbo de la lando. Mia kunulo klarigis al mi, ke la edzino de Ludoviko Zamenhof loĝis kun sia familio en Kaunas, kiam li ekkonis ŝin, do jen la verŝajna kialo. De tempo al tempo povas esti utile loĝi kun iu, kiu interesiĝas pri la historio de Esperanto.

La finan semajnfinon de aŭgusto ni vizitis Pragon. Tiun belan urbon ni jam vizitis unufoje – dum la somero de

2009, kiam ni vojaĝis al la Internacia Junulara Kongreso en Liberec – sed ĉi-foje ni intencis pasigi tute sen-Esperantan semajnfinon en la ĉeĥa ĉefurbo. Ĉu ni sukcesis? Kompreneble ne! Ni apenaŭ estis dek minutojn en la urbocentro, kiam ni rimarkis brikaron en la strato, sur kiu aperis la literoj 'ESPERANTO' kun apuda verda stelo. Mi pensis al mi mem, 'Almenaŭ mi nun jam vidis la esperantaĵon de ĉi tiu ferio, kaj povos ripozi dum la restaĵo de mia tempo en Prago.'

Sed ne! La sekvan tagon ni forlasis la urbocentron kaj serĉis unu el la antaŭurboj, kiu nomiĝas Vyšehrad. Survoje ni iom perdis la vojon kaj senintence alvenis ĉe iu grandega

kongresejo. Dum ni serĉis la ĝustan vojon, mi rimarkis grandan ŝtonon, sur kiu estis verda stelo. 'Ne, ne povas esti...' mi pensis al mi... sed evidentiĝis, ke en ĝuste ĉi tiu kongresejo okazis la Universala Kongreso en 1986.

Kelkajn semajnon poste, ni estis en Zagrebo, Kroatio. Tiun urbon mi jam vizitis multfoje kaj mi tre bone konas la vojon inter la ĉefplaco kaj la stacidomo. Imagu do la ŝokon, kiun mi ricevis, dum mi promenis laŭ strato, laŭ kiu mi jam promenis almenaŭ dekfoje en la vivo, kaj kie mi sentis min sekura kontraŭ ĉiuj esperantaĵoj... kaj ekvidis ŝildon klarigantan, en la kroata, ke en ĉi tiu konstruaĵo estis la sidejo de *Kroata Esperantisto*, la unua Esperanto-gazeto en Kroatio! La teksto estas sufiĉe malgranda, do verŝajne pro tio mi neniam antaŭe rimarkis la ŝildon.

EXTRA VOCABULARY	
briko	*a brick*
ripozi	*to relax*
vojo	*a way, route*
ŝtono	*a stone*
evidentiĝi	*to become obvious, clear*
sekura	*safe*

2 Based on the text, consider how the author felt about chancing upon all these ZEOs. Highlight the lines in the text which support your opinion.

3 Read the text and make a note in Esperanto of the different types of ZEO which the author encountered.

4 Answer the questions about the text in English.

    a Why was there a Zamenhof Street in Kaunas, the second-largest city in Lithuania? Because Zamenhof used to live in the city. / Because the mayor was an Esperantist. / Because Zamenhof's wife was a 'kovnano'.

    b What was it that Clare and her partner noticed within minutes of arriving in Prague?

    c Why was there a green star on a rock in the suburb of Prague called Vyšehrad? Because the Universala Kongreso was once held there. / Because the first Esperanto club in Czechia was formed there. / Because it was originally blue but the colour faded over time.

    d What was the plaque in Zagreb commemorating and why does Clare think she hadn't noticed it before?

5 The author uses a variety of elements to create new compound words. Find the Esperanto in the text for the following words.

    a to point
    b once
    c capital city
    d centre of town
    e suburb
    f en route
    g unintentionally
    h many times
    i main square
    j Esperanto magazine

Writing

You want to follow in the footsteps of Travko and Clare Hunter, seeing some ZEOs for yourself. You know that there are some ZEOs in Zagreb, so you intend to visit for a couple of days. Your research using **Pasporta Servo** shows that there is a host nearby called Marija. Write a message of up to 200 words to her.

▶ **Klarigu, kiel vi intencas vojaĝi al Zagrebo.** (*Explain how you're planning to travel to Zagreb.*)

▶ **Informu ŝin pri tio, kion vi esperas fari.** (*Let her know what you hope to do.*)

▶ **Demandu, ĉu eblos resti ĉe ŝi.** (*Ask whether it's possible to stay at hers.*)

▶ **Laŭeble uzu kunmetitajn vortojn, certiĝante, ke ili estos facile legeblaj por Marija.** (*Use some compound words where possible, making sure that they are easy for Marija to understand when reading.*)

Go further

The German Esperantist Hugo Röllinger started listing Zamenhof-Esperanto objects in 1965 and served as the **Universala Esperanto-Asocio**'s official compiler of ZEOs until his death in 2001. In 1997, his work was published in a book by UEA, **Monumente pri Esperanto**, in which were listed 1004 ZEOs in 54 countries. UEA has made a PDF of the book freely downloadable. From page 80, you can read about ships with the name Esperanto or Zamenhof, and page 82 attempts to unravel the mystery of which was the first town to officially name a street after Esperanto or its creator. When and where was **la unua Zamenhof-monumento** unveiled?

The Esperanto author Anna Löwenstein edited in 2007 **Rusoj loĝas en Rusujo**, a collection of essays and articles by over a dozen prominent Esperantists about the various naming approaches for countries in Esperanto, which she has made freely downloadable. Pages 83 and 84 contain an exercise in which you are asked to derive demonyms from country names. Which page was easier for you? Why was that?

Over the course of two decades, Zamenhof responded to people's queries about the language, publishing his responses in magazines or sending them in personal correspondence. You can consult his **Lingvaj Respondoj** online. **Respondo 47, Pri la nomoj de landoj**, gives his explanation about why there are two approaches for naming countries in Esperanto. For which three countries does he concede that his approach is not totally logical? You can consult the **Akademio de Esperanto**'s **Listo de Rekomendataj Landnomoj** online to see the recommended names for all countries. Even though forms like **Afganistano** exist, what does the **Akademio** recommend for those Central Asian countries like Tajikistan and Kazakhstan?

Links to the material mentioned can be found in the Bibliography for Unit 1.

 Test yourself

Answer the first three questions in Esperanto. Answer the fourth in English.

1 Kiuj estas la tri eblaj nomoj de la lando, en kiu loĝas ĉefe rusoj? (*What are the three possible names for the country in which mainly Russians live?*)

_____, _____, _____

2 Kiuj homoj loĝas en Tanzanio? _____ Kiel vi sciis la respondon? (*What is the nationality of people who come from Tanzania? How did you know the answer?*)

_____

_____

3 Kiu estas la adjektivo rilata al Nov-Zelando/Nova Zelando? Kiel oni nomas la homojn, kiuj loĝas tie? (*What is the adjective related to New Zealand? What is the name of the people who live there?*)

_____, _____

4 Look at the image of a stamp from 1911. What do you notice about the way that 'Esperantoland' has been written? Owing to the lack of punctuation, one might conclude that the stamp is speaking about the **'Universala Esperanto Asocio'**. Why is this not grammatically correct? How should the name be written?

_____

SELF CHECK

I CAN. . .
... form compound nouns.
... make compound nouns easier to read and pronounce.
... distinguish which naming approach applies to which country.
... find Esperanto-related monuments all over the world.

2 Filozofioj pri Esperanto
Esperanto philosophies

In this unit you will:
▸ *identify and use all six of Esperanto's verbal forms.*
▸ *contrast differences in tense between Esperanto and English.*
▸ *form hypothetical constructions with* **se***.*
▸ *reformulate direct into indirect speech.*

CEFR: (B1) *Can distinguish between and express hypothetical and factual statements; can infer a writer's personal opinion from poetry written from a character's alternative perspective, and report those ideas.*

 ## La interna ideo   *The inner idea of Esperanto*

Esperanto was created to be a commonly agreed-upon language which people would use for international communication. At the time, the question of which language would be used in international dealings was one of genuine popular interest; this was the age which saw the emergence of wireless technology and the first steamships, and the answer wasn't at all clear.

The early Esperantists saw themselves as part of a **movado** (*movement*) which would bring about the universal adoption of Esperanto as a **komuna** (*common*) second language. These Esperantists started the clubs, launched and **abonis** (*subscribed*) to magazines, wrote the first literature, dictionaries and **lernolibroj** (*textbooks*), working towards what some called **la fina venko** (*the final victory*). In 1905, at the first **Universala Kongreso** (*World Congress*) in Boulogne-sur-Mer, the **Bulonja Deklaracio** (*Declaration of Boulogne*) established several tenets of Esperantism, including defining an Esperantist as anybody who knows and uses Esperanto, irrespective of their reasons. In 1912, Ludoviko Zamenhof spelled out his philosophy of an **interna ideo** (*inner idea*) behind Esperanto at the World Congress in Kraków, Poland: that **sur neŭtrala lingva fundamento** (*on a neutral linguistic foundation*) people would see in others a fellow human, a brother. This sentiment is expressed in the **himno** (*anthem*) of the **Esperanto-movado** (*Esperanto Movement*), **La Espero** (*The Hope*).

A **jarcento** (*century*) later, there are still many **samideanoj** (*sharers of the inner idea*) who learn and use Esperanto primarily or even exclusively because of that original motivation. But most Esperanto speakers generally don't see the final victory as feasible, even if most probably do support the idea of using Esperanto to level the **lingva ludkampo** (*linguistic playing field*). There are those who see Esperanto as something **reklaminda** (*worth promoting*) in its own right, for the enjoyment they find in it, the friendships formed in the **komunumo** (*community*), and the **kulturo** (*culture*) developed over the course of **jardekoj** (*decades*) of **uzado** (*usage*). These thoughts were put on paper at the **Internacia Junulara Kongreso** (*World Youth*

Congress) in 1980 in a formal resolution, asserting that **Esperantisteco** (*Esperantishness*) was akin to belonging to a self-selecting linguistic minority spread around the world. It took place in the Finnish town Rauma, and so this philosophy became known as **raŭmismo** (*Raumism*).

Participants at the first Universala Kongreso, held in 1905 in Boulogne-sur-Mer.

 1 Given the reasons behind the creation of Esperanto, what do you think **esperantismo** might mean? **2** Why might some people prefer to be known as **Esperanto-parolantoj** rather than **esperantistoj**?

Vocabulary builder

 02.01 **Read the vocabulary and try to complete the missing English translations. Then listen to the audio and try to imitate the pronunciation of the speaker.**

FILOZOFIAJ MOTIVOJ	PHILOSOPHICAL MOTIVATIONS
samideano	*fellow Esperantist*
kamarado	*comrade*
agado	*activism, activity*
motivoj kaj influoj	*_____ and _____*
diru 'informoj', ne 'propagando'	*say 'publicity/information' not '_____'*
landa asocio	*national Esperanto _____*
varbi adeptojn kaj membrojn	*to recruit new fans and _____*
Esperanto-movado, -komunumo	*Esperanto movement, Esperanto community*
kunlabori	*to work together, to co-operate*
deĵori	*to be on duty/to serve*
revi pri pli bona mondo	*to dream of a better world*
forigi lingvajn barojn	*to get rid of language barriers*
donaci aŭ tempon aŭ monon	*to donate either time or money*
la afero	*the Cause (i.e. Esperanto)*
diskonigi la informojn	*to share the information*
disvastigi Esperanton	*to spread Esperanto*

Conversation

02.02 *Sara is preparing an article for her blog about one of her first Esperanto acquaintances, Anna from Italy, who has been volunteering for the Esperanto non-profit association E@I (Edukado ĉe Interreto) in Slovakia as part of the European Voluntary Service. After a year in her post, her time is up. Sara, interviewing Anna online, is interested in the reasons behind her decision to volunteer for Esperanto.*

1 Read the following questions. Then read and listen to the conversation, and try to answer the questions.

   a How does Anna seem to feel about her time away?

   b How has Anna changed from when she first started working for Esperanto?

Sara	Ekde preskaŭ tuta jaro vi estas volontulo por E@I en Slovakujo, Anna. Kial vi unue interesiĝis pri Esperanto?
Anna	Junaĝe mi estis idealisto, do nature kaptis min la interna ideo de Esperanto. Mi revis, ke eblos krei pli bonan mondon, ĉar per Esperanto la homaro solvos la lingvan problemon kaj poste la tuta mondo komprenos, ke ni estas homoj kun homoj. Do mi ekaktivis en mia landa asocio por kontribui al la afero. En tiuj tagoj mi certis, ke pro mia agado venos la fina venko, ke mi varbos novajn adeptojn kaj membrojn por la asocio. Mi poste eksciis, ke tio ne tiel facilas.
Sara	Interese. Do, ĉar vi eksciis, ke disvastigi Esperanton ne estas facile, supozeble vi ne plu estas certa pri la fina venko.
Anna	Jes, vi tute pravas. De jam pluraj jaroj mi ne plu estas la propagandisto, kiu mi antaŭe estis! Mi daŭre kredas, ke Esperanto estus perfekta ilo por forigi lingvajn barojn, se la mondo pretus akcepti ĝin, sed mi agnoskas, ke bedaŭrinde tio verŝajne ne okazos.
Sara	Same mi ekde multe da tempo bedaŭras, ke la mondo ne estas preta akcepti la evidentan solvon. Mi do ne komprenas, kial vi nun estas dum preskaŭ unu jaro volontulo por Esperanto. Bonvolu klarigi: kio influis vin donaci vian tempon en fora lando, se vi ne plu kredis je la fina venko de Esperanto?
Anna	Nu, ne necesas esti finvenkisto por voli labori por Esperanto, ĉu? Konsideru vin mem: ankaŭ vi ne kredas, ke okazos la fina venko, tamen vi havas vian podkaston, kaj vi nun intervjuas min por verki artikolon por via Esperanto-blogo. Vi do kontribuas al Esperanto kaj al ĝia kulturo, same kiel la muzikistoj, verkistoj, la instruistoj kaj aliaj aktivuloj. Same pensis mi, do mi decidis, ke mi kontribuos iamaniere. Mi volis kunlabori kun aliaj homoj kaj helpi diskonigi Esperanton, sed ne sciis kion fakte fari. Kiam mi eksciis pri la Eŭropa Volontula Servo kaj ke E@I en Slovakio serĉas novan volontulon, mi tuj sciis, ke tiu volontulo estos mi.
Sara	Kio malsimilas inter via antaŭa kaj via nuna agado? Ĉu kunlabori tie estas plaĉe al vi?

Anna	Nu, antaŭe mi tro pensis pri membrovarbado kaj membroservoj. Nun mi komprenas, ke pli gravaj ol membreco estas uzado kaj agado. Mi eĉ ne pensis antaŭe, ke la granda plimulto da aktivaj esperantistoj ne estas membroj de asocioj kaj plie ne volas esti, sed tio estas evidente vera. Nun mi kunlaboras kun kolegoj el pluraj landoj, kaj Esperanto estas la ĉiutaga lingvo en nia eta komunumo. Uzi Esperanton tiel tre plaĉas al mi. Tiel rapide pasis la jaro, ke mi ofte sentas kvazaŭ ne eblus, ke baldaŭ finiĝos mia deĵorado. Mi tre kontentas pri mia decido volontuli, sed nun E@I serĉas novan volontulon.
Sara	Nu, dankon pro la tre interesa intervjuo, Anna. Mi esperas, ke vi ne estos tro malfeliĉa pro via foriro. Kaj plian dankon pro la ideo, kiun vi donis al mi, kiu lastatempe finis miajn universitatajn studojn. Mi ĵus ekhavis ideon pri tio, kion mi ŝatus fari kaj en kiu lando mi espereble loĝos se mi estos bonŝanca...

2 **Now read the conversation and answer the questions in English.**

 a What attracted Anna to Esperanto?

 Her optimistic nature / A podcast / Her idealism / A blog post / The **interna ideo** of Esperanto

 b Which of these seem to have been the priorities for Anna back in Italy when she first became an activist?

 Getting new members / Contributing to Esperanto culture / Developing new fans / Providing membership services / Working in partnership with other people

 c Why does Anna believe that the **fina venko** won't happen?

 The world will never be _____

 d How does Anna clearly show to Sara that you don't have to be a **finvenkisto** in order to be an Esperanto activist?

 Anna says that Sara isn't a **finvenkisto**, yet has _____ and _____

 e What news caused Anna to suddenly realize what she would spend the next year doing? _____

 f According to Anna, what is more important for Esperanto than membership numbers?

 _____, _____

 g What does Sara plan to do after the interview? _____

 3 02.03 **Listen to Sara's questions in the conversation and respond kvazaŭ vi estus (as though you were) Anna.**

💡 Language discovery

1 Using the conversation for reference, answer the following questions.

    a Add the required endings in the gaps:

        Disvastig_____ Esperanton ne estas facil_____.

    b How is Sara likely to say that she is unhappy and Anna that something is difficult?

        Mi estas malkontenta. / Mi malkontentas. / Tio estas malfacila. / Tio malfacilas.

    c Translate *If you didn't believe in the* **fina venko** *two ways: once to refer to a hypothetical situation, and another referring to a factual scenario:*

        _____, _____

    d When **kvazaŭ** (*as if, as though*) introduces a statement which isn't factual, which verb ending is used?

        -u / -us / -is / -i

    e Translate *I didn't know what he would say* into Esperanto, based on similar constructions in the conversation. _____

2 Based on your past learning and with similar sentences in the conversation to guide you, add the appropriate endings to the verbs in the following sentences.

    a Se pli da homoj parolus ĝin, Esperanto est_____ perfekta solvo al la lingva problemo.

    b Se mi hav_____ tempon, mi telefon_____ al vi en la vespero.

    c Mi jam sci_____, ke mi vid_____ vin hodiaŭ!

1 ESPERANTO'S SIX VERBAL FORMS

Esperanto's verbs take six distinct forms. The basic form, sometimes called 'the dictionary form' because this is how you would find it listed when looking it up, is the infinitive, which always takes an **i**-ending.

gratuli	**kompati**	**esplori**
to congratulate	*to pity, to feel sorry for*	*to explore, to research*

The infinitive follows another verb or **por** (*in order to*), and can play the role of a noun.

Ŝi ŝatas <u>legi</u>.	**Ĉu vi havas ion por <u>trinki</u>?**	**<u>Vivi</u> estas <u>ami</u>.**
She likes <u>to read</u>.	*Do you have anything <u>to drink</u>?*	*Living is loving. / Life is love.*

You will most often not use the infinitive but an adapted form of the verb called a conjugation, in which the **i**-ending is removed and replaced with a different ending. The form that these conjugations take depends on the grammatical tense and mood, but not on person and number, meaning that Esperanto doesn't have separate forms like *I am* but *you are*.

> **LANGUAGE TIP**
> There are a small number of verbs which have the meaning **esti -a**: **mi lacas/estas laca** (*I am tired*), **li pravas/estas prava** (*he is correct*), **ŝi malsanas/estas malsana** (*she is ill*). This is not a general feature of the language: **mi rapidas** (*I am hurrying*) ≠ **mi estas rapida** (*I am fast*), **la ĉielo bluas** (*the sky is giving off a blue sheen*) ≠ **la ĉielo estas blua** (*the sky is blue*). Resist the temptation to replace **esti -a** with a verbal form unless you are sure that the meaning is the same.

2 PAST, PRESENT, FUTURE: THE INDICATIVE MOOD

The past, present and future tenses are all examples of a mood called the indicative, which deals with factual statements. The present tense in Esperanto, shown with an **as**-ending, is used to express actions which are habitual, currently happening, or which are universally true.

Mi <u>vekiĝas</u> je la sepa.	**Ŝi <u>kantas</u> sub la pluvo.**	**La Suno <u>leviĝas</u> en la oriento kaj <u>subeniras</u> en la okcidento.**
I get up at 7 o'clock.	*She's singing in the rain.*	*The Sun rises in the east and sets in the west.*

It is also used for actions which started in the past but which are still ongoing. English uses past forms in this situation.

Mi <u>atendas</u> la aŭtobuson jam dum unu horo!	**Li <u>studas</u> Esperanton ekde tri jaroj.**
I've been waiting for the bus for an hour already!	*He's been studying Esperanto for three years.*

The past tense is indicated with the **is**-ending. Esperanto doesn't differentiate between different types of past tense the way that English does.

> **LANGUAGE TIP**
> **Ek** and **de** can combine to form **ekde** (*since, from*): **Ŝi aktoras ekde sia infanaĝo.** (*She has been acting since infancy.*)

Kiam ŝi <u>estis</u> pli juna, ŝi <u>studis</u> multe kaj ofte <u>kantis</u> kun siaj gefratoj.

When she <u>was</u> young, she <u>would study</u> a lot and often <u>used to sing</u> with her siblings.

The **os**-ending indicates the future tense. Whereas English often uses a present tense for a future event, Esperanto invariably sticks with the logical form.

Kiam ŝi <u>alvenos</u>, ni <u>spektos</u> filmon kune.	**Mi <u>eliros</u> poste, sed antaŭe mi <u>mendos</u> taksion.**
When she <u>arrives</u>, we'<u>ll watch</u> a film together.	*I'<u>m going out</u> later but I'<u>ll order</u> a taxi first.*

3　**Based on the context, add the appropriate endings to the verbs in the following sentences.**

　a Mi tre bone kon___ lin, kiam ni est___ knabetoj, sed li tute ignor___ min dum la lastaj kelkaj jaroj, kaj rifuz___ parol___ ul mi, kiam mi salut___ lin. Mi esper___, ke iun tagon ni est___ denove bonaj amikoj, kiel ni est___ junaĝe.

　b Mi pardonpet___, Anĉjo, sed mi ne sci___, kiam Petro reven___. Li ofte malaper___ nuntempe. Kiam mi vid___ lin, mi don___ al li la kukon, kiun vi bak___ por li.

　c Estas pli facile far___ ion kaj poste pet___ pardonon ol pet___ unue permeson. Sed mi ne rekomend___ far___ tiel; tio ofte ne plaĉ___ al aliaj homoj, kaj via patro ne est___ kontenta poste.

d Mi ne hav__ sufiĉe da mono por aĉet__ la novan aŭton, kiun mi tre ŝatas, sed post du jaroj mi finfine posed__ ĝin kaj veturig__ ĝin ĉien.

e Li est__ la kantisto ekde la tria albumo; li tute ne estas nova membro. Bonvolu ne dir__ tion al li, ĉar aŭd__ tion multe ĝen__ lin, kiam ĉiu alia ĉiam dir__ tion.

f Mi ĉiam multege dezir__ fariĝ__ policano, kiam mi est__ lernejano. Mi nun est__ policano, kaj bedaŭr__ tion, ke mi fariĝ__ policano! Kion far__, do? Mi ne sci__, ĝis antaŭnelonge, kiam mi decid__ eksiĝ__ kaj poste fariĝ__ fajrobrigadisto. Mi do plan__ eksiĝ__ baldaŭ.

4 **Using your knowledge of Esperanto and the previous section as a refresher, find the errors in the following sentences. Why are they wrong? Rewrite them so that they are correct.**

a Dankon, sed bedaŭrinde mi devas malakcepti vian afablan proponon, ĉar mi jam foriras morgaŭ.

b Ho, jen vi! Finfine! Mi atendis vin ekde la frua mateno.

c Kiam li ekscias, li estos kolera kontraŭ vi. Mi avertas vin!

d Kutime mi tre bone komprenas lin, sed hodiaŭ mi havis problemojn kaj ne komprenas duonon de la diraĵoj. Mi esperas, ke morgaŭ li parolos pli klare.

3 IF: HYPOTHETICAL SITUATIONS

The conditional mood is used to express a proposition which is dependent on some condition being fulfilled. Usually the hypothetical situation is unreal, and the <u>conditional</u> verb and the <u>dependent</u> verb take the **us**-ending in Esperanto. The *if*-clause is introduced by the conjunction **se** (*if*). Esperanto doesn't differentiate between possible and impossible situations the way that English does.

Se mi <u>gajnus</u> la loterion, mi <u>aĉetus</u> domegon.

If I won the lottery, I would buy a mansion. / If I had won the lottery, I would've bought a mansion (but I didn't win the lottery).

It is not necessary to use only the **us**-ending after **se** because not all situations are unreal. If the condition applies to something factual or plausible, then the indicative rather than the conditional mood is used.

Se ne <u>pluvos</u>, ni <u>promenos</u> tra la arbaro.

Se li <u>hejmeniris</u> frue, mi ne <u>rimarkis</u> lin foriri.

If it doesn't rain, we'll walk through the woods.

If he did go home earlier, I didn't notice him leave.

> Good weather is plausible.

> Reporting about a past event which supposedly happened.

The **us**-ending is also used as a way of softening requests so that they appear more polite.

Ĉu vi bonvolus doni al mi tason da kafo?   **Mi volus tason da kafo sen lakto.**

Would you kindly give me a cup of coffee?   *I would like a cup of black coffee.*

Note the special meanings that **devi** (*to have to, must*), **povi** (*to be able to, can*), and **voli** (*to want*) have when used with the **us**-ending:

Vi devus vekiĝi pli frue!   **Ŝi povus kanti pli laŭte.**   **Mi volus ĉeesti la koncerton, sed marde mi laboras.**

You ought to wake up/should have woken up earlier!   *She could sing/could have sung louder.*

I would like/would have liked to go to the concert but I work on Tuesdays.

> **LANGUAGE TIP**
>
> English is curious in switching verbs from *to want* to *to like* when being polite: *I want a coffee → I would like a coffee, please* (not *I would want a coffee, please*). Do not allow English to influence you into using **ŝati** (*to like*) this way in Esperanto. **Mi volus pecon da kuko** *I would like a piece of cake, please* ≠ **Mi ŝatus (manĝi) pecon da kuko (sed ne povas, ĉar mi klopodas maldikiĝi)** *I would like (to eat) a piece of cake (but I can't because I'm trying to lose weight).*

5 **Translate the following sentences into Esperanto, choosing whether the indicative or conditional mood is appropriate.**
   a If it's red, we'll win. If it's black, we'll lose.
   b If you live in Japan, you see the sun earlier than in the USA.
   c She would've liked to come but she's dancing with her friends.
   d If you tell him, he will understand.
   e You wouldn't say that if you saw him!
   f What would you do if you were rich?
   g If I could, I would. (Use **fari**.)
   h If I could've, I would've. (Use **fari**.)
   i Had I known, I wouldn't have come. ('If I had known...')

4 WISHES AND REQUESTS

The sixth and final verb form in Esperanto is the **u**-ending, which indicates an expression of a wish, such as requesting or inviting somebody to do something. People often refer to the **u**-ending in Esperanto as the imperative mood, although it is much broader in scope than this grammatical label implies. You will cover the **u**-ending in detail in Unit 7 and see it used extensively in context in the Conversation in Unit 5.

Bonvolu manĝi ion dum vi atendas.   **Ne venu morgaŭ, ĉar mi ne estos ĉi tie.**

Please eat something while you wait.   *Don't come tomorrow because I won't be here.*

5 INDIRECT SPEECH

Indirect speech is a manner of reporting what somebody has already said, thought, decided, and so on. Where direct speech involves repeating the original statement, indirect speech reports it without quoting it explicitly.

Using indirect speech in English often involves making changes to the tense of the initial utterance. In Esperanto, however, the verbal forms in indirect speech stay as they originally were. As in English, sometimes it will be necessary to change pronouns when reporting.

Ŝi diris: 'Mi neniam forgesos vin.'

She said: 'I will never forget you.'

direct speech

Ŝi diris, ke ŝi neniam forgesos min/lin/ŝin/ilin.

She said she would never forget me/him/her/them.

indirect speech

It will also be necessary to change absolute time markers such as **hieraŭ** (*yesterday*) if the speech is indirectly relayed at a different period of time from the original utterance.

Morgaŭ <u>estos</u> ŝia naskiĝtago kaj mi ne <u>havos</u> tempon aĉeti por ŝi donacon!

<u>It's</u> her birthday tomorrow and I <u>won't have</u> time to buy her a present!

Statement made on November 28.

Li plendis, ke la posta tago <u>estos</u> ŝia naskiĝtago kaj ke li ne <u>havos</u> tempon aĉeti por ŝi donacon!

He complained that the day after <u>was</u> her birthday and he <u>didn't have</u> time to buy her a present!

Statement reported after November 28.

6 Change these direct statements into indirect speech.

  a Mary demandis al mi: 'Ĉu vi preferas teon aŭ kafon?'

  b John diras: 'Mi estas kontentega, ĉar neniam plu mi devos labori!'

  c Helen raportis pri la kristnaska donaco: 'Mi jam legis la tutan libron, kaj treege ŝatis ĝin!'

  d Kevin promesos al la malsata knabo: 'Vi ne plu havos malplenan stomakon!'

  e Margaret informas la genepojn: 'Vi ne kondutas tre bone hodiaŭ, kaj mi esperas, ke vi estos pli bonkondutaj morgaŭ.'

7 Write out what the original direct statements would have looked like in the following examples of indirect speech. Include the time references as they would have appeared in the original statement.

  a Kiam mi laste vidis lin, Alfredo diris, ke li ludos rugbeon kun siaj amikoj tiun tagon.
  Mi ludos rugbeon kun miaj amikoj hodiaŭ.

  b Mi estas certa, ke Makso promesos al mi morgaŭ, ke li jam faris ĉion hodiaŭ!

  c Antaŭhieraŭ Mia telefonis al ni por diri, ke ŝi vizitos nin la postan tagon.

  d Postmorgaŭ Oskar diros, ke li ne havis sufiĉan tempon la antaŭan tagon!

  e Georgo pardonpetis, ke tiun tagon li ne ĝustahore vekiĝis.

Listening, speaking and pronunciation

 1 02.04 **Listen to an abridged version of *Estas mi esperantisto*, a poem by Julio Baghy in which he shares his impressions of a typical Esperantist.**

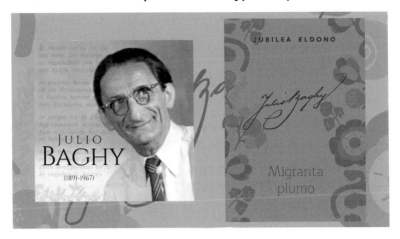

2 On one occasion, Baghy makes a subtle change to a repeated line. Where does this occur and what effect does it have? _____

_____

EXTRA VOCABULARY

brusto	*chest, breast*
pala	*pale*
rusto	*rust*
aboni gazeton	*to subscribe to a magazine*
oferi por venko	*to sacrifice for victory*
barakti	*to struggle*
stari ĉe tombo	*to stand at a tomb*
familia rondo	*family circle, group*
nekrologo	*an obituary*

---

3 Answer the following questions out loud in Esperanto.

   a Ĉu Baghy kredas, ke la kutima esperantisto fiere surhavas sian insignon? (*Does Baghy picture the typical Esperantist proudly wearing his insignia?*)

   b Kion opinias Baghy pri la lingva nivelo de la tipa esperantisto? (*What does Baghy think of the language level of the typical Esperantist?*)

   c Ĉu Baghy donas la impreson, ke la kutima esperantisto eble estas helpema? (*Does Baghy give the impression that the typical Esperantist might be helpful?*)

4 In one line in the poem, Baghy writes something which means *X should do Y* or *Let X do Y*. Which one of the following verb endings does he use to express this sentiment?

-os   -us   -i   -u   -as   -is

5 02.05 **Listen to the audio. This time eight words are missing. Add the missing words and then practise saying them out loud. Do your best to pronounce *r* as a light tap or trill where it occurs, and remember that the last-but-one syllable is always slightly stressed compared with the other ones.**

a p__l__s

b p__r__g__s__o

c g__z__t__j__

d l__g__

e s__f__ĉ__s

f n__n__o__

g m__v__d__

h m__r__'

> **LANGUAGE TIP**
>
> The **o**-ending, as long as it is not followed by the **j**- or **n**-endings, can be replaced by an apostrophe. The stress remains where it would have been had the **o**-ending been present, so it is technically on the final rather than last-but-one syllable. Replacing the **o**-ending with an apostrophe rarely happens outside of poetry in modern Esperanto.

 6 02.06 **Listen to the audio of the eight missing words and compare your pronunciation.**

Reading

The US Esperantist Chuck Smith chiefly established the Esperanto version of Wikipedia when he was a beginner. In 2015, he was elected the Esperantist of the Year for having guided the launch of an Esperanto course on the language-learning app Duolingo.

1 Read the following extract of an interview with Chuck Smith by Aleksander Korĵenkov from the February 2016 issue of *La Ondo de Esperanto*.

While reading, make a note of the instances of indirect speech.

MI TRE FELIĈAS, KE MI POVIS PLIBONIGI LA VIVOJN DE MULTAJ HOMOJ

La Ondo de Esperanto (LOdE): Kiel impresis vin la informo, ke vi iĝis la Esperantisto de la Jaro?

Chuck Smith (CS): Mi tre feliĉas, ke mi povis plibonigi la vivon de tiel multaj homoj tutmonde, ĉefe per mia agado por Vikipedio kaj Duolingo. Same kiel Esperanto forigas lingvajn barojn, Interreto forigas distancajn barojn. Mi do tre kontentas esti parto de la nova interreta revolucio ankaŭ por nia lingva komunumo.

(LOdE): Kiel vi sukcesis aranĝi la aferon de la unua artikolo, ĝis la konsiderinda grandeco de 225 mil artikoloj?

(CS): En septembro 2001, kiel freŝbakita esperantisto (mi eklernis nur en februaro 2001), mi kontaktis Jimmy Wales, la estron de Vikipedio, kaj poste ricevis de li pozitivan respondon. Dum Brion Vibber tradukadis la interfacon, mi kontaktis Stefanon Kalb, kiu dum pluraj jaroj konstruadis propran enciklopedion en Esperanto kaj jam havis 139 artikolojn. Mi sciis, ke li revas pri plena ĝenerala enciklopedio kaj demandis al li, ĉu li pretus donaci tiujn artikolojn al Vikipedio. Post iom da pripensado, li konsentis, kaj do rapide aperis la unuaj artikoloj en Vikipedio!

Dek tagojn poste, kaj dank' al niaj senlacaj kunlaborantoj, ni jam havis 300 artikolojn, do la tuta afero nekredeble rapide kreskis! Dum kelkaj semajnoj en 2002, Esperanto eĉ superis la germanan version kaj estis en la kvara loko laŭ la kvanto! Kompreneble nia komunumo estas tro malgranda por resti en tiu alta pozicio dum longa tempo, sed dum tiu mallonga periodo, ĝi havis pli da artikoloj ol grandaj naciaj lingvoj kiel la germana.

(LOdE): Kio inspiras vin daŭrigi vian Esperanto-agadon?

(CS): Plej inspiras min la scio, ke nia agado ŝanĝas vivojn. Ekzemple, antaŭ Vikipedio, esperantistoj tute ne havis ĝeneralan ampleksan enciklopedion. Nun, se oni volas havi bazajn informojn pri multegaj temoj, oni povas legi Vikipedion kaj kutime trovi taŭgan artikolon.

Esperanto helpas konekti homojn tutmonde. Per ĝi, oni gajnas novajn amikojn kaj perspektivojn. Jen movado por tutmonda edukado. Temas ne nur pri kelkaj malmultaj homoj; nia agado per Vikipedio kaj Duolingo helpas centojn da miloj da homoj. Ĝuste tiu konstato multe motivas min daŭrigi mian agadon.

EXTRA VOCABULARY	
impresi	*to make an impression on*
freŝbakita	*freshly baked*
konstruadi propran	*to build one's own*
ampleksa	*extensive*
konstati	*to take note, to establish*

CULTURE TIP

From 1998, the monthly magazine **La Ondo de Esperanto** (*The Wave of Esperanto*) has elected an **Esperantisto de la Jaro** (*Esperantist of the Year*). Aleksander Korĵenkov and Halina Gorecka took its name from an earlier periodical from 1909 to 1921, publishing it as a monthly paper magazine from 1991 to 2019, before switching to an online version.

2 **Indicate whether the following assertions are veraj (*true*) or malveraj (*false*) using the letters V and M.**
  a Chuck Smith had just started learning Esperanto when he contacted Jimmy Wales.
  b Stefano Kalb started work on his own encyclopedia at the same time.
  c Brion Vibber translated articles into Esperanto.
  d Vikipedio made rapid progress at the beginning.

3 **Answer the questions about the text in English.**
  a List the phrases in the opening response from Chuck Smith which could have been written using adjectives with **estas**. _____ _____
  b How does Chuck Smith metaphorically refer to himself as a newcomer? _____
  c In **mi demandis al li, ĉu li pretus donaci tiujn artikolojn** the **us**-ending is being used in reported speech, perhaps influenced by how *will* becomes *would* in English in such a scenario. Is this occurrence an error in your view? If it is, which ending should have been used? If not, explain the reasoning behind your thinking.

Writing

Summarize in up to 200 words the attitude of Julio Baghy to the typical Esperantist based on the extract of *Estas mi esperantisto*. What sort of things does he think a good Esperantist does? Use reported speech (Baghy believed/said/suggested/wrote that...) when summarizing.

▶ **Baghy kredis/diris/sugestis/skribis, ke ...**

▶ **Laŭ la poemo/liaj vortoj, mi opinias, ke Baghy kredis ...**

Go further

Julio Baghy (1891–1967) was a multi-talented author and actor. His best-known contributions to Esperanto were his poems, which he began composing whilst a prisoner of war in Siberia. The full version of his poem ***Estas mi esperantisto***, which you sampled in the Listening activity, can be found online. It contains several references to aspects of Esperanto culture which he and his fellow idealists had established, including the 'Untouchable Foundation', meaning the ***Fundamento***, a book by Zamenhof from 1905 which was made the obligatory authority over Esperanto at the first World Esperanto Congress in 1905, about which you will learn more in Unit 5. He mentions, too, a dictionary published by **Sennacieca Asocio Tutmonda** (*World Anational Association*). This was the ***Plena Vortaro*** which became, with further editing over the course of several decades, the ***Plena Ilustrita Vortaro***, the most authoritative dictionary of Esperanto. The penultimate stanza borrows expressions from ***La Espero***, the hymn of the Esperanto movement.

La Ondo de Esperanto has published interviews with all of the recipients of the award **Esperantisto de la Jaro**. You can access them online, which will provide you with insight in high-level Esperanto into how and why many eminent Esperantists are motivated to contribute so much work to the Esperanto community.

The **Tutmonda Esperantista Junulara Organizo** (*The World Esperanto Youth Organization*) uses the European Voluntary Service to fund its helpers, who work in the **Universala Esperanto-Asocio's Centra Oficejo** (*Central Office*) in Rotterdam and live in its **Volontula Domo** (*Volunteer Home*). You can watch a five-minute video **La vivo de TEJO-volontuloj en Roterdamo** (*The Life of TEJO Volunteers in Rotterdam*) online, in which two of TEJO's volunteers explain what they do in the working day and in their free time. The video comes with subtitles, so if you're new to hearing spoken Esperanto, this is an ideal first step.

Links to the material mentioned can be found in the Bibliography for Unit 2.

Test yourself

1 Translate the following into Esperanto.

   a I would've liked to see you yesterday. _____

   b I should've done it but I couldn't. _____

c Had I known that Esperanto would be so easy, I would've started learning it earlier!

___

The first Esperanto magazine, **La Esperantisto**, which ran from 1889 to 1895. Inset are Leopold Einstein, the first 'name' in Esperantujo to pass away, and Wilhelm Heinrich Trompeter, who financed the magazine from 1892 to 1894, paying Zamenhof a small salary as editor.

CULTURE TIP

Leopold Einstein, born Leopold Löb, was instrumental in Esperanto's earliest development. He was the founding chairperson of the **Nürnberger Weltspracheverein** (*World Language Club of Nuremberg*), convincing it to switch from Volapük, another planned language, to Esperanto in 1888, shortly after having read the **Dua Libro**. The club started producing the first Esperanto magazine, **La Esperantisto**, in 1889. Einstein was already ill when he started learning Esperanto, and died in 1890. A letter sent by him to Zamenhof during his illness asserts that 'no cloud or frost can hold back our Cause from its final victory', making him the first person to use the expression **fina venko**. Zamenhof wrote about his recently deceased friend in **La Esperantisto** from October 1890.

2 Add the appropriate verbal endings to these excerpts from Zamenhof's article following Einstein's death.

a Li skrib____ al ni antaŭ kelkaj monatoj: 'Mi est____ maljuna kaj malsana, kaj ne vid____ la venkon de nia bela afero, sed vi ĝin vid____ baldaŭ, baldaŭ en ĝia tuta beleco.'

b 'Antaŭ ol la jarcento finiĝ____ nia afero venk____.'

c En la komenco, li hav_____ ankoraŭ esperon, ke li resaniĝ____.

3 Translate the following sentences into Esperanto, choosing whether the indicative or conditional mood is appropriate.

a I don't remember, I'm sorry. If you gave it to me, I've forgotten. _____

b Harry is unhappy. You ought to apologize when you see him tomorrow. _____

c If you'd come earlier you could've spoken to her but she's no longer here. _____

d If Travko has a holiday, he looks for ZEOs. _____

e I remember when I was young. For our holidays we would usually travel to France. _____

SELF CHECK

I CAN. . .
... identify and use all six of Esperanto's verbal forms.
... contrast differences in tense between Esperanto and English.
... form hypothetical constructions with **se**.
... reformulate direct into indirect speech.

3 Frandaĵ' aŭ friponaĵ'!
Trick or treat!

In this unit you will:
- ▸ *identify direct and indirect objects.*
- ▸ *add emphasis or nuance by deviating from Esperanto's default word order.*
- ▸ *correctly place elements like **ankaŭ**, **nur** and **ne** to accurately convey your meaning.*
- ▸ *learn about some Esperanto myths and Esperantology.*

CEFR: (B1) *Can write a description of a story, real or imagined.* **(B2)** *Can summarize a plot or sequence of events, adjusting sentence structure to contrast, emphasize, or enhance precision.*

Esperantologio: senmitigado de Esperanto
Esperantology: mythbusting Esperanto

During its relatively short lifetime, Esperanto has developed commonly repeated myths and legends. Many of these factual inaccuracies are the result of overzealous attempts by Esperantists to persuade others to learn the language, such as claiming that there are millions of Esperantists around the globe or that there are only 16 rules to learn, stemming from an early presentation of the grammar. Others are based on a misunderstanding: Esperantists often speak of their language as having totally free word order, an idea which some learners pick up when they are introduced to the **n**-ending and presented with the same short sentence displayed in six different ways.

All cultures have their legends, and Esperanto is no exception. Esperantists may repeat an apocryphal story about Zamenhof's father deliberately burning his son's Esperanto notes whilst the younger Zamenhof was studying in Moscow, as first reported in Edmond Privat's **La vivo de Zamenhof**, published in 1920, three years after its subject's passing. The **zamenhofologo** (*zamenhofologist*) Naftali Cvi Maimon reported that Zamenhof's younger daughter, Lidja, expressly denied the story's veracity, and presented other instances of Privat's creative licence, but the story **enradikiĝis** (*took root*) and has found its way into subsequent biographies, histories and the collective Esperanto consciousness.

The most industrious of the zamenhofologists, Kanzi Itô, writing under the pen name Ludovikito, produced the 58-volume **plena verkaro zamenhofa** (*Complete Works of Zamenhof*), a project spanning four decades. It contains as much of Zamenhof's correspondence as Ludovikito was able to track down, all of Zamenhof's translations and articles, and all but three of the 118 booklets published before 1900, plus the perfectly sourced **senlegenda biografio de l.l. zamenhof**. Itô's typing was notorious for his conscious decision to totally avoid **majuskloj** (*capital letters*), even in names and when quoting, an affectation which often drew complaints. Undoubtedly people would consider it a further myth if they were told that Zamenhof himself endorsed this approach, but it is true that he did; he commented in 1894 that he **aprobas el la tuta koro** (*wholeheartedly approves of*) the proposal of a teacher by the name of Kürschner from Zürich to do away with capital letters, adding that the usage of two types of letters is **tute superflua kaj sensenca** (*wholly superfluous and nonsensical*). He, however, never changed his own style to reflect it, and his advocacy of the approach is not generally known. Unearthing facts like this and debunking myths is what **esperantologio** (*Esperantology*), the specialist study of Esperanto, is all about.

The ***plena verkaro zamenhofa***, which represents decades of work by the Japanese Esperantist Kanzi Itô, known as Ludovikito, to document Esperanto's early years.

 1 If a specialist in **zamenhofologio** (*the study of the life of Zamenhof*) is a **zamenhofologo**, what name is given to the person specializing in **esperantologio**? **2** What would the word for a *biographer* be?

Vocabulary builder

 03.01 **Read the vocabulary and try to complete the missing English translations. Then listen to the audio and try to imitate the pronunciation of the speaker.**

MITOJ, LEGENDOJ KAJ TRADICIOJ	*MYTHS, LEGENDS AND TRADITIONS*
rakonti mitojn kaj legendojn	*to tell myths and _____*
tradiciaj kredoj kaj kutimoj	*traditional beliefs and customs/habits*
superstiĉaj sensencaĵoj	*superstitious nonsense*
festi la novan jaron	*to celebrate the new year*
tosto dum la bankedo	*a toast during the banquet*

Ĥanuko/Lumfesto	*Hanukkah*
Lampofesto	*Diwali*
Oferfesto, Fastofina Festo	*Eid al-Adha, Eid al-Fitr*
Kristnasko, Pasko	*Christmas, Easter*
Sankta Nikolao/Avo Frosto	*St Nicholas/_____*
feo, fe-rakonto	*fairy, _____*
fablo, fabelo	*fable (animal story with a moral), fairy tale*
bonŝanco	*good fortune, good luck*

HELPA VORTPROVIZO	*SUPPORTING VOCABULARY*
fenestro	*a window*
trablovo	*a draught*
ventumilo	*a fan*
nepara/para nombro	*an odd/_____ number*
ĵeti	*to throw*
bombonoj	*sweets, candy*
frandi	*to relish*
fripono	*a crook*

Conversation

 03.02 *After successfully applying to become a volunteer for E@I, Sara has recently moved to Slovakia. She walks into the office and sits down with her new colleagues, Natalia, Branko and Jakob, and tells them about a strange experience on the bus.*

1 **Read the following questions. Then read and listen to the conversation, and try to answer the questions.**

 a How is the weather in Slovakia that day?

 b What do Sara and her colleagues discuss?

Sara	Estas nekredeble varme, ĉu ne? Sed kiam mi malfermis fenestreton en la aŭtobuso, subite aperis homoj, kaj ili tuj refermis ĝin kaj plendis al mi! Mi provis montri al ili, ke estas tro varme, sed ili ignoris min, malgraŭ tio, ke ankaŭ ili klare sentis la varmegon!
Natalia	Jen konata problemo, Sara. Oni devas ne malfermi fenestretojn en la buso, ĉar ekzistas mito ĉi tie, ke pro trablovo oni malvarmumos.
Branko	Eĉ ventumilojn kelkaj homoj rifuzas uzi pro la sama logiko. Tio estas mito, kompreneble, sed ĉu pli mallogika ol la superstiĉa kredo, ke la nombro 13 estas malbonŝanca?
Natalia	Por iu usonano, la malbonŝanca nombro estis ne 13, sed 12. Li donis al mia fratino floraron kun 12 rozoj en ĝi. Donaci 13 fakte estus multe pli bonŝance!
Sara	Kial? Ĉe ni donaci 12 ruĝajn rozojn estas amdeklaro.

Natalia	Verŝajne estas same ĉe li. Sed ĉe ni, oni prezentas neparajn nombrojn: 1, 3, 5, ekzemple. Prezenti paran signifas malbonŝancon. Tio ne estis lia sola eraro, la kompatindulo: ĉar mankis ruĝaj, li aĉetis florojn flavajn. Tiuj signifas ne amdeklaron, sed amfinon, kiel estis por li. Mi certas, ke li daŭre ne komprenas, kial ŝi ĵetis la florojn al li!
Branko	Povus esti pli malbone: almenaŭ nur florojn kaj ne tomatojn ŝi ĵetis! Ĉu vi aŭdis pri la tomatbatalado en Hispanujo? Temas pri ĉiujara tradicio en Buñol. En aŭgusto de ĉiu jaro, la urbanoj batalas per tomatoj!
Sara	Ho, kiel en Ivrea en Italujo, kvankam tie oranĝojn kaj ne tomatojn uzas la urbanoj! Antaŭ jarcentoj okazis granda batalo inter la urbanoj kaj malbona reganto, kaj ekde tiam la urbanoj por amuzado rebatalas tiel dum unu tago.
Jakob	Ĉu vi aŭdis pri Krampus? Temas pri tradicio ĉe ni. Vi ĉiuj konas Sanktan Nikolaon, ĉu ne? Nu, Krampus estas la malbona versio. Antaŭ Kristnasko, plenkreskuloj portas maskon por fariĝi Krampus, kaj timigas la infanojn.
Sara	Ĉe ni okazas la malo, kvankam ne temas pri Kristnasko: la infanoj surhavas maskon kaj timigas la plenkreskulojn! Ili alvenas ĉe la pordo kaj postulas bombonojn. Se bombonojn vi ne havas, malbona povas esti la rezulto.
Jakob	Tio fakte estas stranga kutimo, kiam vi klarigas ĝin tiel, ĉu ne? 'Frandaĵ' aŭ friponaĵ'!'

2 Now read the conversation and answer the following questions.

a Why did the other passengers want Sara to keep the small window closed?

It was a cold day. / They thought they would catch a cold. / The traffic fumes were unpleasant. / There was too much noise from the traffic.

b Why should you be attentive to how many flowers are in the bouquet if you're offering a bunch to somebody in Poland?

An even number means love. / You have to present a bunch of 12 to mean love. / An even number is bad luck.

c Who or what is Krampus the bad version of? _____

d At what time of year do grown-ups put on masks to look like Krampus?

On Christmas Day / In the run-up to Christmas / Between Christmas and New Year

e Why do the people of Ivrea attack each other with oranges every year?

f Which two verbs used in the conversation mean *to wear, to have on*?

g Which suffix was used to create *a delicacy* and *a rascally act*?

-aĵ- / -ar- / -ec- / -em- / -ist- / -ul-

h Which preposition would you use with **mi** to express *in my country* or *in my household*?

al / en / ĉe / je / da

Language discovery

1 **Using the conversation for reference, answer the following questions.**

   a Since the nouns and adjectives are following the verbs in **aperis homoj**, **ekzistas mito**, **mankis ruĝaj** and **okazis granda batalo**, should they have an **n**-ending? If not, why shouldn't they?

   Yes, the **n**-ending is missing. / No: nouns after a verb don't take the **n**-ending. / No: in subjectless sentences, you don't need to use the **n**-ending. / No: these are subjects.

   b Is there anything wrong in **estas nekredeble varme** or **temas pri ĉiujara tradicio**? The sentences are fine. / The subject is missing. / **varme** should be **varma**. / **ĉiujara** should be **ĉiujare**.

   c What do you notice about the position of **ankaŭ** relative to the word it is referring to in **ankaŭ ili klare sentis la varmegon**?

   It's in the wrong place: **ankaŭ** cannot come first. / It comes before the word to which it is applying. / Its position has no effect: it should be at the end of the sentence.

   d What do you notice about the position of **ne** in **Oni devas ne malfermi fenestretojn en la buso**?

   It's in the wrong place. It should come before **devas**. / It's created a double negative. / Both **ne devi** and **devi ne** are permissible but may have different meanings.

   e Reformulate the following sentences the way that Branko and Sara did to emphasize what was being thrown:

   1 Almenaŭ ŝi ĵetis nur florojn kaj ne tomatojn.

   2 Kvankam la urbanoj tie uzas oranĝojn kaj ne tomatojn.

1 SENTENCE STRUCTURE IN ESPERANTO

Sentences in Esperanto are built around a main verb, called a predicate. A handful of verbs don't normally take subjects in Esperanto, and so there are occasions when a sentence can consist of a single main verb and nothing else. In the vast majority of cases, it is necessary for a subject to be present, indicating who or what is carrying out the action relayed by the main verb:

Pluvas.	**La malsata bebo ploras.**	**Li (tuj) malaperis.**
It's raining.	*The hungry baby is crying.*	*He disappeared (instantly).*
Subjectless sentence.	**La malsata bebo** is the subject.	An optional adverb adds information.

Verbs like **esti**, **ŝajni** and **fariĝi** play a linking role by which the subject can be described. The description is something called a predicative or a subject complement, underlined in the following examples.

La kanto estas <u>treege bela</u>.	**Li ŝajnas <u>homo prudenta</u>.**	**Subite fariĝis <u>malvarme</u>.**
The song is extremely beautiful.	*He seems a sensible person.*	*Suddenly it became cold.*
bela describes the song.	**homo prudenta** describes the person.	Subjectless sentence.

More words can be added to give further information. As in English, it is not possible simply to string nouns along one after the other and have them make sense. Instead, the noun phrases follow short functional elements called prepositions. As in English, prepositions explain the role of the noun in the sentence.

la lernejo → en la lernejo

the school → in the school

la rivero → laŭ la rivero

the river → along the river

miaj problemoj → malgraŭ miaj problemoj

my problems → despite my problems

Li sukcese parolis dum du horoj!

He managed to speak for two hours!

> **dum** is a time complement.

Ŝi aŭdis pri la malfeliĉiga novaĵo.

She heard about the upsetting news.

> **pri** shows what something is concerning.

2 DIRECT AND INDIRECT OBJECTS

Very often there is a recipient of the action, such as the present being gifted or the person to whom it is offered. These are called objects and come in two varieties: direct and indirect.

I offered a cake to my sister.

> You offered what? A cake. To whom? To my sister.

She showed the new book to me.

> She showed what? The new book. To whom? To me.

Esperanto marks the direct object, the primary recipient of the action, by putting it into something called the accusative case, shown with an **n**-ending, following the **j**-ending in plural words. Adjectives are also marked in the same way as the noun that they describe.

La hundo malŝatas la grandajn katojn.

The dog dislikes the big cats.

Kiun vi vidis? Ĉu lin?

Who(m) did you see? Was it him?

Sentences may also contain an indirect object, which is someone or something affected by an action, but not the primary recipient. In English, we usually indicate the indirect object with *to* or *for*. Esperanto uses the preposition **al** to show who or what the indirect object is.

La patrino donis la pomon al la knabino.

The mother gave the apple to the girl.

Mi donacis novan libron al mia estro.

I gifted/donated a new book to my boss.

> **LANGUAGE TIP**
>
> The indirect object, unlike the direct object, does not take the **n**-ending because it follows a preposition. Prepositions in Esperanto are always followed by something called the nominative case, the form that the subject takes, except in one special circumstance, which you will review in Unit 7.

English doesn't always use prepositions to indicate the indirect object: there are constructions in which the word order rather than the presence of a preposition determines which grammatical role each object has. This is not the case with Esperanto, and care should be taken not to make both distinct elements into direct objects.

Li vendis fruktojn al la knabo.

He sold the boy some fruit.

> The boy is an indirect object in English, as seen if you change the order: He sold some fruit to the boy.

'La profesoro instruas la studentojn la francan.'

> What was taught? **Instrui** has to mean *to teach somebody* or *to teach a thing*. It cannot mean both at the same time.

'Donu min la pomon'.

> **Donu min al la pomo** is grammatically correct but improbable!

3 OBJECT VARIABILITY

There are several verbs for which a person can be either a direct or an indirect object. This duality formed in the early days of Esperanto when speakers were influenced by their native languages and mirrored that usage.

Helpu min / Helpu al mi, mi petegas!

Help me, I beg you!

Mia hundo neniam obeas min / obeas al mi!

My dog never obeys me!

Finfine li dankis min / dankis al mi.

At last, he thanked me.

There are occasions when you can switch the objects around, changing the preposition depending on the meaning.

La profesoro instruas **la italan** al la studentoj. La profesoro instruas **la studentojn** pri la itala.

The professor is teaching the students Italian. *The professor is teaching the students Italian.*

> The direct object is the subject being taught.   The direct object is the people being taught.

> **LANGUAGE TIP**
> It is not the case that the **n**-ending can replace a preposition, other than with **je** if the result makes sense. The **n**-ending isn't replacing **al** in **Mi helpis lin** or **pri** in **Mi instruis la italan**; **helpi** can take its object directly or indirectly, and the direct object of **instrui** can be either the recipient of the education or the subject matter being taught.

2 **Complete the sentences by inserting the appropriate prepositions, using each one only once, into the gaps.**

| sen ekster anstataŭ krom el inter laŭ en kun antaŭ pro |

a Ili festas, ĉar ilia avino naskiĝis _____ cent jaroj.

b _____ ĉiuj miaj infanoj, Ernesto estas la plej juna.

c Dankon _____ via tre utila helpo, amiko!

d Mi restas _____ la ĉambro, _____ la peto de mia instruisto.

e _____ kafo li donis al mi teon _____ sukero kaj _____ tro da kremo.

f Ĉiuj _____ la foto ŝajnas feliĉaj _____ la maljunulo _____ la infaneto kaj la blondulo.

3 Identify which of the objects in the following English sentences are direct and which are indirect. Translate the sentences into Esperanto, using the **n-ending** where appropriate and any necessary prepositions.

    a He's reading her a book.
    b Give me the apple.
    c I bought it for him.
    d Write her a letter.

4 Fill in the gaps using the most appropriate prepositions to create indirect objects. Add **n-endings** where appropriate.

    a La patro__ rakontas la rakonto__ _____ la infanoj__.
    b Ŝi__ demandis li__ pri tio__, sed li__ ne respondis _____ ŝi__.
    c _____ ilia__ patrino__ ŝi jam demandis tio__.

4 FLEXIBILITY IN WORD ORDER: EMPHASIS, CONTRAST AND PRECISION

The ability to distinguish subjects from direct objects grants freedom in Esperanto to alter word order in ways which aren't possible in English. All of the six following sequences mean *The father didn't burn the books*, irrespective of where the subject (S), verb (V) and object (O) are located.

La patro ne bruligis la librojn.	**La patro la librojn ne bruligis.**	**La librojn la patro ne bruligis.**
SVO	SOV	OSV
La librojn ne bruligis la patro.	**Ne bruligis la patro la librojn.**	**Ne bruligis la librojn la patro.**
OVS	VSO	VOS

This flexibility makes it possible to add nuance or emphasis by deviating away from SVO word order.

Ludilon mi volis!	**Vin mi amas, ne lin!**	**Solvis la enigmon mi!**
I wanted a toy (not a book)!	*I love you, not him!*	*I solved the puzzle (not you)!*

Sometimes inexperienced speakers regularly deviate from SVO, resulting in sentences that may feel unnatural. Esperanto has SVO as its default, and people whose own languages use a different order still speak Esperanto using SVO.

> **LANGUAGE TIP**
> Wim Jansen, who held the Special Chair in Interlinguistics and Esperanto at the University of Amsterdam, researched Esperanto's word order using an extensive corpus. His results showed that 90.1% of instances were SVO and that the other permutations tended to be adopted for emphasis, effectively underlining that Esperanto uses SVO as a default.

Usage over time has established that a handful of verbs appears relatively often before their subjects. The presence of the preceding verb can often trigger even experienced Esperantists into treating the following noun as though it is an object, incorrectly adding the **n**-ending.

Okazis tre sukcesa kongreso!	**Mankas mono por aĉeti tion.**	**Subite aperis iu nekonato.**
A very successful congress took place!	*There isn't enough money to buy that.*	*An unknown person suddenly appeared.*

> **Okazi**, **manki** and **aperi** often appear before their subjects.

Adjectives tend to precede their nouns but may follow them, especially when they are a lengthy sequence or are more important to note than the noun. This inversion can sometimes have an effect of being less definite when it occurs with possessive adjectives, although there is no formal rule and not everybody interprets it as intended.

Bill Chapman estis viro nobla, fidinda kaj respektata.	**Ŝi parolas kun amiko sia.**
Bill Chapman was a man at once noble, trustworthy and respected.	*She is speaking with a friend of hers.* Less definite than *her friend*.

> The adjectives have more impact placed after the noun.

Some sentence elements offer no flexibility regarding order at all. For instance, the direct article **la** (*the*) always sits at the head of its noun phrase, and prepositional phrases always start with their preposition.

la plej bela muzikaĵo de mi iam aŭdita

the most beautiful piece of music I've ever heard

> **la** must be at the beginning. **plej** must precede **bela**. **de mi** must be paired in that order but can come before or after **aŭdita**.

5 **Match the sentences on the left to the situations on the right.**

a	**1**	Kukon mi volis.	**a**	I wasn't the one who asked for it.
	2	Kukon volis ŝi.	**b**	I know I asked but I changed my mind.
	3	Volis mi kukon.	**c**	Why have you brought me coffee?
b	**1**	Salutis mi ŝin!	**a**	Of course I'm happy!
	2	Min kisis ŝi!	**b**	It's not my fault, honey!
	3	Ŝi kisis min!	**c**	No, I didn't kiss her!
c	**1**	Tiun problemon solvu ni.	**a**	We should concentrate on this particular one.
	2	Ni tiun problemon solvu.	**b**	We're the best-placed people for the job.
	3	Solvu ni tiun problemon.	**c**	We should get on with it.

5 PRECISION PLACEMENT: ANKAŬ, NUR AND NE

Other elements don't have fixed positions but their location determines the meaning. Words like **ankaŭ**, **nur** and **ne** come before the word or expression to which they apply.

Ankaŭ mi volas viziti Italujon.	Mi ankaŭ volas viziti Italujon.	Mi volas ankaŭ viziti Italujon.
I want to visit Italy too (just like you did)!	*(Yes, I'm obliged to go but) I want to visit Italy too.*	*I want to visit Italy too (and not just read about it).*

Mi volas viziti ankaŭ Italujon.	Nur li parolis al ŝi.	Li nur parolis al ŝi.
I want to visit Italy too (as well as Spain and Portugal).	*Only he spoke to her.*	*He only spoke to her (he didn't do anything else).*

Li parolis nur al ŝi.	Mi ne tute fidas ilin.	Mi tute ne fidas ilin.
He spoke only to her.	*I don't fully trust them.*	*I don't trust them at all.*

Take special note of the difference that the placement of **ne** with **devi** can make. Although in practice usage is mixed, with some people using **ne devi** for both meanings, many Esperantists do observe the logical distinction.

Vi ne devas manĝi la fungojn.	Vi devas ne manĝi la fungojn!
You don't have to eat the mushrooms.	*You must not eat the mushrooms!*

6 Place the word in parentheses into the appropriate location in the sentence to give the intended meaning.
   a Donu la pomon al ŝi. Donu ĝin al neniu alia. (nur)
   b Ĉu vere vi parolas la germanan? Bonege! Mi parolas ĝin! (ankaŭ)
   c Proponu kvin eŭrojn al ili. Ĝi ne valoras pli. (nur)
   d Vi devas diri tion al li, ĉar la esprimo sendube ofendos lin. (ne)
   e Ne sufiĉas aĉeti la libron; necesos legi ĝin de la komenco ĝis la fino. (ankaŭ)
   f Mi tute komprenas eĉ unu vorton de tio, kion li ĵus diris. (ne)

> **LANGUAGE TIP**
> Experienced Esperantists often follow a pattern of placing background information first, and then new information at the end, which can mean deviating from SVO: **Tion faras infanoj dum la unuaj jaroj de la vivo.** (*This is what children do in the first years of life.*) Whatever **tion** refers to is contextual information which will have already been mentioned. The new detail, that it's something done by young children, comes later in the sentence, resulting in OVS. Once you become familiar with what good Esperanto feels like, you too will be able to make these deviations in a way which sounds natural.

Listening, speaking and pronunciation

The lexicographer Gaston Waringhien, who was the chief editor of the ***Plena Ilustrita Vortaro***, the most pre-eminent Esperanto dictionary, suspected that his fellow **Akademiano** (member of the Esperanto Academy) Roger Bernard might be able to shed light on the origin of **krokodili**, a well-known idiomatic expression in Esperanto, and so wrote to him to inquire about the enigma, publishing the response in his book from 1979, ***1887 kaj la sekvo...*** (*1887 and the Aftermath...*).

Gaston Waringhien in 1966 with the manuscript of the **Plena Ilustrita Vortaro**.

> **CULTURE TIP**
>
> The first and perhaps only Esperanto **idiotismo** (*idiom*) which learners meet is **krokodili** (*to crocodile*), which refers to people using their native language in an environment where Esperanto is more appropriate. Like all great legends, the word's origins are lost to the mists of time, with generations of Esperantists speculating about the nature of the supposed link between semiaquatic reptiles and **samideanoj**.

 03.03 **Listen to Roger Bernard's letter to Gaston Waringhien, then answer the questions.**

1 Where would the so-called 'anger explosions' take place? _____

> **EXTRA VOCABULARY**
>
> | | |
> |---|---|
> | **ŝerci** | *to joke* |
> | **ŝoforo** | *a professional driver* |
> | **reklamo** | *an advertisement* |
> | **kelnero** | *a waiter, server* |
> | **koleri** | *to be angry* |

2 Answer the following questions.

  a How often were Esperanto meetings at *Le Talma*?

  b Does the letter suggest that Ferrari's usage was a one-off?

  c What credibility does Roger Bernard have in recounting this story?

  d The wording **li aŭdis, ke iu parolas la francan lingvon** could be interpreted to mean somebody who happens to speak French rather than the intended meaning of somebody who was actively speaking in French at that time. The sentence could be written more elegantly as *he heard somebody speak French*. What would that look like?

  e The phrasing that Emilio Ferrari **vivis en Parizo** might be perceived as pointing out something very obvious because **vivi** (*to live*) means *to be alive*. Which verb do you think might be more appropriate to convey the intended meaning that he resided in Paris?

  f Does the word order in **li ankaŭ vizitadis alian kafejon** appear to be correct to you? What would the meaning be if **ankaŭ** were moved after **vizitadis**? How about if it preceded **li**?

Following on from **krokodili**, other reptile-based slang words have been introduced, most of which are not well known.

> **EXTRA VOCABULARY**
>
> **krokodili** — *speaking one's own language when Esperanto is more appropriate*
>
> **aligatori** — *speaking somebody else's language in an Esperanto setting*
>
> **kajmani** — *speaking a national language in an Esperanto setting which is the mother tongue of none of the people participating*
>
> **gaviali** — *speaking Esperanto when another language would be more appropriate, usually because there is some other common language and not everybody in the group speaks Esperanto*
>
> **lacerti** — *speaking another planned language in an Esperanto setting*

3 **In the following conversation, a new learner is asking an experienced speaker about what krokodilado is, giving various scenarios. Respond to the learner's questions, explaining the word which would be used to describe the situation.**

In your responses:

▶ Think about appropriate placement of words such as **ne**, **nur** and **ankaŭ**.

▶ Consider deviating from the default sentence ordering in order to add emphasis and contrast.

▶ Make sure that vowels retain a consistent pronunciation: each instance of **o** and **i** in **krokodili**, for example, is pronounced the same.

Lernanto: 'Krokodili' signifas 'paroli la propran lingvon', ĉu ne?

Spertulo: 'Krokodili' signifas esti kun esperantistoj, tamen paroli ne Esperanton, sed la propran lingvon. En Esperanta grupo, oni devus paroli nur Esperanton.

Lernanto: Kio okazas, se ne estas esperantisto en la grupo? Ĉu paroli la propran lingvon en tiu situacio estas 'krokodilado'?
(Explain why this is not **krokodilado**.)

Lernanto: Sed, se anglalingvano parolas la francan, tio ne estas paroli la propran lingvon. Ĉu tio estas 'krokodilado'?
(Explain why this is not **krokodilado** but **aligatorado**.)

Lernanto: Mi neniam antaŭe aŭdis pri aligatorado. Ĉu ekzistas ankoraŭ pliaj tiaj vortoj?
(Elaborate on the remaining reptile words, explaining the various contexts which each one describes.)

> **CULTURE TIP**
> Some international events have a room called an **aligatorejo**, where people can speak other people's languages.

Reading

The following article by Ed Robertson from the autumn 2002 edition of ***Esperanto en Skotlando***, the magazine of the Esperanto-Asocio de Skotlando, debunks the myth that Kabe definitively left Esperanto, although his short return after a 45-year absence is still not generally known.

> **CULTURE TIP**
>
> The second Esperanto idiom which most students encounter is the only verb named after an Esperantist: **kabei** (*to suddenly leave the Esperanto movement without an explanation, having been a prolific contributor to it*). It comes from Kabe, the pseudonym of Kazimierz Bein, one of the leading early Esperantists, who vanished without warning or comment from the movement, having previously translated extensively and compiled a prestigious Esperanto dictionary. Nowadays, the meaning of **kabei** has become somewhat diluted, such that people often use it as a shorthand simply to mean giving up Esperanto.

1 Read the text and make a note of those instances where the author deviates from conventional word order.

Kabe esperantistiĝis en 1903, sed tio ne estis lia unua sperto pri Esperanto. En 1887, kiel lernejano, li jam aŭdis pri la lingvo, kiam kolego lia aĉetis la unuan lernolibron. Kune, Bein kaj la aliaj knaboj mokis la lingvon, kaj precipe kelkajn sufiksojn, kiujn ili trovis maldecaj! Ĉiaokaze, li kiel knabo ne plu interesiĝis pri la lingvo.

Tamen 16 jarojn poste li ree interesiĝis kaj ricevis de amiko kelke da materialo, kaj post pluraj horoj da studado, li libere komprenis ĉiajn esperantajn tekstojn, eĉ sen helpo de vortaro.

Tiel komenciĝis 7 jaroj da forta kaj sindona laborego por Esperanto. Kabe tradukis literaturaĵojn el pluraj lingvoj kaj verkis kaj faris aliajn kontribuojn al la Esperanto-movado dum eble 4-5 horoj ĉiutage. Lia lasta granda verko estis la **Vortaro de Esperanto**, en kiu unuafoje ĉiu Esperanta vorto estis difinita en Esperanto.

Kabe ankaŭ ne ĝoje toleris idiotojn. Laca pro la ĉiama propagandado, ke tiu aŭ alia grupo da homoj 'devus lerni Esperanton' por solvi la problemojn de la mondo, kiun li aŭdis de personoj, kiuj mem ne bone regas Esperanton, li rebatis en 1906 'Esperanton plej necese devas lerni la Esperantistoj mem!'

En 1911, Kazimierz Bein forlasis la Esperanto-movadon. Li simple malaperis de la publika okulo. Lia foresto apenaŭ estis menciita en la Esperanta gazetaro. Pri la kialoj tute mankis detaloj. Lia nomo fariĝis verbo, kaj li fariĝis legendulo: la pioniro, kiu senkiale subite forlasis Esperanton kaj neniam revenis.

Tamen, la Esperanto-kariero de Kabe havas ankoraŭ unu plian ĉapitron, ĝenerale nekonatan: en 1956, li malkabeis! Intertempe, la Esperanto-movado ŝanĝiĝis dum tiuj 45 jaroj de lia memekzilo. Esperanto plenaĝiĝis kaj funkciis. Komenciĝis malaperi la naiva finvenkismo de la fruaj jaroj. Ĝi provizis per praktikaj ebleoj por internaciaj amikecaj rilatoj, ege bezonataj dum tiuj jaroj de la malvarma milito. Precipe tian agadon Kabe aprobis. Bedaŭrinde Kabe ne postvivis sufiĉe longe por vidi la Jubilean Universalan Kongreson de 1959 en Varsovio, kiun li deziregis ĉeesti.

EXTRA VOCABULARY	
precipe	*most importantly, especially, in particular*
deca	*proper, fitting*
sindona	*selfless, devoted*
difini	*to define*
regi	*to rule, to master, to be in control*
bati	*to hit, to beat, to strike*
apenaŭ mencii	*to barely mention*
kialo	*a reason*
forlasi	*to leave behind, to abandon*
plenaĝa	*mature*
memekzilo	*self-imposed exile*
agado	*activity*
aprobi	*to approve of*

2 **Answer the following questions based on the article.**

  a What effect does the author's choice to use unconventional word ordering in the following examples have?

     1 kolego lia _____

     2 Esperanton plej necese devas lerni la Esperantistoj mem! _____

     3 Precipe tian agadon Kabe aprobis. _____

  b What is the difference between **li jam aŭdis pri la lingvo**, as it is written in the article, and **li jam aŭdis la lingvon**?

     There isn't a difference. / **pri** adds emphasis to **lingvo**. / *heard of* vs *heard*

  c The author uses **kelke da**, a form which was once very common but is now quite rare, to mean *a few, a small amount of*. Which would be a more modern way of expressing this?

     iom da / amaso da / malmulte da / monto da

  d What was special about Kabe's dictionary compared with all of those which came before it?

     It was the first to have definitions in Esperanto. / It was the first written by somebody other than Zamenhof. / It was the first prestigious enough to be issued in hardcover.

  e The author creates a new word to mean to *return to Esperanto after a prolonged period away*. What is that word? _____

Writing

The magazine *Juna Amiko* has a regular column in which readers present a popular legend about their country in a short article of between 200 and 400 words in length. Imagine that it is your turn to write about your own country, and present a legend or a cultural tradition, such as *Hallowe'en* (Haloveno), *Bonfire Night* (Fajrofesta Nokto) or *Shrove Tuesday/Pancake Day* (Antaŭfasta Mardo/Patkuka Tago). Think about varying from Esperanto's default word order at some point to add special emphasis or contrast, and use ne, ankaŭ and nur, being attentive to how their placement affects the meaning.

▶ Change the word order in at least one place in order to add emphasis or contrast.

▶ Use **ne**, **ankaŭ** and **nur**, recalling that the meanings depend on where they are placed in the sentence.

Go further

You can see and hear a beautiful example of a British tradition being adopted abroad, courtesy of a video from **El Popola Ĉinio** (*From the People's Republic of China*) of Chinese Esperantists singing ***La iamo longe for***, Robert Burns's *Auld Lang Syne*, typically sung in the UK to mark the arrival of a new year, at an Esperanto congress. The video rather helpfully has subtitles, although the full lyrics are available elsewhere on the internet if you want to study them: they are an excellent guide for how word order can be changed to match the metre and rhyming scheme of an original text.

Links to the material mentioned can be found in the Bibliography for Unit 3.

Test yourself

1 Correct the following sentences where there are errors.

a Vi ŝatas rokmuzikon, ĉu ne, Anĉjo? Mi ankaŭ!

b Ni neniam forgesos la bela tagon, kiam la vendisto unuafoje montris nin nian novan domon.

c Nu, la kato ŝajnas malsatan, ĉar ĝi ĉiam petas pli da manĝaĵon, sed mi regule donas ĝin freŝan viandon.

d Malaperis faman esperantiston en la fruaj tagojn. Li nomiĝis Kabe. Neniu scias, ke li revenis ankaŭ – li malkabeis!

e Jen bona konsilo: neniam forgesu la akuzativo!

2 Deviating from conventional word order is a tool which poets and writers can use to incorporate metre and rhythm within their work. In ***Estas mi esperantisto*** (note the deviation from SVO), Julio Baghy on several occasions switches the order. Add the **n**-ending where appropriate in the following extract.

Verda__ stelo__ sur la brusto__

Iom palas pro la rusto__.

Mi__ ne estas purigisto__

Estas mi esperantisto.

Gramatiko__ mi__ ne konas

Kaj gazetoj__ ne abonas.

Libroj__ legu la verkisto__,

Estas mi esperantisto.

Por la venko__ mi__ esperas,

Sed nenio__ mi__ oferas,

Mi__ ne estas ja bankisto__,

Estas mi esperantisto.

Se baraktas en la krizo__

La movado__, organizo__

Helpas mi__ nur per rezisto__,

Estas mi esperantisto.

SELF CHECK

I CAN...
○ ... identify direct and indirect objects.
○ ... add emphasis or nuance by deviating from Esperanto's default word order.
○ ... correctly place elements like **ankaŭ**, **nur** and **ne** to accurately convey my meaning.
○ ... describe some Esperanto myths and Esperantology.

4 La Pokalo Zamenhof
The Zamenhof Cup

In this unit you will:
▶ *review and extend knowledge of correlatives.*
▶ *practise using relative clauses.*
▶ *review the comparative and superlative.*
▶ *discuss some famous Esperanto enthusiasts.*

CEFR: (B2) *Can keep up with an animated discussion, identifying accurately arguments supporting and opposing points of view; can contribute and sustain his/her opinion, and evaluate alternative proposals.*

 ## Famuloj kaj la Esperanta mondpokalo
Celebrities and the Esperanto World Cup

Esperanto has had celebrities among its ranks of speakers and supporters since its inception, including J. R. R. Tolkien, who, in 1932, asked people to '**fidele apogu Esperanton**' (*back Esperanto loyally*); Queen Elizabeth of Romania, who was particularly keen on helping blind people all over the world by promoting the printing of Esperanto books in Braille; Franz Jonas, president of Austria; and Willem Drees and Harold Wilson, prime ministers of the Netherlands and the United Kingdom respectively. The most **tutmonde** (*globally*) renowned of all Esperanto's supporters was the world's greatest footballer, who endorsed Esperanto at the peak of his fame.

Brazil **gajnis** (*won*) the **Futbala mondpokalo** (*World Cup*) **trian fojon** (*for a third time*) in 1970, earning Pelé, who **faris golon** (*scored a goal*) in the 4–1 **venko** (*victory*) over Italy in the final, the title *Reĝo de piedpilkado* (*King of Football*). **La sekvan jaron** (*the following year*) an Esperanto translation of his autobiography, *Mi estas Pelé*, was published. Although Pelé himself wasn't an Esperanto speaker, he was generous enough to support it, declaring that Esperanto would 'bring sportsmen closer and **faciligi** (*facilitate*) friendly and sporting relationships', and stating that he would like to learn it.

There is an Esperanto equivalent of the World Cup: the **Pokalo Zamenhof** (*Zamenhof Cup*) was introduced at the 100th **Universala Kongreso** in Lille, France, as the **teamo** (*team*) of the **Tutmonda Esperanta Futbala Asocio** (*Global Esperanto Football Association*) **konkursis** (*competed*) with players representing **Okcidenta Saharo** (*Western Sahara*). It **malgajnis la matĉon** (*lost the match*) 0–4, and had to wait for its third match in 2017, held in Finland, to bring the trophy to **Esperantujo**.

Representatives of Esperantujo prepare to challenge for the **Pokalo Zamenhof**. (Inset: TEFA membership cards on the Esperanto jersey, and the Esperanto version of Pelé's autobiography.)

 1 The Esperanto team's first victory was referred to as the **finna venko**. What wordplay is involved here? **2** Why do you think both **futbalo** and **piedpilk(ad)o** exist as words for football? **3** Can you think of a reason why some people refer to the game as **piedpilko** while others say **piedpilkado**?

Vocabulary builder

 04.01 **Legu la vortliston kaj klopodu aldoni la mankantajn anglajn tradukojn. Poste, aŭskultu la registraĵon, kaj provu imiti la prononcon de la parolanto.** (*Read the vocabulary and try to complete the missing English translations. Then listen to the audio and try to imitate the pronunciation of the speaker.*)

SPORTOJ KAJ APARATARO	*SPORTS AND EQUIPMENT*
konkurso, matĉo	*a contest, _____*
turniro	*a tournament*
trejni teamon	*_____ a _____*
vetkuri	*to race (**veti** to bet)*
fari golon	*to score a goal*
venki je du kontraŭ unu	*to win 2–1*
malvenki je unu poento	*to lose by a point*
futbalo/piedpilkado	*football/soccer*
korbopilkado	*basketball*
luktado	*wrestling*
usona futbalo	*(_____) _____*
volano, volanludo	*a shuttlecock, badminton*
kriketo, batilo	*cricket, a bat*
karateo, ĵudo	*karate, _____*
pokalo, medalo	*cup/trophy/goblet, _____*

gimnastikejo	*gym*
grandioza stadiono	*magnificent/great stadium*
atleto, atletiko	_____, *athletics*
fiŝkaptado, fiŝkano	*fishing, fishing rod*
naĝado, plonĝudo	*swimming, diving*
pafi, arkpafado	*to shoot, archery*
trotado, kurado	*jogging, running*
skio, skiado, skibastono	*a ski, skiiing, a ski pole*

LANGUAGE TIP

Because **pilko** means *ball*, it is preferable to use **pilkado** to differentiate the name of the sport from the ball used to play it: **piedpilko** (*a football, a soccerball*), **piedpilkado** (*football, soccer*). In practice, this distinction is not often maintained, since it is not an obvious thing to be aware of and using **pilko** in the name mirrors *football, basketball, baseball*, and so on.

Conversation

 04.02 *La organizantoj de Somera Esperanto-Studado esperas aranĝi piedpilkadan matĉon inter teamoj loka kaj Esperanta. Jakob, Natalia kaj Branko kunsidas por plani la eventon, kaj rimarkas, ke la trejnisto de la loka teamo ankoraŭ ne konfirmis ĝian partoprenadon.* (The organizers of Somera Esperanto-Studado hope to arrange a football match for the Zamenhof Cup between a local club and an Esperanto team. Jakob, Natalia and Branko are sitting in a planning meeting, noting that they have not yet received confirmation from the trainer of the local club.)

1 **Legu la subajn demandojn en Esperanto. Poste, aŭskultu la konversacion, kaj klopodu respondi la demandojn.** (*Read the questions below. Then read and listen to the conversation, and try to answer the questions in Esperanto.*)

 a **Kiel reagas la kolegoj de Sara ankoraŭ ne ricevinte konfirmon?** (*How do Sara's colleagues respond in the absence of confirmation?*)

 b **Kiel helpaj ili estas post kiam la trejnisto finfine estas respondinta al Sara?** (*How helpful are they when the trainer finally returns Sara's message?*)

Jakob	Saluton al vi ambaŭ! Sara diris, ke ŝi ĝis nun ne ricevis respondon al tiu mesaĝo, kiun ŝi sendis antaŭhieraŭ al la trejnisto de la lokaj piedpilkadistoj, pri la eblo ludi matĉon en la semajno. Pro tio, ke ni havas nenian ideon, ĉu finfine okazos matĉo, mi opinias, ke necesas pensi pri io alia sportilrilata, kiun ni povus aranĝi por la partoprenantoj. Ĉiuj proponoj estas bonvenaj, kiaj ajn ili estas!
Branko	Mi ne vidas ian ajn manieron, laŭ kiu ni povus aranĝi ion tian por aliaj sportoj similaj al futbalo, ĉar mankas lokaj teamoj, kiujn ni povus kontakti, ĉu ne? Kian aparataron ni havas ĉi tie? Ĉu pilkojn? Ĉu diversajn batilojn?
Jakob	Nenion ajn, laŭ mia scio. Tenison, rugbeon, bazpilkadon: ludi tiajn sportojn neniel eblos, bedaŭrinde.
Natalia	Ni devos do proponi sporton kiel trotadon, ĉu ne?

Branko	Mi preferus luktadon al trotado: almenaŭ tio estus iel amuza. Ne tiel amuza kiel futbalo, kompreneble, sed milfoje pli interesa ol trotado.
Jakob	Atendu, mi ekhavis ideon. Kial ne krei atletikan turniron? La partoprenantoj povus vetludi, kaj kiu finfine havos la plej grandan sumon da poentoj, tiu ricevos ... nu, ne medalon, ĉar neniun ni havas. Ion tian, ion similan al medalo. Sed kion? Nu ... honoran titolon! Kiu venkos, tiu estos 'la oficiala ĉampiono de SES', 'la plej grandioza atleto de SES', ekzemple. Ĉu en ordo? Ho, mi vidas Saran! Ni vidu, kion ŝi opinias. Saluton!
Sara	Saluton al vi ĉiuj! Kiel vi? Mi ĵus ricevis respondon de la trejnisto, kiun mi kontaktis. Li demandis, ĉu eblas ludi mardon. Aŭ matene aŭ vespere estos pli bone por ili. Li devos informi la tutan teamon, do li petis konfirmi kiel eble plej rapide. Mi decidis diri nenion antaŭ ol kontroli la eblojn kun vi, tial mi ankoraŭ ne respondis. Ĉu eblus fari tiel, laŭ vi?
Branko	Tute ne: mardo estas la plej malbona propono, kiun li povus fari. Neniel eblos ludi tiun tagon, ĉar temas pri la ekskursa tago, kiam ni ĉiuj estos for dum la tuta tago. Iu ajn alia tago estus pli bona. Necesas peti lin proponi alian tagon.
Natalia	Tamen diru al li, Sara, ke neniu matene estos ebla, ĉar tiam okazos la diversaj kursoj, kiujn ĉiuj devas partopreni.
Jakob	Tio ja estas bona kialo, sed vesperoj ne estas multe pli oportunaj, ĉar tiam okazos lu kulturaj programeroj, kiel koncertoj, teatraĵoj, la Internaciaj Vespero kaj Kulinara Festivalo, kaj aliaj tiaĵoj, kiujn ne eblas movi al alia horo.
Sara	Alia tago en la semajno ŝajnas malverŝajna, ĉar la plejparto de la piedpilkadistoj sendube devos esti en la laborejo. Bone, mi tuj sendos al li mesaĝon, en kiu mi proponos sabaton, iam ajn dum la tago. Ju pli rapide mi respondos, des pli rapide li konfirmos.
Baldaŭ poste...	
Sara	Resaluton! Mi havas bonan novaĵon: post kiam li legis mian mesaĝon, la trejnisto tuj kontrolis, ĉu eblos ludi sabaton en la sportejo, kie ili normale ludas. Ĉio estas en ordo, tial nun ni povas oficiale anonci, ke ĉi-jare okazos matĉo por la Pokalo Zamenhof!

> **CULTURE TIP**
> The **Internacia Vespero** (*International Evening*) is a feature of some Esperanto events where participants may wear their national dress or perform traditional songs and dances from their country. In the **Internacia Kulinara Festivalo** (*International Culinary Festival*), people get to sample typical food from other participants' homelands.

2 Nun legu la konversacion, kaj respondu al la demandoj en Esperanto. (*Now read the conversation and write down the answers to the questions in Esperanto.*)

a Laŭ la propono de Jakob, kiel oni ricevas la titolon 'La oficiala ĉampiono de SES'? (*In Jakob's proposal, how does one obtain the title 'La oficiala ĉampiono de SES'?*)

Amasigado de plej multaj poentoj. / Sukceso en luktado kontraŭ ĉiu alia. / Esti pinta golisto en la Pokalo Zamenhof.

b Kial ne eblas proponi kiel solvon sportojn kiel teniso aŭ bazpilkado? (*Why is it not possible to propose sports like tennis or baseball as a solution?*)

Ĉar mankas ĉiaj aparatoj. / Ĉar tiuj sportoj ne estas konataj al la partoprenantoj. / Ĉar ne restas sufiĉe da tempo por aranĝi trofeojn.

c Kial Sara ne tuj respondis al la trejnisto, malgraŭ tio, ke li petis tujan respondon? (*Why did Sara not immediately get back to the trainer even though he requested an immediate reply?*)

Ŝi ne konsentis pri la propono, sed ne volis mem diri tion. / Ŝi volis aliulan opinion. / Ŝi ja klopodis kontakti lin, sed ne sukcesis atingi lin.

d Kion tuj faris la trejnisto, kiam li ricevis la duan mesaĝon de Sara? (*What did the trainer do as soon as he had received Sara's second message?*)

Ricevinte la duan mesaĝon de Sara, la trejnisto telefonis al _____ por _____

3 Parigu la lokojn al la tempoj, kiam ĉe ili okazos programero. (*Match these locations with the times when parts of the programme will occur.*)

a montaro		**1** sabaton
b klasĉambro		**2** matene
c muzikejo		**3** mardon
d stadiono		**4** vespere

4 Parigu la anglajn al Esperantaj vortoj kaj esprimoj en la konversacio. (*Match the English to the Esperanto words and expressions from the conversation.*)

a to check the possibilities _____

b a lot more convenient _____

c unlikely/improbable/unfeasible _____

d the majority _____

e a reason _____

f this year _____

5 Trovu la sekvajn vortojn en la konversacio. Kion ili signifas en la angla? (*Find these words in the conversation. What do they mean in English?*)

a tiaĵoj _____

b aŭ matene aŭ vespere _____

c sendube _____

d teniso _____

e rugbeo _____

f bazpilkado _____

> **LANGUAGE TIP**
> Esperanto has two very similar words for *to win*: **venki** and **gajni**. In sporting contexts, they are largely interchangeable. Because **perdo** can be used to speak of a loss, there are three common ways of reporting a defeat in the sporting arena: **malvenki**, **malgajni** and **perdi**.

💡 Language discovery

1 Using the conversation for reference, answer the following questions.

a Sara says '**ludi sabaton en la sportejo, kie ili normale ludas**'. What would she have used instead of **kie** if the end of that sentence were:

    1 ... troviĝas en la urba centro'?

    2 ... ili uzis lastan semajnfinon'?

b Sara could have said **ĉi tiun jaron** to mean *this year*. How did she say actually say it?

c How does Branko adapt *some other day* to become *any other day*?

    Iu _____ alia tago.

d What structure does Sara use with *rapide* to mean *as quickly as possible*?

    _____ _____ _____ rapide.

e How does Sara say *the quicker ... the quicker*?

    _____ _____ rapide mi respondos, _____ _____ rapide li konfirmos.

f The sentence **Post kiam li legis mian mesaĝon** (*After he read my message*) shows that **kiam** (*when*) follows **post** (*after*) when a verb or a sub-clause is introduced. Which word is used after **antaŭ** (*before*) in the same situation?

    al / ol / kiam

1 REVISITING THE CORRELATIVES

Esperanto features a series of words, called **korelativoj** (*correlatives*), which can be arranged in a table, hence their other name, **tabelvortoj** (*table words*). Each correlative is built from one of five possible beginnings and one of nine possible endings, meaning that there are 45 in total. The meaning of each correlative can be worked out from its position in the table.

The five beginnings are:

ki-	ti-	i-	ĉi-	neni-
interrogatives, relative pronouns, exclamations	demonstratives	indefinites	universal	negative
which, what	*that*	*some*	*every, each, all*	*no*

The nine endings are:

-a	-al	-am	-e	-el	-es	-o	-om	-u
quality, kind, sort	cause, reason	time	place	manner, way	association, possession	thing	quantity	individuality, person, a particular x

> **LANGUAGE TIP**
> You will have encountered the correlatives in your previous learning, and seen several in isolation already in this course. The full table of correlatives is presented for ease of reference in the Grammar reference section.

The beginnings and endings are meaningless unless they are combined.

ĉia *of every kind, every kind of*

nenie *nowhere*

nenio *nothing*

kial *why*

tiel *in that way, like that, thus*

kiom *how much, how many*

tiam *at that time, then*

ies *somebody's, something's*

ĉiu *everybody, everyone, each, every*

Correlatives ending in **-a**, **-e**, **-o** and **-u** take the **n**-ending when grammatically required. The **j**-ending can be applied to the correlatives which end with **-a** and **-u**.

Kion vi gajnis?

What did you win?

> **Kion** is an object.

Tiuj atletoj estas tre rapidaj.

Those athletes are very fast.

> **Atletoj** is plural so **tiuj** takes the **j**-ending.

Mi tre ŝatas tiajn konkursojn.

I really like those kinds of contests.

> **Konkursojn** is a plural direct object.

> **LANGUAGE TIP**
>
> Despite their visible similarity to nouns, the correlatives ending in **-o** don't exist as plurals and so don't take the **j**-ending, although it is possible to visualize circumstances which might justify an exception in the same way that they could for *what* in English: Narrator: **La orkoj kelkfoje manĝas eĉ kaĉalotojn.** (*The orcas sometimes even dine on cachalots (= sperm whales).*) Viewer: **Ili manĝas kiojn?** (*They dine on whats?*)

The correlatives can be adapted using the customary features of Esperanto, and some common Esperanto words are built this way.

Kioma horo estas?

What's the time?

> **Kiom** as an adjective.

Mi havas miajn kialojn.

I have my reasons.

> **Kial** as a noun.

Bonvolu atendi iomete pli longe.

Please wait a little bit longer.

> **Iom** is adapted with a suffix.

There are some established cases where a beginning part of a correlative is used with other elements to create a new word, although it is generally not a good idea to try coining new usages this way because the result often causes confusion.

Estas bone, ke <u>tiaĵoj</u> ne okazas tre ofte.

It's good that <u>things like these</u> don't happen very often.

La tertremo <u>neniigis</u> la vilaĝon.

The earthquake <u>wiped out</u> the village.

Some people apply the endings to other elements, creating non-standard words such as **'alies'** and **'aliel'**. Forms such as **aliula** (*somebody else's*) and **alimaniere** (*some other way*) neatly convey in standard Esperanto what those words are intended for.

Adjectives used with correlatives always follow the word which they're modifying, as does the particle **ajn**, which is used to emphasize indifference or indefiniteness.

Mi ne volas aŭdi ion <u>plian</u>. Parolu kun iu <u>alia</u>!

I don't want to hear anything else. Speak to somebody else!

Kion <u>alian</u> li petis? Ĉu ion interesan?

What else did he request? Anything interesting?

Ne ĝenu vin, mi manĝos ion <u>ajn</u>.

Don't inconvenience yourself, I'll eat anything at all.

Several correlatives can take the particle **ĉi** to distinguish closeness, which can freely be placed either before or afterwards. If two correlatives happen to be next to each other, it is preferable not to place **ĉi** between them, in order to avoid potentially causing confusion about which of the two correlatives it is referring to.

Ne tiu kuko, sed tiu ĉi/ĉi tiu.

Not that cake, but this one.

   Ĉi indicates the nearer one.

Mi loĝas ĉi tie/tie ĉi.

I live here.

   Tie is *there*; **ĉi tie/tie ĉi** is *here*.

Tie ĉi tiu libro ne estas permesata.

This/that book isn't allowed there/here.

   The meaning is clearer with **ĉi tie tiu** or **tie tiu ĉi**.

Sometimes an element which features **ĉi** is used as an adjective or an adverb. In this case, the expression collapses into a single word, with **ĉi** customarily taking a hyphen, and any **ti**-correlatives being removed.

La ĉi-jaraj Olimpikoj okazos en Londono.

This year's Olympics will take place in London.

   La Olimpikoj en tiu ĉi jaro...

La ĉi-tiea stadiono estas grandioza!

The stadium here is magnificent!

   Ĉi tie used as an adjective.

Some writers choose to drop **tiu(j)(n)** leaving only the **ĉi**: **Ĉi sporton mi aparte ŝatas.** (*I particularly like this sport.*) This is fairly marginal usage and often considered something to avoid.

2 **Read the text and fill in the gaps with the appropriate correlative.**

Jen rakonto pri kvar homoj, kiuj nomiĝas Ĉiu, Iu, Iu Ajn, kaj Neniu: Estis grava tasko por fari. (*Everybody*) _____ certis, ke faros ĝin (*somebody*) _____. Povus fari ĝin (*anybody*) _____, sed (*nobody*) _____ faris ĝin. (*Somebody*) _____ koleris pri tio, ĉar estis la devo de (*everybody*) _____. (*Everybody*) _____ kredis, ke (*anybody*) _____ povus fari ĝin, sed (*nobody*) _____ sciis, ke faros ĝin (*nobody*) _____ . Rezulte, (*everybody*) _____ plendis pri (*somebody*) _____ , kiam (*nobody*) _____ faris tion, kion povus fari (*anybody*) _____ .

3 Complete the sentences using the appropriate correlative, and add grammatical endings where required.

   a _____ horo estas? Li jam estas nekredeble malfrua. _____ li finfine alvenos?

   b Ĉu vi deziras manĝi _____ da kuko, sinjoro? Kutime _____ el niaj gastoj ŝatas ĝin; _____ plendis al mi pri ĝi.

   c _____ ne estas vera. Mi ne komprenas _____ vi diras _____ , _____ vi tre bone scias, ke la aserto estas malvera.

   d _____ estis la fruktoj? Ĉu bongustaj?

   e Ĉu _____ ajn _____ ĉi parolas la francan? Mi konas ĝin _____ , sed ne multe.

   f Kun _____ vi jus parolis? Mi ne konas _____ viron. _____ li volis?

   g Mi jus trovis piedpilkon en strato apud la sportejo, _____ ni ludis la matĉon hieraŭ, sed mi ne scias _____ ĝi estas. Ĉu ĝi estas _____ inter vi, amikoj?

2 USING KI-CORRELATIVES

The **ki**-correlatives are used in three distinct manners: as question words, in exclamations, and as relative pronouns.

Questions with ki-

All nine of the **ki**-correlatives can be used to ask questions.

Kiu vi estas kaj **kion** vi faras?

Who are you and *what* are you doing?

Kiel vi fartas?

How are you?

Kie ili estas? **Kiam** ili alvenos?

Where are they? *When* will they arrive?

Kial ne manĝi pecon? **Kiom** vi volas?

Why not eat a piece? *How much/many* do you want?

Kial li ankoraŭ ne respondis?

Why hasn't he answered yet?

Kiaj ili estis? Ĉu bongustaj?

What were they like? Tasty?

Exclamations

Ki-correlatives are used with exclamatory remarks, showing surprise, wonder or strong feelings.

Kia sprintisto fariĝis tiu maratonisto! **Kiel** impone!

What a sprinter that marathon runner became! *How* impressive!

Kiom da rekordoj ŝi rompis hodiaŭ! **Kia** atleto!

How many records she's broken today! *What an* athlete!

Kia nekredebla tago! **Kiel** bonŝance!

What an incredible day! *How* fortunate!

Relative clauses

The **ki**-correlatives often act as relative pronouns, connecting a subordinate clause to a main clause as *that*, *which* and *who* do in English. The most commonly used is **kiu**, which relates to a noun in the main clause. Unlike in English, relative pronouns cannot be dropped in Esperanto.

Morgaŭ mi parolos kun virino. La virino estas monda ĉampiono pri ĵudo. →	**Morgaŭ mi parolos kun virino, kiu estas monda ĉampiono pri ĵudo.**
Tomorrow I will speak to a woman. The woman is a world judo champion. →	*Tomorrow I will speak with a woman who is a world judo champion.*

The ending of **kiu** will change depending on the grammatical role it is playing, which will also influence the presence of any prepositions. There aren't any established rules regarding the usage of commas in Esperanto, although many people tend to surround a relative clause which sits within a main clause with commas for clarity.

Mi daŭre havas la trofeon, <u>kiun</u> mi ricevis de ŝi kiel donacon.	**La virinoj, <u>kiuj</u> venkis hieraŭ, estis tre merithavaj.**
I still have the trophy (which) I received from her as a gift.	*The women who won yesterday were very deserviny.*
kiun = la trofeon: mi ricevis la trofeon de ŝi.	kiuj = ili: ili venkis hieraŭ.
La infano, al <u>kiu</u> mi donis mian propran matĉ-bileton, eĉ ne dankis min.	**Tiuj ĉi sidlokoj, en <u>kiuj</u> ni sidis ĉi-matene, estis multe tro for de la kurejo.**
The child (who(m)) I gave my own match ticket to (to whom I gave my own match ticket) didn't even thank me.	*Those seats (which) we were sitting in this morning were much too far from the track.*
al kiu = al la infano: mi donis mian propran matĉ-bileton al la infano.	en kiuj = en tiuj sidlokoj: ni sidis en tiuj sidlokoj.

The other **ki**-correlatives can play the same role.

Aŭskultu tion, <u>kion</u> mi diras: la alia konkursanto, <u>kies</u> trejnisto ĵus foriris, ne estas tia, <u>kia</u> ŝi ŝajnas. Antaŭ du jaroj, <u>kiam</u> la konkurso okazis en Londono, <u>kie</u> ŝi gajnis la oran medalon, mi eksciis, ke ŝi estas en amrilato kun la ĉefa arbitro. Konsekvence, li promesis al ŝi tiom da poentoj, <u>kiom</u> ŝi bezonos, por venki. La kaŭzo, <u>kial</u> ŝi kontraŭ ĉiuj atendoj venkis, do, ne estis, ke ŝi konkursis tiel diligente, <u>kiel</u> eblis al ŝi, sed io tute alia.
(Listen to what I'm saying: the other competitor, whose trainer just left, isn't as she seems. Two years ago, when the competition was in London and where she won the gold medal, I found out that she was in a relationship with the chief umpire. As a result, he promised her as many points as she needed to win. So the reason that she won against all expectations wasn't that she competed as hard as she could but something altogether different.)

The **ki**-correlative will often relate to a **ti**-correlative in the main clause. If these are from the same group and have the same grammatical role, then the **ti**-correlative can often be dropped, so long as the meaning remains clear.

Mi aŭdis (tion), kion li diris, sed mi ne vere aŭskultis.

I heard what he was saying but I wasn't really listening.

> **tion** and **kion** are from the same group and have the **n**-ending, so dropping the **ti**-correlative is possible.

Kiam ŝi alvenos hejmen, (tiam) mi memorigos ŝin pri tiu fakturo, kiun ŝi ne pagis.

When she gets home, I'll remind her about the bill which she hasn't paid.

> **kiam** and **tiam** are from the same group. **pri tiu** and **kiun** have different grammatical roles.

It is often tricky for people to discern a difference between **kio** and **kiu** when used as relative pronouns. **Kio** is used when the relative pronoun refers to a correlative with the **o**-ending in the main clause, or to describe the idea of an entire sentence.

Ŝi promesis al mi ĉion, kion mi serĉis.

She promised me all I was looking for.

Nenio, kio okazos, igos min forgesi vin.

Nothing which will happen will make me forget you.

Li trovis novan kunulon, kio ebligos al li forgesi la antaŭajn problemojn.

He has found a new partner, which will help him to forget the previous problems.

> **kio** = the idea or fact that **Li trovis novan kunulon**.

Li trovis novan kunulon, kiu ebligos al li forgesi la antaŭajn problemojn.

He has found a new partner who will help him to forget the previous problems.

> **kiu** = la nova kunulo.

4 **Which ki-correlatives would have been used in the questions which yielded the following responses?**

   a Tio estas libro.

   b Bone, dankon. Kaj vi?

   c Mia nova najbaro.

   d Per mia skribilo.

   e En Madagaskaro.

   f Tro dolĉa.

   g Ŝiaj, mi kredas.

   h Tricent eŭrojn.

   i Ĉar mi forgesis.

5 **Complete the sentences with the appropriate correlative, ensuring that a grammatical ending or preposition is present if needed.**

   a Ŝi diris al mi, ke ŝi ne rekonis _____ virinon, _____ demandis ŝin pri la filmo, _____ ŝi volis spekti, sed mi ne estas certa, ĉu mi kredas _____, _____ ŝi rakontas.

   b _____ ne volas partopreni la kurson, _____ ne devas / _____, _____ ne volas partopreni la kurson, ne devas.

   c Rakontu al mi pri _____ tago, _____ vi renkontis vian edzinon.

d Mi apenaŭ povas kredi _____ ajn, _____ li diras!

e _____, _____ laboros diligente, povos hejmeniri pli frue / _____ laboros diligente, _____ povos hejmeniri pli frue.

f _____ vi havos iom da libertempo, _____ telefonu al mi por pridiskuti la ideon, _____ mi proponis.

6 Once you have completed the sentences in Exercise 5, indicate which **ti**-correlatives in them could be dropped.

3 COMPARATIVES AND SUPERLATIVES

When comparing two or more things or people, the most important phrases to use are **tiel ... kiel** (*as ... as*) and **pli/malpli ... ol** (*more/less ... than*).

Li ludas tiel okulfrape, kiel Pelé.	**Mia fratino saltas pli longe ol ŝi.**	**Mia frato estas rapida, sed malpli rapida ol / ne tiel rapida kiel Jakobo.**
He plays as eye-catchingly as Pelé.	*My sister jumps further than her.*	*My brother is fast, but less fast than / not as fast as Jacob.*

> **LANGUAGE TIP**
> Some speakers routinely use **tiom-kiom** rather than **tiel-kiel**, as though emphasizing the degree of comparison. Although this can often be justified, it is preferable not to systematically conflate an expression of quantity (**-om**) with degree (**-el**): **La pli juna frato estas jam tiel peza, kiel la pli aĝa.** (*The younger brother is already as heavy as the elder.*)

The presence or absence of the **n**-ending after **ol** can change what is being expressed.

Mi amas vin pli ol li.	**Mi amas vin pli ol lin.**
I love you more than he does.	*I love you more than I love him.*
... pli ol li amas vin.	... pli ol mi amas lin.

> **LANGUAGE TIP**
> The same logic about the **n**-ending is true when **kiel** is used in its comparative sense, usually with the **tiel** element implied rather than overtly mentioned: **Mi elektis lin kiel prezidanto.** → **Mi elektis lin tiel, kiel prezidanto elektas** (ĉar mi estas la prezidanto, aŭ agas laŭ tiu maniero). ≠ **Mi elektis lin kiel prezidanton.** → **Mi elektis lin tiel, kiel oni elektas prezidanton** (kaj nun li estas prezidanto).

Pli and **malpli** can be used with **ju** and **des** to create an equivalent to English's *the more ... the more*. **Des** occasionally appears by itself, with context providing the meaning of an implied **ju**.

Ju pli mi pripensas, des pli certa mi fariĝas.	**Fakte, ĵus aliĝis pliaj dek homoj. Des pli bone!**
The more I ponder it, the more sure I become.	*Actually, another ten people just signed up. Even better!*

To compare one person or thing with every other member of the group, indicating that it is at the upper or lower limit compared with everything else, use **la plej** (*the most*) or **la malplej** (*the least*):

Ĉi tiu estas la plej grava el ĉiuj miaj projektoj.	**Nia filo estas la plej rapida / malplej malrapida vetkuranto.**	**Nia hundo estas la plej afabla / la malplej mordema.**
This one is the most important out of all my projects.	*Our son is the fastest / least slow racer.*	*Our dog is the friendliest one / the one least likely to bite.*

The construction **kiel eble plej**, often abbreviated to **k.e.p.**, corresponds to the English *as ... as possible*, as does the alternative, **plejeble**:

Ni repagos vin kiel eble plej baldaŭ, sinjoro.	**Voku ambulancon plejeble rapide!**
We will pay you back as soon as possible, sir.	*Call an ambulance as fast as possible!*

> **LANGUAGE TIP**
> Use **ol** in **pli-malpli** comparisons but not with other approaches for comparing: **La golo estas simila al la lastsemajna.** (*The goal was similar to last week's.*) You can use **ol** with **preferi** as a verb or an adverb: with nouns and noun-like words, **al** or some other preposition is preferable: **La adeptoj preferis la antaŭan trejniston al la nova.** (*The fans preferred the old trainer to the new one.*)

7 Translate the following sentence into Esperanto.

The greatest footballer was Pelé, even though he didn't score as many goals as some other footballers. He's no longer as well known as before, and the more years pass by, the fewer votes (**voĉoj**) he gets. People are still choosing him in preference to modern stars, though.

Listening, speaking and pronunciation

En 2013, la organizantoj de SES anoncis, ke devos pagi pliajn 8€ aliĝontoj dezirantaj manĝi viandon. Tiun suplementon ili nomis 'kruelimposto' *(cruelty tax).* **Libera Folio, sendependa bulteno pri la Esperanto-movado, sekve de amaso da negativaj reagoj pri la vortumo, intervjuis la ĉeforganizanton.** *(In 2013, the organizers of SES announced that people requesting meat with their meals would pay a supplementary 8€ when signing up, referring to the additional payment as a 'kruelimposto' (cruelty tax). Libera Folio, an independent news site about the Esperanto movement, interviewed the chief organizer, following a spate of negative reactions about the organizers' choice of wording.)*

EXTRA VOCABULARY	
altigi	*to raise*
rabato	*discount*
krom	*besides, apart from*
peli	*to propel, to drive*
luksa	*luxury*
konsekvenco	*consequence, consistency*
apogi	*to support*
kongrui	*to coincide*
puno	*punishment*
konscii	*to be conscious, to be aware*

🎧 04.03 **La sekvajn tri komentojn afiŝis legantoj de Libera Folio. Aŭskultu la komentojn, kaj poste respondu la demandojn.** *(The following are three of the comments posted in response by readers of the site. Listen to the comments and then answer the questions.)*

1 **Kiu komentinto povus esti vegetara?** *(Which commenter might be vegetarian?)*

2 **Respondu la sekvajn demandojn surbaze de la komentoj.** *(Answer the following questions based on the comments.)*

   a Laŭ la unua komentinto, oni proponu kion al kiu? *(According to the first commenter, what should be offered to whom?)* Oni proponu ＿＿＿ al ＿＿＿.

   b Laŭ ŝi, kiun negativan rezulton povus enkonduki kromkosto? *(What does she believe that adding a surcharge could do?)*
Oni ne manĝos sufiĉe da viando. / Ne partoprenos novuloj. / Simile altiĝos aliaj prezoj poste.

   c Kiu estas la dua solvo, kiun ŝi proponas? Kiel tuŝitoj devos reagi? *(What is the second solution which she proposes, and what repercussions would this have?)*
Ne ＿＿＿＿＿＿＿. ＿＿＿＿ volas manĝi viandon, ＿＿＿＿ devas ＿＿＿＿＿＿＿.

   d La dua komentinto subtenus la ideon, ke oni ne provizu per viando por eviti ion. Kion? *(The second commenter would support not serving meat as a way of avoiding what?)*
Pli da laboro por la kuiristoj. / Viand-manĝantojn. / Pli altajn kostojn.

e La dua komentinto kontraŭas la vortumon 'kruelimposto' pro tri kialoj. Kiuj? (*What are the three reasons given by the second commenter to explain why he is against the label 'kruelimposto'?*) _____ _____ _____

f Laŭ la tria komentinto, kio ne estus granda katastrofo? (*What does the third commenter suggest would not be such a catastrophe?*)

Malpermesi al viand-manĝantoj partopreni. / Pasigi semajnon sen manĝado de viando. / Publico pro la decido.

3 **Imagu, ke vi estas unu el la organizantoj, kiam oni unue ekpensis pri la 'kruel-imposta' koncepto.** (*Imagine that you were a member of the organizing team when the idea of the 'kruelimposto' was raised.*)

Kolego:	Mi ekhavis ideon. Kion vi opinius, se viandomanĝantoj devus pagi pli por partopreni?
	(Say: 'I suppose that meat does cost more than vegetables. I wouldn't be against it: I've heard worse ideas.')
Kolego:	Nu, pri tiu flanko mi fakte ne pensis. Mia ideo estas, ke ni povus uzi la monon por krei retejon de veganaj kaj vegetaranaj receptoj (*recipes*).
	(Say: 'That doesn't seem to me to be as good a reason as the one I mentioned.')
Kolego:	Kaj ni povus nomi ĝin 'kruelimposto'!
	(Say: 'The more I hear about this, the less I think it's a good idea.')
Kolego:	Kion vi farus, do?
	(Say: 'In my opinion, the best idea is to forget this one as quickly as possible, and to announce that people who don't eat meat will pay less because their food costs less to buy.')

4 **Laŭtlegu la sekvajn frazojn, kiuj estas tiritaj el la unua kaj tria komentoj.** (*The following sentences are taken from the first and third comments. Read them out loud.*)

▶ Uzu la taŭgan korelativon en la spacetoj. (*Insert the appropriate correlatives in the gaps.*)

▶ Klare distingu la vokalojn, kaj certiĝu, ke vortfina 'l' estas aŭdebla. (*Make sure that you clearly articulate the differences in the characteristic vowels, and ensure that the final 'l' is pronounced audibly where it appears.*)

▶ Atentu, ke vi prononcos '-uj' unusilabe, kiel ĉe '-oj'. (*The ending '-uj' is notoriously tricky for English speakers, who typically break it into two syllables. Try to pronounce it as a single syllable, as you do quite naturally with '-oj'.*)

a Post iom da pripensado mi havas la sekvan ideon, _____ laŭ mi pli taŭgas.

b Al _____, _____ pretas manĝi vegetare, donu specialan 8€-an rabaton.

c _____ volos manĝi viandon, _____ devos mem aĉeti.

d _____ paroli pri la krompago _____ pri puno aŭ ofendo?

e Pri _____ kruela lukseco oni devas konscii.

Reading

Julio Calegari estas la direktoro pri internacia evoluigado de la Internacia Ĉukpilkado-Federacio. Li verkis la sekvan artikolon pri la sporto kaj provoj disvastigi ĝin por *Kontakto*, **la gazeto, aperanta ĉiun duan monaton, de la Tutmonda Esperantista Junulara Organizo.** (*Julio Calegari is the Director of International Development of the International Tchoukball Federation. The following article of his appeared in Kontakto, the two-monthly magazine of Tutmonda Esperantista Junulara Organizo, about the sport and attempts to spread it around the world.*)

1 Ĉu ĉukpilkado estas unuhoma aŭ teama sporto? (*Is tchoukball a single-player sport or a team sport?*)

Kreita en 1970, ĉukpilkado estas manpilkoludo, kiu celas esti sporto tre rapida, plezuriga kaj saniga. Ĉefe temas pri ludo ege facile lernebla, kiu forigas ĉiun formon de perforto kaj koleraj tuŝoj inter la ludantoj. Krom en difinitaj teamoj por internaciaj turniroj, povas ludi samteame homoj de malsamaj seksoj, aĝoj kaj korpaj grandoj, kio eblas nur pro la senperforta karaktero de ĉukpilkado.

Mi eklernis ludi ĉukpilkadon en Brazilo, antaŭ preskaŭ 26 jaroj, sur la plaĝo Itanhaem. Mi tiam estis 15-jaraĝa kaj lernis de brazilano, kiu loĝis en Svislando kaj estis ludanto de la urba teamo en Lausanne. En la jaro 2000 mi konkursis en mia unua monda turniro kun la brazila ĉemizo. Tiam partoprenis nur 6 landoj.

En 2001, Unuiĝintaj Nacioj rekonis la laboron faratan de la Internacia Ĉukpilkado-Federacio pri la disvastigado de ĉukpilkado, ĉar temas pri sporto, kiu kongruas kun la mesaĝo pri universala paco. La federacio, kiu troviĝas en Tajvano kaj havas nun 44 membro-landojn, ludas gravan rolon en la disvastigado de la sporto, precipe en malriĉaj landoj en Afriko kaj Azio. Volontulaj trejnistoj jam vojaĝis al Ganao, Benino, Kenjo kaj Ugando por helpi la disvastigadon de la sporto, kaj pere de Esperanto, ĉukpilkado atingis novajn grupojn en Ganao, Ĉeĥio, Germanio kaj Senegalo.

Ekde 2006 mi loĝas en Dubai en la Unuiĝintaj Arabaj Emirlandoj, kie mi ekinstruis la sporton kaj iĝis trejnisto de la nacia teamo. Nia plej bona partoprenado en internacia evento estis en 2011, kiam la emirlanda teamo gajnis la arĝentan medalon por sub-12-jaraj knaboj en la monda pokalo en Aŭstrio. Kiel voluntulo mi jam estis en pli ol 25 landoj por instrui ĉukpilkadon. Por mi estas plezuro vidi la sporton amatan kreski en landoj, kie mi helpis komenci la disvastigadon.

EXTRA VOCABULARY	
perforto	*violence*
arĝento	*silver*

2 Respondu la sekvajn demandojn surbaze de la artikolo. (*Answer the following questions based on the article.*)

a Oni ludas ĉukpilkadon per kiu korpoparto? (*Which body part is tchoukball played with?*)
La kapo / La piedoj / La manoj / La nazo

b Kial eblas ludi en la sama teamo senkonsidere de genro, aĝo, kaj grando?
(*Why is it possible for people to play on the same team irrespective of their gender, age and body size?*)
Ĉar ludantoj ne tuŝas unu la alian. / Ĉar alie mankos sufiĉe da ludantoj. /
Ĉar estus kontraŭleĝe fari alie.

c En kiu situacio ne okazas tiu miksado? (*And in which situation doesn't this mixing occur?*)
Kiam jam estas sufiĉe da viroj. / Dum internaciaj turniroj. / Kiam almenaŭ unu
homo plendas.

d Kial la Unuiĝintaj Nacioj agnoskis la disvastigadon de ĉukpilkado? (*Why did the United Nations acknowledge the dissemination of tchoukball?*) _____

e En kiuj landoj Esperanto ludis rolon en la disvastigado de la sporto? (*In which countries has Esperanto played a role in spreading the sport?*) _____, _____,
_____, _____

f Kiun metaforon uzas la verkinto por esprimi, ke li ludis por sia nacia teamo?
(*The author uses a metaphor to indicate that he played for his national tchoukball team. What does he say?*) La verkinto skribis, ke li
_____

3 Plenigu la truojn per la korelativoj en la skatolo. Uzu ĉiun nur unufoje. (*Complete the gaps using the correlatives in the box. Use each one only once.*)

kie	kiam	kio	kiu	tiam	kiel

a _____ volontulo, mi jam estis en pli ol 25 landoj.

b La federacio, _____ troviĝas en Tajvano, ludas gravan rolon.

c Mi _____ estis 15-jaraĝa kaj lernis de brazilano.

d Mi loĝis en Dubai, _____ mi ekinstruis la sporton.

e ... en 2011, _____ la teamo gajnis la arĝentan medalon.

f Povas ludi samteame homoj de malsamaj seksoj kaj aĝoj, _____ eblas nur pro la senperforta karaktero.

Writing

1 **Imagu, ke vi estis unu el la legantoj de Libera Folio, kiam estis publikigita la blogaĵo pri la 'kruelimposto'. Verku komenton responde al la artikolo por esprimi vian reagon, en kiu vi provas argumenti ambaŭflanke.** (*Imagine that you were one of the readers of Libera Folio when the article about the 'kruelimposto' came out. Write a comment in response to the article expressing what your opinion would have been. In your response, try to express different sides of the argument.*)

▶ **Agnosku la decidon de la organizantoj, kaj klarigu ilian pensadon.** (*Acknowledge the decision made by the organizers, and explain their reasoning.*)

▶ **Asertu kontraŭan pensadon, kaj finfine donu vian propran opinion.** (*State a counter case, and give your own opinion at the end.*)

▶ **Uzu ki-korelativojn kiel relativajn pronomojn por kunĉenigi pli mallongajn frazojn.** (*Use **ki**-correlatives as relative pronouns to chain together shorter sentences into longer ones.*)

2 **Unu semajnon poste, la organizantoj anoncis, ke ili ŝanĝis sian pensmanieron. Anstataŭ aldoni 'kruelimposton' al homoj esprimantaj deziron manĝi viandon, ili anoncis 'verdan rabaton' al tiuj, kiuj elektos manĝi senviande. Verku tian respondon al tiu novaĵo, kian vi verkus, se vi estus leganto de Libera Folio, kiam oni anoncis tiun decidon.** (*One week later, the organizers announced that they had changed their approach. Instead of adding a 'kruelimposto' to people expressing that they wanted to eat meat when signing up, they announced a 'verda rabato' to people willing to eat a meat-free diet. Write a response to this news which you would have posted if you were a reader of Libera Folio when the decision was announced.*)

▶ **Uzu korelativojn abunde por krei frazojn pli longajn.** (*Make plentiful use of correlatives to create longer sentences.*)

▶ **Uzu korelativojn en krea maniero per aldono de gramatikaj finaĵoj aŭ aliaj elementoj: ekzemple, kioma, tiaĵoj.** (*Use correlatives creatively by adding grammatical endings or other parts of speech.*)

Go further

An article about Pelé in accessible Esperanto was published on **uea.facila** on the occasion of his 80th birthday, complete with an accompanying audio recording.

Kontakto, the excellent magazine of **Tutmonda Esperantista Junulara Organizo**, occasionally features articles on sport on its highly readable pages, and past issues are available online for free download. The magazine is well worth reading in its own right, written in Esperanto but not usually about it, with a wide range of articles on enticing social issues and interests.

Outside of sport, the wider issues of health and lifestyles are well catered for in Esperanto. The **Tutmonda Esperantista Vegetarana Asocio** has an online archive of its magazine, **Esperantista Vegetarano**, and volunteers for **E@I**, working with **TEVA**, created **Bonan Apetiton**, a site full of vegetarian and vegan recipes.

Links to the material mentioned can be found in the Bibliography for Unit 4.

Test yourself

1 Oni kelkfoje uzas korelativojn kree kaj lerte. (*Sometimes people use the correlatives creatively.*)

    a Kiel eblus esprimi 'the whats, whys and hows'? (*How could you express 'the whats, whys and hows'?*) _____

    b *La Brita Esperantisto* havas rubrikon pri aktivuloj. La anglalingva traduko estus 'Who's Who'. La Esperanta versio en la gazeto havas nur du vortojn: ambaŭ estas korelativoj, unu estas verbigita. Surbaze de tiuj detaloj, kiu estas la titolo? (*La Brita Esperantisto has a regular column titled 'Who's Who' about people who are active in the Esperanto movement. The Esperanto version of La Brita Esperantisto has only two words, both correlatives, one made into a verb. Based on that information, what do you think the title is?*) _____

2 Kelkajn korelativojn oni malofte vidas, aparte tiujn, kies signifojn oni povus doni per aliaj vortoj aŭ frazkonstruoj. Kiuj korelativoj povus anstataŭi la sekvajn vortojn? (*Some of the correlatives are rarely encountered in practice, especially those which have meanings that other words or constructions also convey. Which correlatives could replace the following words?*)

    a tuto _____

    b kelkaj _____

    c iumaniere _____

    d ĉiu speco de _____

    e pro iu kialo _____

    f laŭ ĉiu eblo _____

3 Translate the following into Esperanto: *The more I try, the faster I could be. If I ran as fast as possible, I could win because I am faster than him and everybody else. But only if you don't also run: I could never be as fast as you are. You are the fastest, even though I am very similar to you. I am happy that you prefer football to racing!*

SELF CHECK

I CAN. . .

●	… use and adapt correlatives.
●	… use relative clauses and identify when a **ti**-correlative can be dropped.
●	… use the comparative and superlative, and use other constructions to create comparisons.
●	… discuss some famous Esperanto enthusiasts.

5 Lingvo moderna kaj inkluziviga
A modern and inclusive language

In this unit you will:
▶ *review how to speak about people generally and reciprocally.*
▶ *review the use of Esperanto's reflexive pronoun, si.*
▶ *learn how the sex of animate nouns works in Esperanto.*
▶ *learn different approaches to refer to an unknown person.*

CEFR: (B2) *Can understand recordings in standard dialect, identifying speaker viewpoints and attitudes as well as the information content; can construct a chain of reasoned argument, explaining a viewpoint on a topical issue, giving the advantages and disadvantages of various options.*

 La Fundamento kaj ĝiaj gardistoj
The Foundation and its guardians

Esperanto was intended to last into perpetuity such that, in Zamenhof's words to his friend, Émile Javal, an Esperantist from the 21st century would understand something written in the 19th, perhaps noting parts which seem a bit archaic. To prevent Esperanto descending into a range of dialects, localized vocabulary and reformed grammar, it was necessary to be able to define what good Esperanto usage is and establish which elements are officially part of the language.

To accomplish this, Zamenhof published a book in 1905 called **Fundamento de Esperanto** (*A Foundation of Esperanto*), consisting of an **Antaŭparolo** (*Foreword*), a 16-rule description of Esperanto's grammar (taken from the **Unua Libro** of 1887), plus a series of exercises (the **Ekzercaro**) and **Universala Vortaro**, both published originally in 1894. The Esperantists gathered at the first **Universala Kongreso** in 1905 issued the **Deklaracio pri la esenco de Esperantismo** (*Declaration on the Essence of Esperantism*), which included proclaiming the **Fundamento** the official foundation of Esperanto, declaring it **netuŝebla** (*untouchable*), meaning that nobody has the right to make changes to it.

The **Antaŭparolo** indicated that it would be possible for an authoritative institution to make *additions* to the **Fundamento**. That institution, which also came into being at Boulogne in 1905, initially as the **Lingva Komitato** (*Language Committee*), is the **Akademio de Esperanto**, which has the responsibility to **konservi kaj protekti la fundamentajn principojn de la lingvo Esperanto kaj kontroli ĝian evoluon** (*conserve and protect the foundational principles of Esperanto and monitor its development*). The modern **Akademio de Esperanto** was formed in 1948, when the **Lingva Komitato** and a special commission it created, the **Akademio**, were merged.

There are around 45 **Akademianoj**, including among their number renowned Esperantologists, lexicographers, grammarians and authors, elected for 9-year renewable terms, with Gaston Waringhien the record holder with 65 years' **seninterrompa** (*continuous*) service. Over the century of its existence, the **Akademio** has added a further 2000 words in the form of nine **Oficialaj Aldonoj** (*official additions*) to the **Universala Vortaro**, giving the enhanced form the name **Akademia Vortaro** to avoid creating confusion, and has officialized affixes such as **-aĉ-**, **-ism-**, **-end-** and **mis-**. It has the power to issue **rekomendoj** (*recommendations*) on questions of language, or even to **aprobi** (*approve*) or **malaprobi** (*disapprove*) usage. These responses aren't always definitive; over 50 years later, the **Akademio** overturned an earlier condemnation of land names formed with **-i-**, such as **Britio**.

Zamenhof's approach seems to have been justified: Esperantists today can indeed read **senĝene** (*with no bother*) texts from the 19th century, and fragmentation hasn't resulted during the more than 130 years of use, despite Esperanto continually adapting to meet the needs of the time in a changing world. In the modern day, questions about inclusivity, such as avoiding gendered language, are hot topics in Esperanto as much as in national languages. The Esperantists themselves are finding their own solutions. Perhaps one day, some will have become established enough that the **Akademio** will officialize them.

The **Lingva Komitato** at the 3rd **Universala Kongreso**, held in Cambridge in 1907.

 How are the **Universala Vortaro** and **Akademia Vortaro** related to each other?

Vocabulary builder

05.01 Legu la vortliston kaj klopodu aldoni la mankantajn anglajn tradukojn. Poste, aŭskultu la registraĵon, kaj provu imiti la prononcon de la parolanto. *(Read the vocabulary and try to complete the missing English translations. Then listen to the audio and try to imitate the pronunciation of the speaker.)*

INKLUZIVIGO	*INCLUSIVITY*
justeco kaj egaleco	*fairness and equality*
egalaj/homaj rajtoj	*equal/human rights*
sekso kaj genro	*sex and gender*
samseksema/geja	*homosexual/gay*
ambaŭseksema	*bisexual*
aliseksema	*heterosexual*
transgenra	_____
cisgenra	*cis/cisgender*
neduuma	*non-binary*
esti kvira	*to be queer*
kontraŭgejismo	*homophobia*
handikapo	*disability*
vidhandikapita	*partially sighted*
blinda	*blind*
surda	*deaf*
muta	_____
kontraŭi diskriminacion	*to oppose discrimination*
rasismo, seksismo, kaj handikapismo	_____, _____, *and ableism*
feminismo kaj liberigo	*feminism and liberation*
GLAT-amika	*LGBT-friendly*
identigi sin kiel ino	*to identify oneself as female*
ri: genroneŭtra pronomo	*a proposed gender-neutral pronoun*
-iĉ-: malo de -in-	*a proposed suffix, the opposite of* **-in-**

> **CULTURE TIP**
> **GLAT** (*LGBT*) stands for **gejoj, lesboj, ambaŭseksemuloj kaj transgenruloj**. Esperanto is generally attentive to diversity, and application forms for events occasionally have several options in the gender field beyond the customary two.

Conversation

05.02 *Parto de la rolo de Sara estas la kreado de la aliĝilo por Somera Esperanto-Studado. Dezirante plenumi ĉiajn postulojn de la partoprenantoj, ŝi kaj ŝiaj kolegoj diskutas, kiujn informojn, preter la evidentaj, petu la aliĝilo. Ili sekve devas decidi, kiu pagu la kotizon (participation fee)**, kaj ĉu ĝi estu malsama por diversaj grupoj.** (Part of Sara's role is to create the online **aliĝilo** (application form) for **Somera Esperanto-Studado**. She and her colleagues are discussing ideas about which details beyond the basics the form should ask for in order for the organizers to meet the*

*requirements of people coming to the event. They also find themselves discussing who should pay the **kotizo** (participation fee) and whether it should vary for different groups.)*

1 **Legu la subajn demandojn. Poste, aŭskultu la konversacion, kaj klopodu respondi la demandojn.** (*Read the questions below. Then read and listen to the conversation, and try to answer the questions.*)

   a Kiu ŝajne pri ĉia situacio emas respondi 'tiu pagu pli'? (*Whose answer to every scenario seems to be 'they should pay more'?*)

   b Kiu uzas novan pronomon parolante pri nekonata homo, kies genro tial estas nekonata? (*Which person uses a new pronoun when referring to an unknown person whose gender therefore isn't known?*)

Sara	Mi pensas pri la aliĝilo, pri tio, kiel ĝi estu, kaj kiujn detalojn oni petu. Necesas scii la nomon, kontaktdetalojn, ktp; ĉio tio ĉi estas evidenta. Sed en perfekta aliĝilo, kion oni demandu, laŭ vi? Kion oni volus scii? Kiuj informoj estus utilaj al organizantoj por proponi bonan arangon por ĉiuj?
Jakob	Oni sciu pri apartaj manĝbezonoj, ĉu ne? Imagu, se oni ne mendus sufiĉe da vegetaraj manĝaĵoj, kaj rezulte la vegetaranoj devus manĝi aŭ viandon, aŭ nenion. Kia katastrofo!
Branko	Plie oni pensu ne nur pri vegetaranoj, sed ankaŭ pri veganoj. Do en la aliĝilo estu loko por indiki, ĉu oni preferas manĝi vegane aŭ vegetare, aŭ manĝi viandon. Fakte ... estus juste, ke pagu pli tiuj, kiuj volas manĝi viandon, ĉu ne? Ni do ja bezonos tiujn informojn.
Natalia	Nu, mi persone ne manĝas viandon pro moralaj kialoj, sed mi kredas, ke oni ne trudu siajn etikajn kredojn al aliaj tiel. Ĉiu sentu sin bonvena ĉi tie. Diri al iu, ke li devas pagi pli, ĉar li manĝas viandon, tio ŝajnas al mi malkonsilinda.
Branko	Ne maltrankviliĝu, mi neniel pensis pri etiko, sed simple pri tio, ke viando estas pli multekosta ol pastaĵoj, legomoj kaj fruktoj. Do kiu volas manĝi viandon, ties manĝaĵoj kostos pli por aĉeti, do tiu pagu pli. Temas pri egaleco, ĉu ne? Tiu volas manĝaĵojn pli kostajn, do estas nur juste, ke pagu pli tiu ol la aliaj, kiuj manĝos malpli koste.
Natalia	Nu, tio povus esti iumaniere pli egala, mi supozas. Aliteme, ni pensu pri situacio en kiu iu venos al SES kun sia amiko, ĉar li iukiale bezonas helpon. Kiu pagu lian kotizon?
Branko	Kies, tiu de la amiko? Kiu aliĝas, tiu pagu, ĉu ne? Se iu partoprenas la arangôn, kial tiu ne pagu? Persone, mi ne komprenas, kial oni farus alie.
Jakob	Jes, supozeble, iu, kiu partoprenos kaj samtempe hazarde helpos sian amikon, estos kontenta pagi la kotizon. Tio estus normala, kaj al ri ni certe petu pagadon. Tamen ne ĉiuj helpantoj fakte partoprenos. Iuj venos, ĉar alie ne povus veni ilia amiko. Pensu pri iu, kiu bezonas helpon, ĉar ri uzas rulseĝon aŭ estas vidhandikapito, ekzemple. Ri ne povus veturi al SES, se ria helpanto ne ĉeestus, do finfine ne venus. Tio estus domaĝo. Ni klopodu esti inkluzivigaj.
Branko	Jes, mi konsentas. Nu, tia prizorganto ne pagu kotizon, laŭ mi. Manĝaĵojn, jes, tiu pagu, aŭ povus pagi ties amiko, sed kotizon ne.
Jakob	Ĉu pagu tiujn kromkostojn ri aŭ ria amiko? Kion vi opinias, Sara?

Sara	Nu, tion ili decidu inter si, laŭ mi. Por la aliĝilo, tio neniel gravas.
Jakob	Necesus ekscii la genron de la partoprenantoj por bone disdoni la litojn, ĉu ne? Estus malbone, se ino troviĝus en ĉambro plena de nekonataj iĉoj.
Sara	Fakte, estus bone havi la eblon indiki nomojn de amikoj, kun kiuj oni volas esti samĉambrano, ĉu ne? Amikoj, kiuj ne vidis unu la alian dum multe da tempo sendube volos reciproke saluti sin, babili, pasigi tempon kune ... kaj ja estus treege strange se unu geedzo trovus sin en unu ĉambro, dum la alia troviĝus aliloke, ĉu ne?
Natalia	Prave: edzo kaj edzino loĝu en la sama ĉambro. Ni do bezonas tiajn informojn por la aliĝilo alie ne eblus disdoni litojn tiel.
Sara	Ĉar geedzoj kaj aliaj kunuloj supozeble volus loĝi nur duope, oni povu indiki sian preferon loĝi en dupersona ĉambro. Same, fakte, por homoj, kiuj preferas loĝi unuope, ĉar kelkaj homoj ja preferas esti solaj.
Branko	Nu, troviĝas po kvar litoj en ĉiu ĉambro, kaj ne ĉiuj povus havi sian propran ĉambron, ĉar estus maltro, do kiu volas resti sola aŭ kun sia geedzo aŭ kunulo, tiu pagu iom pli. Tio ŝajnas al mi justa. Ĉu bone?

2 **Nun legu la konversacion, kaj skribu la respondojn al la demandoj en Esperanto.**
   (*Now read the conversation and write down the answers to the questions in Esperanto.*)

   a Kial, laŭ Jakob, oni demandu pri manĝbezonoj? (*What is Jakob's explanation for asking for details about people's food requirements?*) Oni _____.

   b Kiu estas la kontraŭargumento de Natalia rilate la proponon de Branko, ke pagu pli altan kotizon tiuj, kiuj volas manĝi viandon? (*What is Natalia's objection to Branko's idea that meat-eaters should pay more?*)

   c Ĉu sinintereso povus kuŝi malantaŭ la respondo de Natalia? Pravigu vian respondon. (*Could Natalia's response be motivated by self-interest? Justify your answer.*)

   d Jakob klarigas al Branko, kial iuj homoj ne pagu kotizon. Kiu estas lia pravigo? (*Jakob explains to Branko a reason why some people shouldn't have to pay a participation cost. What is his justification?*)
   Ili sendube ne ĝuos la eventon, kaj poste postulos repagon. / Ili ebligos la partoprenadon de aliuloj, kiuj sen helpo ne povus partopreni. / Ili ne estas sufiĉe monhavaj por pagi, tial ricevu senpagan lokon.

   e Laŭ la vidpunkto de Sara, kiu pagu la kostojn de la helpantoj por manĝi kaj tranokti? (*What is Sara's view on who should pay for the helpers' food and lodging?*)
   Sara opinias, ke _____.

   f Jakob pravigas tion, ke oni petu onian genron en la aliĝilo. Kiu estas lia argumento? (*Jakob makes a case for asking people to indicate their gender on the application form. What is his argument?*) _____

   g Sara ekpensas pri fina informaĵo, kiun oni petu en la aliĝilo. Kio estas tio, kaj kial, laŭ ŝi, oni volu ĝin? (*Sara comes up with a final piece of information to request on the form. What is it and what is her reasoning for asking?*) _____

3 Trovu la vortojn en la konversacio, kiuj signifas: (*Find the words in the conversation which mean:*)

a inadvisable _____

b in some way _____

c for some reason _____

d wheelchair _____

e a caregiver/carer _____

f extra costs _____

g to find out _____

h a spouse _____

i a partner _____

j individually _____

4 Trovu tiujn ĉi esprimojn en la konversacio. Kion ili signifas, laŭ vi, en la angla? (*Find these words in the conversation. What do you think they mean in English?*)

a estu loko por indiki _____

b ĉiu sentu sin bonvena _____

c ne maltrankviliĝu _____

d Ni klopodu esti inkluzivigaj _____

e samĉambrano _____

f pasigi tempon kune _____

g duope _____

h maltro _____

Language discovery

1 Using the conversation for reference, answer the following questions.

a Which pronoun is used in Esperanto where English often uses *you* to mean *people in general*?

vi / oni / ili / si

b Add the correct verb endings and pronouns to the following sentences, so that the verbs indicate an idealized or wished-for state, and the pronouns refer to the subject.

1 Oni ne trud__ _____ kredojn al aliaj.

2 Ĉiu sent__ _____ bonvena ĉi tie.

3 Tion ili decid__ inter _____.

c Fill in the gaps so that the idea of 'each other' is expressed:

Amikoj, kiuj ne vidis _____ _____ _____ dum multe da tempo sendube volos reciproke saluti sin, babili, pasigi tempon kune.

d Why has Sara used **geedzo** without its usual **j**-ending in **Ja estus treege strange se unu geedzo trovus sin en unu ĉambro, dum la alia troviĝus aliloke**?

She forgot it. / She meant **edzo** and added **ge-** accidentally. / She's trying to express a gender-neutral form, equivalent to English's *spouse*.

e Given other examples in the conversation, match the speaker with the pronoun combination which they would use in the following sentence about an unidentified person:
Se iu telefonos dum mi estos for, bonvolu peti _____ nomon, kaj diru al _____, ke mi revenos lundon.

1 Natalia   **a** rian, ri
2 Branko   **b** lian, li
3 Jakob   **c** ties, tiu

1 THE PRONOUNS ONI AND SI

The indefinite pronoun **oni** (*one*) is used for speaking about people in general or an undefined individual or group. It is used much more frequently in Esperanto than in English, which tends to prefer an indefinite *you* or *they*, references to 'people', or constructions written in the passive voice.

De la pinto oni vidas la tutan urbon.

From the summit you can see the whole city.

Oni agu por kontraŭi diskriminacion.

People should act to oppose discrimination.

En kelkaj landoj oni kapjesas por indiki 'ne'.

In some countries they nod their head to say 'no'.

Oni kondamnu rasismon.

Racism should be condemned.

> **LANGUAGE TIP**
> As you have seen in the conversation and in the examples, Esperanto's **u**-ending is used to express an idealized state about how something 'should' be: **Ĉiuj havu la samajn rajtojn.** (*Everybody should have the same rights.*) This usage differs slightly from **devus**, which you met in Unit 2 as another way of saying *should*: **devus** usually expresses an action which hasn't been or won't be fulfilled, whilst the **u**-ending indicates that the outcome remains possible. You will examine the **u**-ending in more detail in Unit 7.

Onia and **onin** exist as perfectly regular parts of the language but are rare in practice.

Estas belege havi amikon, kiu okupiĝas pri onia bonfarto.

It's wonderful having a friend who takes care of your wellbeing.

Tiu ĉi novaĵo pensigas onin pri pli bela estonteco.

This news makes you think of a brighter future.

The reflexive pronoun **si** is used instead of the usual third-person pronouns (**lia**, **ŝia**, **ĝia**, **onia**, **ilia**) to refer back to the subject.

Li akceptis sin.

He accepted himself.

He didn't accept somebody else.

Ŝi prizorgis sian fratinon.

She took care of her sister.

Her own sister.

Ili subtenis sian amikon.

They supported their friend.

Their own friend not somebody else's.

If the subject is in the first or second person (**mi**, **vi**, **ni**), then the usual pronouns (**mia**, **via**, **nia**) are used to refer back to it. If the usual third-person pronouns are used rather than **si**, they refer not to the subject but to somebody or something else.

Li akceptis lin.

He accepted him.

Some other man.

Ŝi prizorgis ŝian fratinon.

She took care of her sister.

Another female's sister.

Ili subtenis ilian amikon.

They saw their friend.

The friend of another group.

Si always refers back to a subject and cannot be one or part of one itself. It is important to be able to distinguish subjects from their complements (extra information added with a preposition) since complements, not being part of the subject itself, *can* use **si**.

Ŝi kaj ŝia fratino alvenis mardon.

She and her sister arrived on Tuesday.

Although it isn't clear whether **ŝia** refers to the subject's own sister or some other female's, **sia** is not possible because it is part of the subject.

Ŝi alvenis <u>kun ŝia fratino</u> mardon.

She arrived on Tuesday with her sister.

ŝia refers to another female's sister. If it were the subject's own sister, **sia** would have to be used.

Ŝi alvenis <u>kun sia fratino</u> mardon.

She arrived on Tuesday with her sister.

kun introduces a complement, which isn't part of the subject. **sia** refers to the subject's own sister.

Ŝi alvenis mardon <u>sen sia fratino</u>.

She arrived on Tuesday without her sister.

sen introduces a complement, as did **kun** in the earlier examples.

In complex sentences, discerning to whom or what **si** would apply becomes more challenging. You will meet some of these situations in Unit 10.

> **LANGUAGE TIP**
> The Esperanto teacher Montagu Christie Butler wrote a rhyme to help learners memorize the rules regarding **si**, which may be a useful learning aid for you.
>
> The pronoun **sia** (**sin**, or **si**)
> Cannot itself the subject be,
> But to the subject it refers
> Of sentences where it occurs,
> Remember, too, this final word:
> Restrict its use to 'person third'.

2 **Choose si if it is possible to use it in the following sentences. If si is not grammatically possible, choose the alternative.**

a Stefano kaj (lia/sia) amiko ofte studas en (ilia/sia) loka biblioteko.

b En Francujo oni ofte finas (onian/ilian/sian) manĝon per diversaj fromaĝoj.

c Mikaela piediris en la urbon kun (ŝia/sia) juna frato.

d Anstataŭ (lia/sia) malsana fratino, Andreo devis kuiri la vespermanĝon.

e Estas malfacile tuj scii, ĉu oni sukcesis en (oniaj/siaj) ekzamenoj.

f Rifuzis ordigi (ilian/sian) ĉambron la knabino kaj (ŝia/sia) frateto.

g Ridado de bebo ĉiam feliĉigas (onin/sin), eĉ post longega tago.

h Oni devas pardonpeti pro (oniaj/siaj) eraroj, alie oni ne pardonos (onin/sin).

2 RECIPROCITY: DOING SOMETHING TO 'EACH OTHER'

The construction **unu la alian** can be used to show reciprocity, with prepositions added as required. The adverb **reciproke** (*reciprocally*) is a useful device for clarifying that an action was done by people to each other rather than to themselves.

Ili eĉ ne suspektas unu la alia̲n̲.

They don't even suspect each other.

   Oni suspektas iu̲n̲.

Ili neniam sukcesas konsenti unu ̲k̲u̲n̲ la alia.

They never manage to agree with each other.

   Oni konsentas ̲k̲u̲n̲ iu.

Ili parolis itale unu ̲a̲l̲ la alia.

They were speaking in Italian to each other.

   Oni parolas ̲a̲l̲ iu.

Ni pardonis nin reciproke.

We forgave each other.

Without **reciproke** it isn't clear whether the intended meaning is *we forgave ourselves.*

3 Match the sentence beginnings with their endings.

a	Ili staris en cirklo unu		**1**	de la alia.
b	Dum la semajno ili loĝas longe for unu		**2**	pri la alia.
c	La novaj najbaroj volas ekscii unu		**3**	al la alia.
d	La malamikoj finfine konsentis helpi unu		**4**	post la alia.
e	La hundoj kuras unu		**5**	apud la alia.

3 THE SEX OF ANIMATE NOUNS

Esperanto doesn't have grammatical gender but can and does convey information about the gender of people and sex of animals. At their base, noun roots for people or animals, known as animate nouns, are either inherently male, female or, most commonly, neutral.

Neutral

Animate nouns in Esperanto are customarily neutral, not providing any information about gender. In order to show that these neutral words refer to a male or a female, or a combination of them, one has to add extra information with affixes or an adjective.

instruisto	*a teacher*	
instruistino	*a female teacher*	
vira instruisto	*a male teacher*	
instruistoj	*teachers*	(*Could be a single gender or a mixture.*)
geinstruistoj	*male and female teachers*	(*Underlines that both males and females are present.*)

Nearly all categories of animate noun are inherently neutral. This includes words built with the suffixes **-an-**, **-estr-**, **-id-**, **-ist-** and **-ul-**, and nouns built from participles.

vilaĝano	*a villager*
lernejestro	*a headteacher*
hundido	*a puppy*
ĵurnalisto	*a journalist*
maljunulo	*an elderly person*
komencanto	*a beginner*
kaptito	*a prisoner*

This is true too for non-family relationships, professions, roles, ethnicities, and inhabitant names.

amiko	*a friend*
kolego	*a colleague*
aktoro	*an actor*
turisto	*a tourist*
judo	*a Jew*
brito	*a Briton*
persono	*a person*

This system is widely misunderstood, with routine addition of **-in-** and **ge-** and the presenting of **-isto** and **-istino** as male-female pairs being extremely prevalent throughout the history of Esperanto usage. Even the authoritative *Plena Ilustrita Vortaro* begins its definitions of **amiko** and **sekretario** with **viro**, and contains separate entries for **amikino** and **sekretariino**.

Lernantino kaj instruistino

Pupil and teacher

Title of a poem by Marjorie Boulton.

Marjorie, la poetino, tiam 27-jara junulino

Marjorie, the poet, then a 27-year-old youth

Baldur Ragnarsson, presenting a prize to Marjorie Boulton in 1998.

The nouns in these titles are neutral and inclusive, even though many Esperanto speakers would add **-in-** to them if referring to a woman.

There has been an observable trend in recent years of many speakers and publications moving away from the routine marking of female gender, considering it unnecessary or, in cases where the gender is already clear, needless repetition.

La prezidanto malfermis la kunvenon.

The chair opened the meeting.

> Specifying that this is a woman could be expressed in either language but is not considered relevant.

Mia patrino estas aktoro.

My mother is an actor.

> The subject is already established as a woman.

Mi estas kontisto.

I am an accountant.

> If a woman is saying this, adding **-in-** is redundant.

> **LANGUAGE TIP**
>
> Many Esperantists, not knowing how the system actually works, consider such usage to be incorrect and may correct other speakers if **-in-** is not used, interpreting it as though a male form is being assigned to a woman. Sometimes it is advisable to be conservative, particularly around any older or long-time speakers who you are aware routinely make use of **-in-** and **ge-**.

Some differences in the Esperanto Association of Britain's 2006 and 2020 versions of *Mil Unuaj Vortoj en Esperanto*, reflecting changes in modern usage.

Male

There are some animate nouns in Esperanto which are inherently male. These are typically associated with the family or are titles.

patro	*a father*	**reĝo**	*a king*
frato	*a brother*	**princo**	*a prince*
edzo	*a husband*	**duko**	*a duke*
fianĉo	*a fiancé*		

Many words have inherently male meanings, as have nouns modified with the suffix **-ĉj-**.

viro	*a man*
knabo	*a boy*
masklo	*a male*
hunĉjo (hundĉjo, huĉjo)	*a doggy*

Female

Esperanto has some animate nouns which are always female. These include words with **-in-** or **-nj-**, as well as words from mythology or societal roles historically attributed exclusively to women.

patrino	*a mother*
femalo	*a female*
nimfo	*a nymph*
matrono	*a matron*
kanjo	*a kitty*

> **CULTURE TIP**
> Ludoviko Zamenhof produced a reform proposal in 1906 which he intended to submit for approval at a future congress. It contained around 100 new words, including specifically female ones such as **matro** to be used alongside **patrino**, providing an alternative to the approach of amending the male family names to produce the female ones.

Proposing a male suffix

The presence of a female suffix but lack of a male one in Esperanto has often caused chagrin, particularly when a word like **patrino** (*mother*) could be parsed as *female father*. Several people have independently proposed the unofficial suffix **-iĉ-** for the role, the letter 'ĉ' coming from **-ĉj-** to mirror the pattern in the female suffixes **-in-** and **-nj.** Under this system, all animate nouns would be neutral, with **-iĉ-** and **-in-** added as required to indicate gender.

edzo	*a spouse*
edzino	*a wife*
edziĉo	*a husband*
instruisto	*a teacher*
instruistiĉo	*a male teacher*
iĉo	*a man*

> **CULTURE TIP**
> Ludoviko Zamenhof in 1894 acknowledged a proposal to introduce a male suffix **-ir-** as **ne sole tre logika, sed oportuna** (*not just very logical but handy*), and even decided to incorporate it into a broader set of reform proposals. He dropped it after a few days because of the confusion the revised neutral versions would cause with the identical forms which were already established.

This proposal, unfortunately, causes confusion because of the identical appearance of the traditional male forms and the proposed neutral ones, and is therefore unlikely to be officialized even if it happens to become widespread.

4 **Indicate whether the following words can be applied to men or to women by ticking the correct box. Leave blank if the word cannot be applied. Some of the words will be new to you but are easy to work out owing to their similarity to the English ones.**

	M	F		M	F
ruso			monarĥo		
viro			ĵurno		
sekretario			ĝentlemano		
matronino			maŝino		
onkliĉo			najbaro		
primadono			adrenalino		

5 Rewrite the following sentences from the dialogue as though you were an iĉ-isto.

Sara: ... kaj ja estus treege strange se unu geedzo trovus sin en unu ĉambro, dum la alia troviĝus aliloke, ĉu ne?

Natalia: Prave: edzo kaj edzino loĝu en la sama ĉambro.

Sara: Ĉar geedzoj supozeble volus loĝi nur duope, oni povu indiki sian preferon loĝi en dupersona ĉambro.

4 SPEAKING ABOUT AN UNKNOWN PERSON

Which pronoun to use when speaking about an unknown person is a challenging proposition in Esperanto. The traditional approach is to use the pronoun **li** (*he*), granting it a secondary, gender-neutral meaning of *the person*. This usage was and is problematic because it is easy to interpret it as discriminatory. Even as far back as 1894 there was a proposal from the writer Antoni Grabowski for a female-only plural pronoun **iŝi** to counter the supposition that **ili** (*they*) was based on **li**, and the first circular of the **Akademio** listed several reform proposals for discussion, including the introduction of new pronouns: **iŝi** and **iĝi**.

> **CULTURE TIP**
> Antoni Grabowski was half of the first spontaneous conversation in Esperanto when, having read the recently published **Unua Libro** in 1887, he travelled to Warsaw in 1888 and knocked on the door of the booklet's author.

Established workarounds involve using nouns or **tiu** (*that person*) in place of a pronoun. As with English, taking this approach is often inelegant: **Se iu frapas ĉe la pordo, kontrolu, ke tiu ne estas danĝera antaŭ ol malfermi ĝin.** (*If someone knocks at the door, make sure that the person isn't dangerous before opening it.*) **Persono petanta helpon ne meritas, ke vi demandu kiom da mono la homo havas!** (*A person asking for help doesn't deserve your asking how much money the person has!*)

Ri: avoiding mentioning a gender

Introducing a new pronoun has long been an obvious solution to the problem of speaking when gender is unknown, with proposals becoming more common or supported in recent years, reflecting awareness of such issues outside of Esperanto. The proposal which at present seems most likely to succeed is **ri**, meaning an undefined person whose gender is therefore unknown, rather like English's singular *they*, or that the person doesn't identify as **li** or **ŝi**: **lu frapis, sed ri foriris antaŭ ol mi povis atingi rin.** (*Somebody knocked but they left before I could get to them.*)

> **CULTURE TIP**
> Some Esperanto speakers apply **ri** consistently even if the gender *is* known, on the basis that they consider marking one's gender to be irrelevant, and many request that they be referred to by the pronoun: **Mi estas riisto. Bonvolu uzi la pronomon 'ri' parolante pri mi.** (*I'm a ri-user. Please use the pronoun 'ri' when speaking about me.*)

Singular ge-

The prefix **ge-** indicates that male and female genders are present. It can often mean a pair comprising one of each sex, the name for kin roles of both sexes, or for underlining that both sexes are included in a group: **geedzoj** (*spouses*), **gefratoj** (*siblings*). Traditionally, therefore, **ge-** is used with plural nouns. In recent years, usage has adapted to allow for **ge-** to be used in the singular when the gender isn't known or relevant.

subskribo de gepatro	**gepatra lingvo**	**geedzo**
signature of a parent	*native tongue*	*a spouse*
Either a **patro** or a **patrino**.	In English we can say *mother tongue* but there's no reason to specify a sex in Esperanto.	Useful for non-binary people, for example, to avoid having to choose either the male or female term.

6 **Complete the gaps using the pronouns or nouns that the person described would use. The English sentence would be:** *Have you seen Annie recently? I'm curious about how she's doing. I last saw her when she first met her new husband. I heard that an old friend was looking for her but I don't know whether they've finally found her.*

Ĉu vi vidis Anjon lastatempe? Mi scivolas, ĉu _____ bone fartas. Mi laste vidis _____, kiam _____ unue renkontis _____ novan _____. Mi aŭdis, ke iu malnova _____ serĉas _____, sed mi ne scias, ĉu _____ finfine trovis _____.

Example: Somebody who uses traditional Esperanto: ŝi, ŝin, ŝi, sian, edzon, amiko, ŝin, li, ŝin

a Somebody who uses **ri** when gender is unknown: _____
b Somebody who uses **ri** instead of indicating gender: _____
c A **ti-isto**, i.e. someone who uses the **ti**-correlatives: _____
d A **ge-isto** who uses **ri** when gender is unknown: _____
e An **iĉ-isto** who uses **ri** instead of indicating gender: _____
f A **ge-isto** who is also a **ti-isto**: _____
g An **iĉ-isto** who uses **ri** when gender is unknown: _____

Listening, speaking and pronunciation

 05.03 **Esperanto does not yet have audio books to aid accessibility, but UEA does provide voice recordings of its articles so that partially sighted people aren't excluded. The following article by Renée Triolle is taken from *Juna Amiko*, the magazine of the Internacia Ligo de Esperantistaj Instruistoj, and is about Louise Weiss, who was an author, journalist, feminist, Member of the European Parliament, and also the grand-daughter of Émile Javal, an important early Esperantist. Listen to the audio version of the article and then complete the following tasks.**

1 **When referring to women, does the author use neutral forms or routinely add a feminine suffix?** _____

2 **Respondu la sekvajn demandojn surbaze de la komentoj.** (*Answer the following questions based on the comments.*)

   a En kiu situacio Louise Weiss uzis ĉapelon? (*What were the circumstances in which Louise Weiss made use of a hat?*)

      Por aspekti kiel viro, kaj tiel voĉdoni. / Por teni balotilojn. / Por kaŝi sian paroladon.

   b Laŭ onidiroj (*gossip*), Louise Weiss malakceptis proponon pri ministreco. Kial ŝi respondis tiel? (*According to gossip, Louise Weiss declined the offer of a ministership. What was the reason given for her decision?*)

      Oni ne elektis ŝin. / Ŝi deziris ĉefministran postenon. / La propono estis ŝerco.

   c Kiun rolon ricevis Louise Weiss, kiam, 86-jara, ŝi estis elektita al la Eŭropa Parlamento? (*What role was given to Louise Weiss when she was elected to the European Parliament at the age of 86?*)

      Honoran prezidantecon. / Unuan parolanton. / Himno-elektanton.

3 **Louise Weiss dum jardekoj diligente laboradis por kontribui al mondo, kiu kongruos kun ŝiaj idealoj. Se oni demandus ŝin pri tio, kian mondon ŝi deziras vidi, ŝi eble respondus: 'Virinoj havu la rajton voĉdoni. Oni ne diskriminaciu ilin tiel. Estu eble, ke ĉiu homo voĉdonu por sia preferata kandidato, kiu ajn tiu estas.'**
(*Louise Weiss worked hard for decades to contribute to a world which would match her ideals. If asked what she wanted the world to be like, she might have responded: 'Virinoj havu la rajton voĉdoni. Oni ne diskriminaciu ilin tiel. Estu eble, ke ĉiu homo voĉdonu por sia preferata kandidato, kiu ajn tiu estas.'*)

▶ **Parolu dum proksimume 30 sekundoj kvazaŭ vi estus nuntempa Louise Weiss, donante vian ideon pri ideala mondo.** (*Speak for approximately 30 seconds about what you feel as though you were a modern-day Louise Weiss, giving your view of an idealized world.*)

▶ **Uzu taŭgan pronomon por paroli ĝenerale pri homoj, refleksivon kie necese, kaj kiun ajn manieron vi preferas por paroli pri nekonato.** (*Use an appropriate pronoun to refer to people in general, the reflexive where necessary, and whichever method you prefer to refer to an unknown person.*)

▶ **Uzu la u-finaĵon por esprimi vian deziratan rezulton. La 'u' en Esperanto havas similan sonon al la 'oo' en la angla, sed prononcata kun lipoj tenataj pli rondformaj. Klopodu imiti la sonon de 'u' kiel vi aŭdis ĝin en la registraĵo.** (*Use the **u-**ending to express your desired outcome. Esperanto's 'u' is pronounced similarly to English's 'oo' but with more rounded lips. Try to match the sound of 'u' as you heard it in the audio.*)

> **CULTURE TIP**
>
> Émile Javal learned Esperanto a few years after becoming blind at the age of 62. He was a major contributor to the success of Esperanto in predominantly financing the **Esperantista Centra Oficejo** in Paris, which was the centre of Esperanto activity in the world prior to the founding of the **Universala Esperanto-Asocio** in 1908.
>
> Javal was very enthusiastic about reforming Esperanto, especially about introducing an alternative writing system to do away with Esperanto's accented letters, which he considered unnecessarily complicated for people with impaired vision. Such was his desire that, via his friend, Charles Lemaire, the principal Esperantist in Belgium, he offered Ludiviko Zamenhof 250,000 French francs, a sum so large that Zamenhof could have lived off the interest, to implement his reforms. Zamenhof politely declined. He generously attempted to use Javal's reforms in a final letter to his dying friend in January 1907.

Reading

The following article was written by Edmund Grimley Evans, a member of the Esperanto Academy, for the magazine ***Monato***. It presents the outcome of a court case brought by a person arguing that the requirement to specify one's sex on a passport application is discriminatory.

1 Ĉu la koncernato estas virseksa aŭ inseksa? (*Is the person in the article male or female?*)

Por britoj sekso restas deviga

Alta kortumo de Britio rifuzis la peton de Christie Elan Cane [kristi elán-kejn], kiu argumentis, ke la devo specifi sian sekson por ricevi pasporton estas diskriminacia kaj tiel riaj homaj rajtoj, laŭ la Eŭropa Konvencio pri Homaj Rajtoj, estas malobservataj.

La rajtoj de neduumaj homoj

Elan-Cane, kiu mem identiĝas nek kiel viro nek kiel virino kaj kies preferata pronomo en la angla estas la neologismo *per*, jam preskaŭ 30 jarojn kampanjas por la rajtoj de sekse neduumaj homoj. Ri komencis prepari la koncernan juĝaferon jam en 2013, kiam la jurfirmao Clifford Chance LLP akceptis rin kiel senpagan klienton: *pro bono*, kiel oni diras latine.

Inoj, malinoj kaj iksoj

Internacia normo eldonita de la Internacia Organizaĵo pri Civila Aviado postulas, ke pasporto havu kampon kun la etikedo 'sekso', kaj ke tiu kampo enhavu unu el la literoj F, M aŭ X, kiuj signifas respektive 'inseksa', 'virseksa' aŭ 'nespecifita'. La ĉefa motivo por la alternativo 'X' estis okazoj, en kiuj necesas urĝe doni pasporton, ne sciante la sekson de la koncerna homo, ekzemple al rifuĝanto dum krizo. Tamen deko da landoj nun proponas tiun eblon pli ĝenerale. Britio mankas en tiu ĉi listo: hodiaŭ por ricevi britan pasporton oni devas deklari sin 'F' aŭ 'M'. Laŭ Elan-Cane, tio signifas, praktike, ke ri devas mensogi.

Konsekvencoj

Kvankam la kortumo rifuzis la peton de Elan-Cane kaj ne devigis la pasport-oficejon tuj ŝanĝi sian politikon, la decido enhavas kelkajn favoraĵojn por tiuj, kiuj ne kontentas pri sia oficiale atribuita sekso. Unue, laŭ unu el la advokatoj, kiuj reprezentis Elan-Cane, la decido konfirmas, ke Artikolo 8 de la Eŭropa Konvencio pri Homaj Rajtoj aplikiĝas al sekse neduumaj homoj, kies identeco estu respektata. Due, la kortumo postulis, ke senprokraste okazu pli ĝenerala rekonsiderado de la registara politiko pri sekso kaj identeco, kaj ke Elan-Cane povu partopreni en tio. Eble okazos ankaŭ publika konsultado, en kiu ĉiuj interesatoj povos kontribui siajn opiniojn kaj argumentojn.

EXTRA VOCABULARY	
kortumo	a court
juĝi	to judge
juro	law (legal system)
leĝo	a law
kampo	field
etikedo	label
politiko	politics, policy

2 Respondu la sekvajn demandojn surbaze de la artikolo. (*Answer the following questions based on the article.*)

  a Kial, laŭ vi, la verkinto uzis la pronomon 'ri'? (*Why do you think that the author has used the pronoun 'ri'?*) La pronomoj 'li', 'ŝi' kaj 'ĝi' ne taŭgas, ĉar _____.

  b La verkinto konstruis vorton por signifi 'virseksa' uzante inan sufikson. Kiun vorton? (*The author built a word to mean 'male' using the feminine suffix* **-in-** *at one point. Which word?*) _____

  c Kion indikas 'X' en la kampo por sekso? (*What does it mean on a passport if the sex is shown as 'X'?*)
  La koncernato havas kromosomojn (X,X). / La sekso ne estas konata. / La koncernato identigas sin nek kiel viro, nek kiel virino.

d For which sort of situation might a passport issuer use 'X'? _____

e How does the author express 'non-binary person'? Building on that, how could he have amended this to use only a single word? _____, _____

Writing

Post la forpaso de Marjorie Boulton, treege admirata Esperanta poeto kaj iama kandidato por la Nobel-premio pri literaturo, la redaktoro de *La Brita Esperantisto* dediĉis al ŝi la kovrilon, ŝanĝante la titolon de la gazeto. La persona prefero de la redaktoro estis simple anstataŭigi la 't' en 'brita' per 'l' por fari subtilan, apenaŭ percepteblan ŝanĝon. Li tamen finfine aldonis la sufikson -in-, kreante titolon redaktitan malpli subtile. (*After the passing of Marjorie Boulton, a much admired Esperanto poet and sometime candidate for the Nobel Prize in Literature, the editor of* **La Brita Esperantisto** *dedicated its cover to her, altering the magazine's title. The editor's personal preference was to simply replace the 't' in 'brita' with 'l' to produce a subtle, barely perceptible change. However, in the end he added **-in-**, creating a less subtly edited title.*)

1 Imagu, ke amiko ricevinte tiun numeron de *LBE* sendis al vi retpoŝtaĵon pri la nova titolo, kaj komentis, ke li ne komprenas kial la redaktoro elektis aldoni sufikson al 'esperantisto'. En via respondo, klarigu kial, laŭ vi, la redaktoro eventuale faris tiun decidon, malgraŭ siaj personaj uzkutimoj. Uzu laŭeble la pronomojn 'oni' kaj 'si' en via respondo. (*Imagine that a friend who received this issue of **LBE** sent you an email about the new title, commenting that he didn't understand why the editor had chosen to add a suffix to 'esperantisto'. In your response, explain why, in your opinion, the editor may have made this decision despite his usual usage. Use the pronouns **oni** and **si** where you can in your response.*)

2 Kion vi farus, se vi havus la redaktoran postenon? Respondu al via amiko por klarigi viajn eventualajn decidojn en la sama situacio, uzante la **u**-finaĵon por indiki viajn deziratajn celojn: 'La titolo montru/estu...', 'La leganto komprenu...', 'Redaktoro pensu...'. (*What would you have done if you held the editorial role? Reply to your friend to explain your possible decisions in the same situation. Use the **u**-ending to express your idealized goals.*)

Go further

The blog **Egalecen**, originally labelling itself as **la unua blogo en Esperanto pri feminismo kaj GLAT-aferoj** (*the first blog in Esperanto about feminism and LGBT issues*), has expanded to present a range of articles raising awareness about inclusivity, ableism, racism, and other social issues. Andreas Mueller and Eva Fitzelová's **kern.punkto** regularly provides excellent podcasts, including episodes regarding inclusivity such as **vidhandikapo** (*visual disability*) and **genro kaj egaleco** (*gender and equality*). The content is delivered at normal conversational speed by fluent Esperanto speakers, so might prove challenging initially, but it is certainly worth accessing to get a flavour of how Esperanto sounds in a real-life setting.

You can see various reform proposals in action with Edmund Grimley Evans's *Malgranda gefrato*, an online translation of Cory Doctorow's *Little Brother*. It allows you to select which of several reform proposals you wish the text to be displayed in, or even specify your own or classical Esperanto. By default, it uses **ri** instead of **li** and **ŝi**, and words such as **patriĉo** in place of standard **patro**.

UEA provides an archive of audio articles from its magazine, *Esperanto*, online. The recordings are voiced by a variety of Esperanto speakers from around the globe, speaking in clear and measured pronunciation, making them easy to understand.

Links to the material mentioned can be found in the Bibliography for Unit 5.

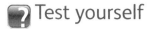

Test yourself

1 Traduku la sekvajn frazojn en la anglan, certiĝante, ke la frazoj sonas nature. Ne simple traduku 'oni' al *one*, se ekzistas pli trafa konstruo. (*Translate the following into natural-sounding English sentences. Do not simply translate* **oni** *as the pronoun 'one' if there is a better alternative construction.*)

  a Mi pardonpetas, sed oni ne rajtas fumi ĉi tie. _____

  b Tio ne estas surprizo: oni ofte plendas pri tiaĵoj. _____

  c Ĉu vi kredas, ke oni kredos min, se mi rakontos la veron? _____

  d Tiel oni esperus, mia reĝo. _____

2 Indiku kiujn el la sekvaj sufiksoj oni povas uzi kun inoj (I) kaj kiujn kun malinoj (M). (*Indicate which of the following suffixes can be used with males (M) and which with females (I).*)

	I	M		I	M		I	M
-an-			-iĉ-			-ist-		
-ĉj-			-id-			-nj-		
-estr-			-in-			-ul-		

3 Ĉiuj ses el la sekvaj frazoj rilatas al la samaj homoj. Kiuj el ili estas laŭgramatike eblaj? (*All six of the following sentences refer to the same people. Which of them are grammatically possible?*)

  a Paul McCartney verkis la plimulton de la kantoj de The Beatles kun sia amiko, John Lennon.

  b Kun sia amiko, John Lennon, Paul McCartney verkis la plimulton de la kantoj de The Beatles.

  c Paul McCartney kaj sia amiko, John Lennon, verkis la plimulton de la kantoj de The Beatles.

  d Paul McCartney kaj John Lennon verkis la plimulton de la kantoj de The Beatles.

  e Paul McCartney kun John Lennon verkis la plimulton de la kantoj de The Beatles.

  f Paul McCartney kaj lia amiko, John Lennon, verkis la plimulton de la kantoj de The Beatles.

SELF CHECK

I CAN...
... use **oni** to speak about people in general, and reciprocal forms to refer to each other.
... use the reflexive pronoun, **si.**
... identify the gender of animate nouns.
... refer to an unknown person with a variety of different approaches.

6 Ĝustavorte ĝustamomente
The right word at the right time

In this unit you will:

▸ *encounter poetic or specialist words and create standard alternatives to them.*
▸ *meet words which look and sound similar, and practise pronouncing them distinctly.*
▸ *identify several false friends.*
▸ *establish when a describing word should take the **e-** rather than **a**-ending.*

CEFR: (B2) *Can use circumlocution and paraphrase to cover gaps in vocabulary and structure; can understand articles and reports concerned with contemporary problems in which the writer adopts a particular stance or viewpoint.*

 ## Pliampleksigi la vortprovizon
Broadening the vocabulary

Esperanto has needed new words since day one. The dictionary accompanying the **Unua Libro** contained a mere 917 roots; the **Universala Vortaro** (1894) added only 1740 more. Consequently, the early Esperantists started to fill in the blanks by adding their own words in their articles, books and dictionaries, many of which persisted and became **laŭnorma** (*normative, standard*).

Zamenhof, by definition the first person to introduce **neologismoj** (*new words, usually considered to be unapproved*) into Esperanto, recognized the need for more technical language in specialist areas and detailed the approach which he advised writers to adopt: if a word already existed, then that was the one to use; if it could be relayed by a **kunmetaĵo** (*word formed from existing elements*), then the writer should do that; and if this approach didn't work, then an existing international word, ideally from French, the prestige language for international communication at the time, should be adapted.

New words have come into the language which don't follow that ordering, leading naturally to complaints that Esperanto is being **malsimpligata** (*unsimplified*), that wording which is easily comprehensible to Europeans has been introduced at the expense of accessibility to Esperantists from elsewhere. Speakers of English, French, German, Swedish, Italian, Albanian, Basque, Croatian, Greek and many other European languages would have no problem recognizing **hemisfero** when meeting it for the first time. But to speakers of Chinese, Arabic, Japanese and thousands of other languages, the word is unrecognizable, a totally new one to learn. Proponents of **bonlingvismo** (*'Good Language-ism'*) argue that Esperanto is already 'good enough', that the meaning could be instantly recognizable to all speakers simply by using existing Esperanto words to create **duonglobo**, the literal meaning of *hemisphere* in Ancient Greek.

Not everybody agrees, considering the attempts of **bonlingvistoj** to preserve the simplicity of Esperanto by recommending alternatives to introduced words as removing precision and expression from the language. Some even label themselves jokingly as **mavlingvistoj**, using a barely used **neologismo**, **mava** (*bad*).

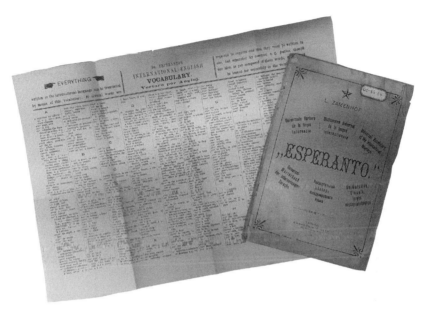

The wordlist accompanying the **Unua Libro** and the **Universala Vortaro**.

 1 If Zamenhof were alive today, how might his advice about choosing which international word to import be different? **2** How would you say **mava** in standard Esperanto?

Vocabulary builder

 06.01 **Legu la vortliston kaj klopodu aldoni la mankantajn anglajn tradukojn. Poste, aŭskultu la registraĵon, kaj provu imiti la prononcon de la parolanto.** (*Read the vocabulary and try to complete the missing English translations. Then listen to the audio and try to imitate the pronunciation of the speaker.*)

FALSAJ AMIKOJ KAJ SIMILSONAJ VORTOJ	*FALSE FRIENDS AND SOUND-ALIKES*
morti, mordi, murdi	*to die, to bite, to murder*
mortinta, mordita, murdita	*dead, bitten, murdered*
doktoro (not kuracisto)	*person with the academic title '_____'*
dogo	*mastiff (not **hundo** 'a dog')*
vento, ventro	*wind, belly/stomach*
serĉi, ŝerci	*to look for, to joke*
komika, komikso, komikisto	*funny, a comic (book), a comedian*

POEZIAJ AŬ FAKAJ ALTERNATIVOJ	POETIC OR SPECIALIST ALTERNATIVES
bestio	*a wild animal*
nelge	(abbr. of **antaŭ nelonge**)
liva	*left*
povra	*poor*
aperta	*open*
lontana, dista	*far away*
dirta	*unclean*
abdomeno	_____
tarda	*late*
lanta	*slow*
poka	*few*

Conversation

06.02 *En la oficejo, Sara atendas Ilkan kaj Ĝordi, du vizitantajn volontulojn. Ili ambaŭ malfruas, kiam Ilka telefonas al Sara kun novaĵo.* (*Sara is in the office waiting for Ilka and Ĝordi, two visiting volunteers, to arrive. They are both late for work, when Ilka phones Sara with some news.*)

1 **Legu la subajn demandojn. Poste, aŭskultu la konversacion, kaj klopodu respondi la demandojn.** (*Read the questions below. Then read and listen to the conversation, and try to answer the questions.*)

   a Kiel reagas Sara al la novaĵo de Ilka? (*How does Sara react to Ilka's news?*)

   b Kies Esperanto estas malfacile komprenebla? (*Whose Esperanto is difficult to understand?*)

Ilka	Saluton, Sara, parolas Ilka. Ni ne venos al la oficejo hodiaŭ. Mi havas malbonan novaĵon: Ĝordi estis murdita antaŭ nelonge.
Sara	Kion vi diris, Ilka? Mi ne bone aŭdis. Vi ne diris, ke Ĝordi estas 'mortinta', ĉu ne? Ilka?!
Ilka	Ne, mi diris 'murdita'. Ĝordi estis murdita. Tio okazis ĉi-matene.
Sara	Ne, tio estas ne imagebla! Kio okazis? Kiel povus esti, ke iu murdis Ĝordi?! Kaj nun li estas mortinta! Nekredeble! Tute ne imageble! Kompatinda Ĝordi!
Ilka	Ne, ne 'mortinta', Sara, ne maltrankviliĝu! La dogo ne estis tre granda, kaj ĝi murdis lin je nur la fingro. Ni telefonis al la doktoro, sed estis tro frue, do ni devis iri al la malsanulejo.
Sara	Atendu, Ilka: temas pri *hundo*, kiu *mordis* lin, ĉu ne? Neniu *murdis* lin, do. Ĉu finfine li bone fartas?
Ilka	Krom la fingro, jes, komprenible. Li staras apud mi nun, fakte. Jen li.
Ĝordi	Saluton, Sara! Kiel informis vin Ilka, bestio nelge mordis la mikrofingron de mia liva mano. Nekredebla afero, ĉu ne? Povra mi! Ni klopodis kontakti la kuraciston, sed la kuracistejo ankoraŭ ne estis aperta, tial ni devis veturi al la lontana hospitalo.

Sara	Sed krom la *eta* fingro de via *maldekstra* mano, ĉio estas en ordo, ĉu ne?
Ilka	Nu, ni estas iom longe for
Ĝordi	la hospitalo estas dista ... kaj dirta
Ilka	kaj Ĝordi diras, ke lin doloras la vento
Ĝordi	la abdomeno
Sara	la *ventro*! Nu, ĉu finfine vi venos al la oficejo, vi du?
Ilka	Mi pardonpetas, Sara. Eble ne estas amuze fari tiel. Ni nur serĉas.
Sara	Vi nur serĉus kion?
Ilka	Pardonu: ŝercas. Ni ŝercas. Kiel komiksoj. Ni ja estas survoje, sed bedaŭrinde venos malfrue.
Sara	Vi pravas, ke ŝerci tiel ne estas amuze. Do, kial en la vero, senŝerce *komikistoj*, vi ne sukcesis alveni ĝustatempe?
Ilka	Ĉar ne alvenis la aŭtobuso
Ĝordi	kaj piediri al la oficejo estas ekstreme lante. Tial ni venas tarde.
Ilka	Sed ni estas nun treege proksimaj al la oficejo
Ĝordi	kaj vidos vin post pokaj pliaj sekundoj!

> **LANGUAGE TIP**
>
> Note that even though **morti** is *to die* and **morto** is *death*, the word for *dead* isn't usually considered to be **morta** (*mortal*) but **mortinta**. The same logic is true with **viva** (*live*, such as a broadcast) and **vivanta** (*living, alive*). You will meet these forms, called participles, in Unit 9.

2 **Nun legu la konversacion, kaj respondu al la demandoj en Esperanto.** (*Now read the conversation and answer the questions in Esperanto.*)

    a Kiu el la volontuloj estas relative sperta kaj uzas poezian lingvaĵon en ĉiutaga parolado? Kiu estas malpli sperta kaj de tempo al tempo fuŝas siajn vortojn pro la simileco kun aliaj? (*Which of the volunteers is relatively experienced and uses poetic language in everyday speech? Which is less experienced and every now and again gets the wrong word because of the similarity to others?*) _____, _____

    b 1 Sara unue kredis, ke okazis kio al Ĝordi? (*What does Sara initially think has happened to Ĝordi?*)

        Atakis lin hundo. / Atakis lin ĝismorte iu alia. / Mordis lin alia homo.

      2 Kial ŝi kredas tion? (*Why does she think that?*)

        Ĉar Ilka mensogis. / Ĉar Ilka misprononcis. / Ĉar la vorto, kiun uzis Ilka, havas du signifojn, kaj Sara miskomprenis.

    c Laŭ la rakonto, kio okazis al Ĝordi? (*According to the story, what happened to Ĝordi?*)

_____

    d Kia estas la malsanulejo, laŭ Ĝordi? Klarigu en ĉiutaga Esperanto. (*Explain in everyday Esperanto what the hospital is like, according to Ĝordi.*) Ĝordi plendas, ke

_____

3 Kiujn vortojn Ĝordi povus uzi por diri en pli komprenebla Esperanto la sekvajn?

(Which words could Ĝordi have used to more accessibly say the following?)

Ekzemple: bestio <u>sovaĝbesto, sovaĝa besto</u>

a liva ___ _____

b tarda _____

c poka _____

d aperta _____

e lontana _____

f lanta _____

g nelge _____

h povra _____

4 06.03 **Listen to the lines from the conversation again, this time with Ĝordi's sentences simplified. Repeat them out loud, taking note of the vocabulary changes.**

5 06.04 **Now listen to the conversation again, saying Ĝordi's modified lines out loud.**

Language discovery

1 Using the conversation for reference, answer the following questions.

a The following words have either been imported into Esperanto, or have been built using existing elements. Mark the imports with 'I' and the built ones with 'B'.

fingro [ ], novaĵo [ ], nekredeble [ ], kompatinda [ ], hundo [ ], doktoro [ ], kuracisto [ ], povra [ ], klopodi [ ], abdomeno [ ], pardonpeti [ ], sukcesi [ ], ĝustatempe [ ], piediri [ ], ekstreme [ ]

b Ilka got several words wrong because of a similarity to a word she intended to say. List the words she got wrong, and show what she should have said instead.

_____ /_____, _____ /_____, _____ /_____,

_____ /_____, _____ /_____

c Ilka used some incorrect words because she was influenced by English. List these false friends, and show what she should have said.

_____ /_____, _____ /_____

d Add the appropriate grammatical endings to the following sentences.

1 La rakonto estas nekredebl__.

2 Ŝerci pri tiaĵoj ne estas amuz__.

3 Estas neimagebl__, ke tio okazis.

4 Rakonti tiel estas malamuz__ ago.

5 Telefoni al la kuracisto estis la unu__ reago; iri al la malsanulejo estis la du__.

1 APPROACHES TO NEW VOCABULARY: IMPORTING VS BUILDING

There are two approaches by which new vocabulary is added to Esperanto. One is to introduce a new word, usually by taking a word from another language and adding Esperanto's grammatical endings. The other is to build a word through a process called 'agglutination', using existing elements as building blocks.

hospitalo

a hospital
> Created from an international word.

malsanulejo

a hospital
> Built from existing elements.

> **LANGUAGE TIP**
> Some people, particularly those who advocate constructing over importing, sometimes claim that the original word was **malsanulejo** and that **hospitalo** was added much later. It is true that **malsanulejo** appeared first, in 1888's ***Dua Libro***, but **hospitalo** wasn't far behind, introduced alongside **malsanulejo** by Zamenhof in 1889's *Russian–Esperanto Dictionary*.

Neither approach is without flaws. There is no such thing as a truly international word beyond brand names, and so what might be instantly recognizable to speakers of certain languages will be impenetrable to others.

haŝio

a chopstick
> Created from Japanese, unrecognizable to speakers of other languages.

manĝbastoneto

a chopstick
> Built from existing elements, immediately comprehensible.

On the other hand, building words from elements or extending the meaning of existing words may lack appropriate precision, particularly in specialized contexts such as engineering, medicine, and law.

UMEA
@UMEAeo

Replying to @liberafolio

Ĉar oni uzas "enteroviruso" kaj "rinoviruso" kaj ne "intestoviruso" aŭ "nazoviruso", la #Esperanto-traduko devas konsekvence esti "KORONAVIRUSO", ne "kronoviruso" aŭ "kronaviruso". Opinio de @UMEAeo.

9:54 AM · Jan 29, 2020 · Twitter for iPhone

1 Retweet   5 Likes

The **Universala Medicina Esperanto-Asocio** issues advice to use an international word for *coronavirus* rather than a **kunmetaĵo**, following the approach used with other viruses.

The most common way of building new words is to use the potent **mal-** prefix to create logical opposites. Many standard Esperanto words are **mal**-words, such that most Esperanto speakers have never heard the alternative ones, shown in the third column:

malferma	*open*	**aperta**
maldekstra	*left*	**liva**
maljuna	*old*	**olda**
malfrua	*late*	**tarda**
malproksima	*far*	**lontana, dista**

mallonga, malalta	*short*	kurta
maldiligenta, mallaborema	*lazy*	pigra
malmultekosta	*cheap*	ĉipa
malliberejo	*prison, jail*	prizono
malbelega	*hideous*	hida

2 **Use mal- and standard Esperanto words or elements to replace the words with the asterisks whilst still keeping the sense. The translation to aim for is shown in parentheses.**

   a Ne estus *mave _____ prokrasti la feriojn ĝis la venonta jaro, kiam ni havos pli da mono. (*bad*)

   b Mi vidas lin *rare _____, sed revidi lin ĉiam estas plaĉe. (*rarely*)

   c Ŝi estis tiel soifa, ke ŝi *vakigis _____ la tutan botelon senpaŭze. (*emptied*)

   d Mi ne scias kial, sed li tutkore *hatas _____ min. (*hates*)

   e Estas nekredeble, ke vi *prohibas _____ al mi fari tion! (*forbid*)

   f Mi havas la elekton aŭ esti *minca _____ aŭ manĝi ĉokoladaĵojn: la ĉokoladaĵoj venkas ĉiufoje. (*thin, slim*)

(All of the asterisked words are found in **Plena Ilustrita Vortaro** but are rarely used. The **mal**-forms are much more common and are the ones you should use in everyday conversation.)

> **LANGUAGE TIP**
>
> The aim of Esperanto is to communicate. Use vocabulary appropriate to the situation. Poetic and technical vocabulary has its place, but using it in everyday conversation in place of standard vocabulary could stifle comprehension. Everybody knows standard Esperanto; you can't always be sure that the person you're speaking with will understand deviations from it.

2 LOOK- AND SOUND-ALIKES

It is easy to fall under the impression that Esperanto words have only one single, distinct meaning because during your studying you will encounter situations where you have to learn separate translations to correspond to a single English word. These words are 'homonyms' in English but not in Esperanto.

merkato

bazaro

Both of these meanings are conveyed by *market* in English, making them homonyms.

These differences may take the subtle form of a single distinguishing letter, creating 'paronyms'.

pesi

pezi

Both of these meanings are conveyed by *to weigh* in English. *To weigh* is a homonym in English. In Esperanto, **pesi** and **pezi** are paronyms.

Contrary to initial impressions, it is not the case that Esperanto words necessarily have a single, distinct meaning. Sometimes words, particularly under the influence of national languages, convey more than one idea.

Ne zorgu, li atendos vin!

Don't worry, he'll wait for you!
   zorgi used as *to worry*, similar to **maltrankviliĝi**.

Li bone zorgas pri la infano.

He takes good care of the child.
   zorgi used as *to care for*.

Mi vere sentis vian mankon, kara!

I really missed you, dear!
   kara used as *dear*, a form of affection, which can also be used for politeness: **Kara sinjoro!** (*Dear sir!*)

La aŭto estas tro kara por mi.

The car is too expensive for me.
   kara used as *dear, expensive*, similar to **multekosta**.

Building a word from different Esperanto elements may occasionally result in a creation which has the same form as an existing word but context will usually provide clarity.

legenda	**leg/end/a**	**senegala**	**sen/egala**
legendary	*which must be read*	*Senegalese*	*unparalleled*

Owing to its phonemic alphabet, Esperanto doesn't have 'heterographs', such as English's *there*, *their* and *they're*. Speakers of British English can often struggle to differentiate pairs such as the following, however:

melo, mejlo	**kato, karto**
badger, mile	*cat, card*

🎧 **06.05 Listen to the recording to make sure that you can hear the correct pronunciation, and then repeat it. Make sure that each word in the pair is pronounced distinctly.**

3 The following sentences when translated into English use homonyms. However, in Esperanto they require distinct words for the different meanings which English relays with a single word. Using the English word in brackets to guide you, identify which word of the relevant pair of Esperanto words goes where. If you only know one of the words in the pair, use a process of elimination to guide you.

Example:

(mensog-, kuŝ-)

Li _____is, kiam li diris, ke li _____is en la lito la tutan tagon, ĉar mi vidis lin en la drinkejo! (*to lie*) → Li mensogis, kiam li diris, ke li kuŝis en la lito la tutan tagon, ĉar mi vidis lin en la drinkejo! (Both **mensogi** and **kuŝi** are translations of different meanings of *to lie*.)

(sekund-, du-) (leter-, liter-) (farb-, pentr- [kiel van Gogh]) (rajt-, dekstr-) (vitr-, glas-)

(fut-, pied-) (sci-, kon-) (mort-, ĵetkub-)

a Mi _____as, ke vi ne _____as min tre bone, sed vi povas fidi min. (*know*)

b Mi ŝatas _____i kaj ofte pasigas la tutan tagon tiel, ĝis ne plu restas _____o. (*paint*)

c Estas pli facile rompi _____on el _____o ol el plasto. (*glass*)

d Ĉu li vivos aŭ _____os, tio dependas de la _____o, sinjoro! (*die*)

e Ŝi ne ricevis la _____on, ĉar la adreso estis skribita per rusaj _____oj. (*letter*)

f Vi havas la _____on elekti laŭ via prefero el la ceteraj, sed mi volas la _____an. (*right*)

g La _____a vetkuranto finis nur tri _____ojn post la unua. (*second*)

h Liaj _____oj estas nekredeble longaj: ili mezuras unu _____on! (*foot*)

3 FALSE FRIENDS

Some words in Esperanto look as though they are English words with grammatical endings added to them. Unfortunately, you will sometimes be led astray, since the meanings can be very different from those you might expect. This happens in several common words which you would expect to use as a fluent speaker.

akurata	**aktuala**	**demandi**	**eventuale**	**kontroli**
punctual	*current*	*to ask*	*if the occasion arises*	*to check*

It is very important to learn words in context and not assume that a word has a certain meaning just because it looks like an English word. Esperanto is very accessible to English speakers, particularly those who also know a Romance language, but quite often the English word will have diverged from the meaning it originally shared with French and other languages.

4 The following words are false friends. The description beside each one tells you what they *don't* mean. Having eliminated the inaccurate meaning, match the Esperanto words (a–o) with the correct English translation (1–15).

a imago (*an image* = **bildo**)
b teroro (*fear* = **teruro**)
c kontroli (*to control* = **regi, direkti**)
d mendi (*to mend* = **ripari**)
e demandi (*to demand* = **postuli**)
f afero (*an affair* = **amafero**)
g gesto (*a guest* = **gasto**)
h parencoj (*parents* = **gepatroj**)
i foresto (*a forest* = **arbaro**)
j pundo (*454gr.* = **funto**)
k atendi (*to look after* = **prizorgi**, *to be present* = **ĉeesti**)
l malo (*a male* = **viro**)
m kurioza (*wanting to know* = **scivola**)
n larĝa (*big* = **granda**)
o adulto (*a grown-up* = **plenkreskulo**)

1 to ask
2 relatives
3 to check, supervise, examine
4 the currency of the UK
5 wide
6 absence
7 to place an order
8 a matter, thing
9 odd, interesting
10 a gesture
11 to wait for, expect
12 adultery
13 political violence
14 an opposite
15 Imagination

4 ADJECTIVES AND ADVERBS

You will know from your previous learning that nouns in Esperanto are described by adjectives: words ending in **-o** are described by words ending in **-a**. The adjectives are usually placed in front of the noun they are describing, although it is permissible to place them afterwards. If the noun is plural, then so is the adjective; as with number, so too is case consistent between the noun and the adjective describing it.

bela kato
a beautiful cat

muzikon elstaran
outstanding music

ĝuindaj koncertoj
enjoyable concerts

Adjectives can also be used predicatively with linking verbs such as **esti** (*to be*), **fariĝi** (*to become*), **resti** (*to stay, to remain*) to describe the subject: **la manĝaĵoj estis bongustaj** (*the meals were tasty*). The same applies when there are noun-like words which don't necessarily have the **o**-ending but do behave as or similar to nouns, such as pronouns, names, and some adverbs.

Mi estas <u>laca</u>. **Pebbles estas ĉiam <u>malsata</u>.** **Tiuj estas <u>mirindaj</u>.** **Ambaŭ venis <u>solaj</u>.**

I am <u>tired</u>.　　*Pebbles is always <u>hungry</u>.*　　*Those are <u>amazing</u>.*　　*Both came <u>alone</u>.*

　pronoun　　　　　name　　　　　　　　　　demonstrative　　　　　pronoun

Adjectives themselves can be described, usually with an adverb marked with an **e**-ending, or some other adverbial word. Likewise, so can adverbs be modified.

<u>nekredeble</u> feliĉa infano　　**<u>tre</u> bonvena saluto**　　**Vi lernas <u>vere</u> rapide.**

an <u>unbelievably</u> happy child　　*a <u>very</u> welcome greeting*　　*You learn <u>really</u> quickly.*

When is an adjective not an adjective? When it's an adverb.

The distinction between adjectives and adverbs mirrors English in the previous section but the usages do not always correspond. There are instances in Esperanto in which the describing word takes the **e**-ending even though English uses an adjective.

Esperanto can have subjectless sentences, in which case the **e**-ending is used. It can be modified by another **e**-word, just as English modifies its adjectives with adverbs

Estas <u>malvarme</u>.　　**Estus tute <u>agrable</u>, se vi akceptus.**　　**<u>Bonege</u>! Ege <u>bone</u>!**

It's cold.　　*It would be really nice if you accepted.*　　*Great!*

The presence or absence of a subject directly affects whether the description has an **a**- or an **e**-ending, even though the sense is effectively the same and English doesn't make a distinction: **Mirind<u>e</u>!** (*Amazing!*) **Tio estas mirind<u>a</u>!** (*That's amazing!*)

The infinitive, with its characteristic **i**-ending, can act as a subject in Esperanto. Unlike with other subjects, a word describing it will take the **e**-ending rather than the **a**-ending. Note that if a noun is present alongside the description, then that will be described rather than the subject.

<u>Resti</u> kun leonoj estas danĝer<u>e</u>.　　**Resti kun leonoj estas danĝer<u>a</u> ŝatokupo.**

Staying with lions is dangerous.　　*Staying with lions is a dangerous pastime.*

　danĝere describes **resti**.　　　　**danĝera** describes **ŝatokupo**.

In some instances, you have freedom to choose between **a**- and **e**-endings depending on what you are trying to convey.

Via nova ringo aspektas beleg<u>a</u>!　　**Via nova ringo aspektas bel<u>e</u>!**

Your new ring looks beautiful!　　*Your new ring looks beautiful!*

　Describes the ring itself, underlining that it is beautiful.　　Describes the general look.

Mi unu<u>a</u> aĉetis tiun ĉi libron.　　**Mi unu<u>e</u> aĉetis tiun ĉi libron.**

I was the first to buy this book.　　*I first bought this book (and then ...).*

　Describes **mi**.　　　　Describes the activity.

Ultimately, which ending to use is determined by the grammatical role of what is being described in Esperanto. The **a**-ending describes a noun or a pronoun, which usually must be explicitly stated although might be implied: **(Vi) estu bona, aŭ mi ne aĉetos la ruĝan (x)!** (*(You) be good or I won't buy you the red one!*) If there isn't one of those being described, then the **e**-ending is required.

5 Add the appropriate endings in the gaps.

Ronaldo, estas bel__ revidi vin! Estas apenaŭ kredind__, ke ni ne vidis nin dum dek jaroj! Ĉu vi vojaĝis sol__? Ho, evident__ ne, venas aliaj! Ĉu tiu estas via edzino? Ho, ŝi aspektas ĉarm__! Kaj viaj infanoj ŝajnas al mi tre diligent__, ja bonkondut__ junuloj. Mirind__ ! Nu, ne restu malvarm__ ekstere; vi ĉiuj estas bonven__ en nia hejmo. Atendi ekster la pordo ne estus akceptebl__, ĉu ne?

Listening

Eble la plej grandioza oratoro en la historio de Esperanto estis Ivo Lapenna, konstruinto de reinventita UEA dum la du jardekoj dum kiuj li estis ĝia sekretario kaj, poste, prezidanto. (*Perhaps the greatest orator in the history of Esperanto was Ivo Lapenna, the architect of a reinvented Universala Esperanto-Asocio during the two decades he served as its secretary and, afterwards, president.*)

06.06 **Aŭskultu la registraĵon de mallongigita eltiraĵo el lia libro *Retoriko*, en kiu li prezentas plurajn parolteĥnikojn. La nomojn oni ne trovas en la vortprovizo de malfakuloj, tial li priskribas ilin en pli komprenebla Esperanto, prezentante ekzemplajn frazojn.** (*Listen to the recording of an abridged extract from his book **Retoriko** (Rhetoric), in which he presents several speaking techniques. Their names are not found in non-specialists' vocabulary so he describes them in more accessible Esperanto, presenting example sentences.*)

> **EXTRA VOCABULARY**
>
> **pasio** — *passion*
> **patoso** — *pathos*

1 **Laŭ Ivo Lapenna, kia parolmaniero indikas malbonan parolanton?** (*What type of speech does Ivo Lapenna indicate marks a bad speaker?*)

2 **En la stilo 'anaforo', kie en la frazo unue troviĝas la ripetata vorto?** (*Where in a sentence does the repeated word first appear in the style 'anaforo'?*)

3 **Surbaze de la priskriboj kaj ekzemploj en la eltiraĵo, parigu la sekvajn frazojn kun la teĥnika nomo priskribanta ĝian strukturon.** (*Match the following sentences with the technical name describing its structure, based on the descriptions and examples from the extract.*)

opozicio	ripeto (anaforo)	eŭfemismo	hiperbato	hiperbolo	litoto

a Nu, mi ne neas, ke mia filĉjo 'prenis' vian monon, sed li redonis ĝin poste, ĉu ne? _____

b Mi devis labori dum la tuta nokto kaj poste iri al la laborejo, do vespere mi estis iomete dormema. _____

c Neniu kuraĝis paroli. Regis en la ĉambro silento nekredeble laŭta. _____

d Milfoje hodiaŭ mi jam diris al vi, ke vi ne troigu! _____

e Malagrablaj mi opinias legomojn, panjo; malagrablaj mi ĉiam opiniis ilin, kaj malagrablaj ilin mi ĉiam opinios! Mi neniam manĝos legomojn! _____

f Nun de loko flugu ĝi al loko! (*A line from the Esperanto anthem,* **La Espero**.) _____

4 **Unu el viaj Esperanto-amikoj rakontas al vi, ke kolego ŝia demandis ŝin, kiel oni enkondukas novajn vortojn en la Esperantan vortprovizon, kaj ke ŝi ne sciis la respondon. Uzante la sciojn rikoltitajn en tiu ĉi ĉapitro, klarigu la du manierojn (neologismoj, kunmetado).** (*One of your Esperanto friends tells you that a colleague of hers asked about how new words come into Esperanto, and she didn't know the answer. Using the knowledge gained from this unit, explain the two approaches (**neologismoj**, **kunmetado**).*)

▶ Prezentu avantaĝojn kaj malavantaĝojn de ĉiu maniero, uzante ekzemplajn vortojn. (*Give pros and cons of each approach, using some example words.*)

▶ Klarigu, ke ne estas tute necese scii ĉiun vorton, kaj ke ekzistas manieroj por provizore solvi la problemon de nesciata aŭ forgesata vorto. Uzu mem tiujn teĥnikojn en via respondo. (*Explain that it is not crucial to know every single word, and that there are ways to work around the problem of not knowing or forgetting a word. Use circumlocutions yourself in your response.*)

5 **La sekvaj grupoj da vortoj aspektas aŭ sonas simile. Laŭtlegu ilin, atentante pri la ĝusta prononco, kaj ke la vokaloj estas klaraj kaj precizaj. Certiĝu, ke via nacia lingvo ne igos vin perdi la distingon inter la paroj s-z kaj d-t, kaj prononcu duoblajn vokalojn kiel du disigitajn.** (*The following groups are words which look or sound very similar. Read them aloud, taking care to pronounce them accurately, making sure that the vowels are clear and precise. Be careful not to let other languages you know cause you to lose the distinction between 's' and 'z', and 'd' and 't', and pronounce doubled vowels as two separate ones rather than a lengthier single vowel.*)

bluso	**bluzo**	**etikedo**	**etiketo**	**generalo**	**ĝenerale**
(blues)	(a blouse)	(a label)	(etiquette)	(a general)	(generally)

germana	**ĝermana**	**humoro**	**humuro**	**humero**	**ĥolero**	**kolero**
(German)	(Germanic)	(mood)	(humour)	(humerus)	(cholera)	(anger)

intenca	**intensa**	**juro**	**ĵuro**	**ĵurio**	**kato**	**karto**
(intentional)	(intense)	(law)	(an oath)	(a jury)	(a cat)	(a card)

konduki	**kondukti**	**konduti**	**letero**	**litero**	**litro**
(to lead)	(to conduct)	(to behave)	(a letter)	(a letter [a,b,c])	(a litre)

mejlo	**melo**	**metro**	**metroo**	**mielo**	**mjelo**
(a mile)	(a badger)	(a metre)	(underground, subway)	(honey)	(spinal cord)

mordi	**morti**	**murdi**	**oro**	**horo**	**ĥoro**	**koro**
(to bite)	(to die)	(to murder)	(gold)	(an hour)	(a choir)	(a heart)

palpo	**polpo**	**pulpo**	**polo**	**poloo**	**serĉi**	**ŝerci**
(a feel, grope)	(an octopus)	(pulp)	(a Pole)	(polo)	(to look for)	(to joke)

ŝarĝi	**ŝargi**	**tablo**	**tabelo**	**tabulo**	**turdo**	**turto**
(to load: the first is like burden, the second is a gun, a camera)		(a table: the first is furniture, the second is a grid, the third is a board)			(a thrush)	(a turtle-dove)

🎧 **6** 06.07 **Aŭskultu la registraĵon kaj komparu ĝin kun via propra prononcado.** (Listen to the recording and compare it with your own pronunciation.)

Reading

Anna Löwenstein estis elektita 'Esperantisto de la Jaro' por 2019 pro sia elstara laboro kreante kaj administrante **uea.facila.org**, retejon ĉe kiu oni regule afiŝas artikolojn en 'facila Esperanto' por novaj lernantoj. Ŝi ne estas nove veninta al la ideo, ke Esperanto restu simpla, kaj en 2009 ŝi prezentis siajn pensojn en *Esperanto*, la monata revuo de UEA, en artikolo kun la titolo '*Poetoj detruas nian lingvon*'.

*(Anna Löwenstein was elected the **Esperantisto de la Jaro** for 2019 because of her outstanding work creating and running **uea.facila.org**, a site regularly posting articles in 'facila Esperanto' for new learners. She is no newcomer to the idea of wanting to keep everyday Esperanto uncomplicated, and in 2009 presented her thoughts in **Esperanto**, the Universala Esperanto-Asocio's monthly magazine, in a lead article titled '**Poetoj detruas nian lingvon**' ('Poets are destroying our language').)*

1 **Legante la teskton, notu la diversajn kialojn prezentitajn de la verkinto, kiuj klarigas kial, laŭ ŝi, poetoj emas krei novajn vortojn anstataŭ uzi lingvaĵon pli simplan.** *(While reading, make a note of the various reasons that the author gives explaining the motivation of poets in creating new words instead of using simpler language.)*

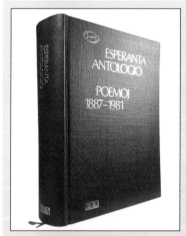

POETOJ DETRUAS NIAN LINGVON

Se oni protestas kontraŭ la uzo de tiaj vortoj, literaturistoj klarigas, ke ili nepre bezonas 'literaturan lingvon'. Kial? Kial ili ne povas esprimi siajn pensojn kaj emociojn per la normala vortprovizo, kiun uzas ĉiuj? Kial laŭ ili la vorto *trista* tuŝas la koron pli ol la vortoj *senĝoja* aŭ *kordolora*? Kial *lazura* estas pli poezia ol *ĉielblua*?

Poetoj asertas, ke la mal-vortoj estas maloportune longaj, kaj tial ili bezonas pli mallongajn alternativojn. Vorto kiel *malmultekosta* ja estas longa – sed ĝi ne enhavas pli da silaboj ol la samsenca itala vorto *economico*. Sed neniu itala poeto, laŭ mia scio, iam plendis, ke tiu vorto estas tro longa. Do, kion faras la italaj poetoj? Ili faras tion, kion poetoj ĉiam faras: streĉas sian cerbon kaj elpensas trafan esprimon interne de la rimedoj, kiujn la lingvo jam proponas al ili. Tio estas la tasko de poeto. En Esperanto, ekzemple, oni povus anstataŭigi la vorton per pluraj alternativoj: *bonpreza, senvalora, malluksa*.

Se la literatura vortprovizo restus nur en la poezio, mi ne sentus la bezonon verki ĉi tiun artikolon. Sed dum la lastaj dudek jaroj tiuj literaturaj vortoj ĉiam pli emas migri en la normalan lingvouzon; tial en ordinara babilado oni nuntempe ofte aŭdas la vortojn *kurta, povra, uvo* ktp. Verŝajne la uzantoj eĉ ne konscias, ke tiuj vortoj estas iamaj inventaĵoj de poetoj, kiuj deziris distingi sian lingvouzon de tiu de la ĉiutaga vivo. Farante tion, la verkistoj grave malutilis al Esperanto, kies vortprovizo tiom kreskegas, ke la Esperanta vorturo iom post iom minacas fariĝi same ampleksa kiel tiu de la angla. Kaj cetere, kion faros nun la literaturistoj, kies vortelekto perdis sian elitan karakteron kaj fariĝas tiu de la ĉiutaga parolado? Ĉu ili kreos novan vortostokon por plumontri sian superecon al la ordinaraj parolantoj?

La ĉarmo de literatura stilo dependas de la trafeco de la elektitaj vortoj, de ilia kapablo precize sed samtempe elegante transdoni al la menso de la leganto la esprimatan ideon. Bona literaturo konsistas precipe el la enhavo. Se oni dependas ĉefe de belsonaj vortoj por doni poezian nuancon al teksto, oni kreas nur dekoraciitan ŝelon: malplenan konstruaĵon kun nenio interne.

EXTRA VOCABULARY	
maloportuna	*inconvenient*
streĉi sian cerbon	*to exercise one's brain*
rimedoj	*means, resource*
migri	*to migrate*
menso	*mind*
povra	*poor (**kompatinda, malriĉa**)*
uvo	*grape (**vinbero**)*

2 **La verkinto uzas kiel ekzemplon nacilingvajn poetojn por kontraŭi argumenton, kiun ŝi aŭdis de Esperantaj poetoj. Kiun pravigon, laŭ ŝi, argumentas poetoj, kaj kiun solvon ŝi proponas?** (*The author uses national poets to counter an argument which she has heard from Esperanto poets. What is the justification she claims that poets make, and what solution to it does she propose?*)

3 **Kion vi opinias pri la alternativoj proponitaj de la verkinto al 'malmultekosta'? Laŭ vi, ĉu ili taŭge esprimas la signifon?** (*What do you think of the author's proposed alternatives to 'malmultekosta'? Do they adequately convey the meaning in your opinion?*)

4 **Iam la verkinto indikas, ke ne ĝenas ŝin tio, ke poetoj uzas novajn vortojn en siaj poemoj. Pro kio, do, ŝi verkis la artikolon?** (*At one point the author indicates that she doesn't mind poets using these new words in their poems. What, then, is the issue that caused her to write this article?*)

Writing

1 **La artikolo '*Poetoj detruas nian lingvon*' provokis plurajn reagojn en sekva numero de *Esperanto*, inkluzive en artikolo '*Poetoj konstruas nian lingvon*' de István Ertl, eksa redaktoro de *Esperanto* kaj unu el la plej erudiciaj esperantistoj.** (*The article 'Poetoj detruas nian lingvon' provoked several reactions in a following issue of **Esperanto**, including an article 'Poetoj konstruas nian lingvon' by István Ertl, a former editor of **Esperanto** and one of the most erudite Esperantists. Write your own response to the article by Anna Löwenstein.*)

- ▶ Faru distingon inter faktoj kaj opinioj en ŝia artikolo. Ekzemple: 'Ŝi pravas pri tio, ke ...'; 'Ankaŭ mi opinias, ke ...' (*Distinguish between facts and opinions in her article. For example: 'Ŝi pravas pri tio, ke ...'; 'Ankaŭ mi opinias, ke ...'*)

- ▶ Komparu kaj kontrastigu la taŭgecon de ŝiaj proponoj. (*Compare and contrast the appropriateness of her proposals.*)

- ▶ Indiku tiujn asertojn, kun kiuj vi konsentis kaj malkonsentis, kaj faru vian propran konkludon pri la pretendo, ke poetoj malutilas al Esperanto. (*Say what you agreed and disagreed with, and state your own conclusion about her claim that poets are causing harm to Esperanto.*)

- ▶ Uzu sensubjektajn frazojn kaj infinitivojn kiel subjektojn. (*Use subjectless sentences and infinitives as subjects.*)

- ▶ Por pli impona efiko, uzu kelkajn el la teĥnikoj prezentitaj de Ivo Lapenna. (*For added impact, use some of the techniques presented by Ivo Lapenna.*)

Go further

The full version of '**Poetoj detruas nian lingvon**' is available online, as are the rebuttal '**Poetoj konstruas nian lingvon**' and the letters in response to the original article. '**Vortotrezoro trovita en la malantaŭo de aŭto**', a highly readable interview with Anna Löwenstein on **Libera Folio** about her collection of synonyms, collated over the course of 25 years, makes it clear that consciously avoiding poetic language doesn't have to mean limiting one's range of expression: she has 27 alternatives for **malbela**, 25 of which are official words! **uea.facila**, the website created by Anna Löwenstein on behalf of the Universala Esperanto-Asocio to provide new learners with short articles in accessible Esperanto, also contains short videos, and most articles are accompanied by sound files of experienced Esperantists clearly and precisely reading the content aloud. She and her fellow **bonlingvistoj** were inspired by Claude Piron's **La bona lingvo**, published in 1989 and freely available online. Likewise, Ivo Lapenna's **Retoriko**, presenting the art of oratory in Esperanto from perhaps its greatest exponent, is also available for free download.

The images used in this unit were kindly provided by Przemysław Wierzbowski from his book, **Konfuziloj**. You can consult all 152 spreads for yourself online to see more false friends and look- and sound-alikes which trip up even experienced speakers.

Links to the material mentioned can be found in the Bibliography for Unit 6.

? Test yourself

1 Bonlingvigu la sekvajn frazojn. (*BonaLingvo-ize the following sentences.*)

Ekzemple: Mi estas bibliomaniulo! Mi estas libroamegulo!

   a En mia lernejo troviĝas pokaj livmanuloj. (*... few left-handers*) _____

   b Ŝi estas trista, ĉar mi prohibis ŝin ludi ĝis tarde kun la aliaj infanoj. (*sad ... forbade ... late*) _____

2 Ĝustigu la sekvajn frazojn. (*Correct the following sentences.*)

   a Atakis lin tre granda nekonata malo. La polico ŝercas lin. _____

   b Kiam mi estos adulto, mi kontrolos la mondon kaj demandos, ke ĉiuj obeu min!

   _____

   c Unu pundo pesas proksimume 450 gramojn. _____

3 The poet William Auld, who was nominated for the Nobel Prize for Literature for his poem '**La infana raso**' (*The Mewling Race*), created words as and when he required them. He playfully flooded his short poem '**Insulo de fetiĉuloj**' (*'Island of Fetishists'*) with new **mal**-words which replaced extremely common Esperanto words. Read the poem in its original form on the left-hand side. On the right, replace the gaps with standard Esperanto words. The two less obvious ones have been done for you.

Kaj kiam en la malmaten'	Kaj kiam en la _____
la suno malaŭroras,	la suno subiras,
malvek' maliras kun malpen'	_____ _____ kun _____
kaj oni maldeĵoras.	kaj oni ripozas.

SELF CHECK

I CAN...

- ○ ... create standard alternatives to poetic or technical words.
- ○ ... pronounce correctly words which look and sound similar.
- ○ ... identify several false friends.
- ○ ... establish when a describing word should take the **e**- rather than **a**-ending.

7 Familio kaj socio

Family and society

In this unit you will:

▶ *review the range of uses of the accusative case, Esperanto's **n**-ending.*
▶ *examine when to apply the accusative in different sentence constructions.*
▶ *explore Esperanto's **u**-ending in thorough detail.*
▶ *hear about Esperanto-speaking families.*

CEFR: (B2) *Can understand spoken language, live or broadcast, on both familiar and unfamiliar topics encountered in personal life; can write clear, detailed texts on a variety of subjects related to his/her field of interest, synthesizing and evaluating information and arguments from sources.*

 'Patra' lingvo   *A 'father' tongue*

Esperanto is unique among planned languages not only in having developed a speech community and an imposing cultural heritage, but also in the existence of people who have spoken it **de la naskiĝo** (*from birth*) as one of their **gepatraj lingvoj** (*mother tongues*).

The first **denaskulo** (*native Esperanto speaker*) was Emilia Gastón, born in 1904, followed in 1906 by her sister Inés, who grew up to be the secretary of the Spanish Esperanto Federation. They were not, however, monolingual Esperanto speakers: the first of those was Laŭra Vasilev, born in 1933 into a household where the Bulgarian father, Boris, and Hungarian mother, Elizabeta, had no other language in common, having met at an Esperanto event. Laŭra naturally grew up to be fully fluent in Bulgarian: there is, of course, no such thing as a truly monolingual Esperanto speaker.

Esperanto-speaking families are few in number and isolated from each other geographically. There are occasional opportunities for them to get together, such as the **Renkontiĝo de Esperantistaj Familioj** or the **Internacia Infana Kongreseto**, held alongside the **Universala Kongreso**, and they may be registered with **Rondo Familia** (*Family Circle*), an association established in 1994 to link Esperanto-speaking families. Statistics from this group provide the best insight into Esperanto families: it had 350 registered families in 1996, in which all of the children were at least **dulingvaj** (*bilingual*). The biggest revelation was that in nearly all the cases it was the father rather than both parents using Esperanto with the children. In these situations the parents typically had the same native language, but there were many instances when the parents had no other language in common, in which cases the mothers tended to use their own native language with the children.

Zamenhof was a great supporter of the notion that entire families would use Esperanto, writing to a correspondent, Abel Kofman, in 1901 that 'a hundred people who accept

Esperanto as their family language are far more important to the idea of a neutral international language than millions of other people'. Other Esperantists view the phenomenon as counterproductive, noting that if the argument of the Esperanto movement is that the language problem should be solved by the adoption of a neutral language for international use, then the existence of native speakers effectively removes Esperanto from the shortlist.

Carlo Minnaja and his certificate of **denaskuleco**. In 1973 he became the first native speaker of Esperanto to be elected to the **Akademio**.

 1 How would you say *a monolingual* in Esperanto? **2** What would be the word for *a polyglot*, a person who speaks **pluraj** (*several*) languages?

Vocabulary builder

 07.01 **Legu la vortliston kaj klopodu aldoni la mankantajn anglajn tradukojn. Poste, aŭskultu la registraĵon, kaj provu imiti la prononcon de la parolanto.**

SOCIO	SOCIETY
perlabori	*to earn (from working)*
imposto	*a tax*
enspezo, elspezo	*income, expenditure*
socio	*society/the community*
civitano	*citizen*
ŝtato	*a state (political entity)*
regi	*to rule/to control/to govern*
registaro	*government*
nacia sanservo	*a national health service*
zorgi	*to care/to take care of/to care for*
varti	*to nurse/to look after/to tend to*
infanvartejo	_____
sociala	*social (regarding welfare, etc., not **socia** social, related to society, the community)*

bonfara sistemo	welfare system
subteni	to support
asekuro	insurance
asigni, asignaĵo	to allocate, an allocation/welfare payment/benefit
senlaboreco	_____
laŭdi la servojn	to commend/to praise/to laud the services
justa, justeco	fair, _____
malriĉeco, sensekureco	_____, insecurity

Conversation

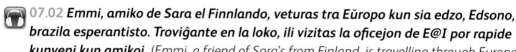

07.02 *Emmi, amiko de Sara el Finnlando, veturas tra Eŭropo kun sia edzo, Edsono, brazila esperantisto. Troviĝante en la loko, ili vizitas la oficejon de E@I por rapide kunveni kun amikoj.* (Emmi, a friend of Sara's from Finland, is travelling through Europe with her husband, a Brazilian Esperantist called Edsono. They stop by the E@I office for a catch-up with friends whilst they're in the area.)

1 **Legu la subajn demandojn. Poste, aŭskultu la konversacion, kaj klopodu respondi la demandojn.**

a Kio lastatempe okazis en la vivo de Emmi kaj Edsono? (*What happened recently in the lives of Emmi and Edsono?*)

b Kiun lingvon planas lerni Edsono? (*Which language does Edsono plan to learn?*)

Sara	Nu, vi vojaĝis jam tri semajnojn kaj nur reiros hejmen post kvara. Kiel povas esti, ke vi ambaŭ ricevis forpermeson por pasigi tiom da tempo ekster la oficejo?
Emmi	Ho, vi ne rimarkis la ringon ĉirkaŭ la fingro, do! Mia laborejo permesis al mi resti kvar semajnojn for de la oficejo por ke ni plene ĝuu nian mielmonaton! Vi scias, ke ni estas jam kvar jarojn duopo, ĉu ne? Venis la tempo geedziĝi!
Sara	Kia mirinda novaĵo! Mi estas tiel feliĉa por vi! Gratulon! Vi do loĝos kune en Finnlando, mi supozas.
Edsono	Prave, jes. Ni antaŭe profunde diskutis la temon, kompreneble, sed rapide ŝajnis al ni evidente, ke ni komencu nian familian vivon tie. Emmi jam investis plurajn jarojn en siajn studadon kaj laboron, kaj povus vivteni nin dum mi serĉos laboron. Mi ne perlaboras sufiĉe por fari tiel ĉe mi, kaj estus malverŝajne, ke Emmi trovus postenon tie, ĉar ŝi ne parolas la portugalan.
Sara	Estas tamen ankaŭ vere, ke vi ne parolas la finnan, ĉu ne?
Edsono	Ne, sed mi paroletas la anglan, kiel multaj aliaj en Finnlando. La hejma lingvo kompreneble estas Esperanto, kvankam mi esperas unu tagon flue paroli la finnan. Ni loĝas nur 60 kilometrojn for de Helsinko, do mi havos la okazon veturi en la ĉefurbon kaj studi la lingvon tie. Mi jam renkontis Jarvon Tervon ... nu, pli ĝuste *profesoron* Jarvo Tervo, la ĉefinstruiston. La du horoj kun li pasis treege rapide!
Sara	Domaĝe, ke oni devas pagi tiom da impostoj en Finnlando. Al mi ne estus facile fordoni al la ŝtato duonon de miaj enspezoj.

Emmi	Eble oni unuapense kredus tion, sed tio fakte multe influis nin male. Ni volas, ke en nia lando estu fortaj sociaj asekuroj kaj servoj, ke estu subteno, se civitano malsaniĝas aŭ estas malriĉa. Unu tagon ni havos nian propran familion: ni treege volas, ke kaj patro kaj patrino ricevu forpermeson dum la unuaj postnaskaj monatoj, kaj ke ekzistu bonaj infanvartejoj, per kiuj provizas la ŝtato. Mi ne kontraŭas la ideon, ke mi kontribuu per impostoj al tio. Mi konsideras tion laŭdinda, necesa afero por justeco.
Sara	Jes, mi komprenas. Mi neniam vere komprenis aferojn tiel. Kaj mi ĝojas aŭdi, ke vi parolas pri eventualaj infanoj. Denaskuloj, ĉu ne?
Emmi	Mi pensas, ke mi kun ili parolos la finnan, la lingvon de la socio en kiun kreskos la infanoj. Supozeble vi parolos portugale kun ili, ĉu ne, Edsono?
Edsono	Nu, tio ŝajnas malprobabla. Ili jam devos paroli ankaŭ Esperanton, se ĝi restos la lingvo, kiun ni uzos inter ni, do ekde la naskiĝo niaj gefiloj jam estos dulingvuloj. Mi lernu la finnan antaŭ ol instrui al beboj trian lingvon!

2 **Nun legu la konversacion, kaj respondu al la demandoj en Esperanto.**

   a Kiel Emmi aludas al sia edziniĝo? (*How does Emmi make an allusion to getting married?*) _____

   b Dum kiom da tempo Emmi kaj Edsono estas kunuloj? (*How long have Emmi and Edsono been a couple?*)
    Tri semajnoj. / Kvar monatoj. / Kvar jaroj.

   c Laŭ Sara, kio estas negativa flanko de la vivo en Finnlando? (*What does Sara suggest is a downside to living in Finland?*)
    La Esperanta nomo estas malfacile prononcebla. / Edsono devos lerni la finnan. / La registaro prenos altan monsumon.

   d Kiel Emmi perceptas impostadon? (*What is Emmi's view of taxation?*)
    _____

   e Kial ŝajnas malprobable, ke Edsono parolos la portugalan kun siaj eventualaj infanoj? (*Why is Edsono unlikely to use Portuguese with the children?*)
    La infanoj parolos nur Esperanton. / Li unue lernos la finnan. / La infanoj neniam bezonos paroli la portugalan.

3 **Trovu la vortojn en la konversacio, kiuj signifas:**

   a a honeymoon _____

   b bilinguals _____

   c leave (paid absence from work) _____

   d homeward _____

   e into which _____

   f improbable _____

💡 Language discovery

1 **Using the conversation for reference, answer the following questions.**

  a Translate **en la ĉefurbon** to demonstrate the effect of using the **n**-ending after a preposition which shows location.

  b Rewrite **Ni feriis dum unu monato en Ĉilio** the way that Sara would say it.

  c Verbs such as **resti** don't take a direct object (**se ĝi restos la lingvo**) but can sometimes be followed by the **n**-ending (**resti kvar semajnojn for de la oficejo**). Why is this? Sometimes they can take a direct object depending on the meaning. / The **n**-ending has several uses, such as indicating duration or a point in time. / Because sometimes they are followed by a preposition, and prepositions take the **n**-ending.

  d Rewrite the sentence **Mi vidis Ludovikon Zamenhof**, adding his title, **doktoro**.

  e Add **n**-endings where they are missing: **Nomu la bebo__ Matio__, Edsono__!** **Mi opinias tio__ belega__ nomo__!**

  f Which verb ending is always used after **por ke** (*in order to*)?
    -i / -u / -us

  g Why is Sara using the **u**-ending when she says **Ni treege volas, ke kaj patro kaj patrino ricevu forpermeson dum la unuaj postnaskaj monatoj, kaj ke ekzistu bonaj infanvartejoj**?
    She's expressing an idealized view of the world, about how things 'should' be. / She's giving an instruction. / She's expressing an obligation.

1 EXPLORING THE ACCUSATIVE

The accusative case, represented by its characteristic **n**-ending, plays several roles in Esperanto.

Marking the direct object

As you reviewed in Unit 3, Esperanto differentiates the subject from the direct object by applying the **n**-ending to the latter: **La bebo mordetis la voston de la kato.** (*The baby nibbled the cat's tail.*)

> **CULTURE TIP**
> Daniel Moirand published in 1990 a study of the accusative. His nearly 7,000 pages of Esperanto source material revealed that the accusative was used for marking the direct object in over 88% of the instances where the **n**-ending occurred.

Showing motion towards

In Esperanto grammar, the **n**-ending doesn't usually follow a preposition. If it does, then it's showing motion towards the location indicated by the preposition: **La infanoj kuras en la ĝardeno.** (*The children are running in the garden.*) – **La infanoj kuras en la ĝardenon.** (*The children are running into the garden.*) – **La kato saltas sur la tablo.** (*The cat is jumping on the table.*) – **La kato saltas sur la tablon.** (*The cat jumps onto the table.*)

The idea does not have to involve physical location: **Traduku en Esperanton!** (*Translate into Esperanto!*)

Since prepositions such as **al**, **el**, **de** and **ĝis** already indicate movement, they are never followed by the **n**-ending. Neither are prepositions which don't indicate a location, such as **kun**, **sen**, **da**, **pri**, **por**, and so on. Adverbs too can take the **n**-ending to show movement towards the location which they usually indicate: **hejme** (*at home*) – **hejmen** (*homeward*) – **iri hejmen** (*to go home*).

Measurement

The **n**-ending can be used to indicate measurement, such as distance, weight, cost, and duration. It is often possible to convey the same meaning with the use of a preposition: **La urbo troviĝas tri kilometrojn for (je tri kilometroj for).** (*The town is found three kilometres away.*) – **La granda pomo pezas unu funton (je unu funto).** (*The large apple weighs one pound.*) – **Mi laboris la tutan tagon (dum la tuta tago).** (*I worked the whole day.*) – **La kvin metrojn longa (longa je kvin metroj) ŝarko atakis la naĝantojn.** (*The five-metre shark attacked the bathers.*)

Points in time, including dates

When applied to a time phrase, the **n**-ending refers to that point in time: **Unu tagon mi vizitos vin.** (*I'll visit you one day.*)

It is frequently used with dates, which might otherwise be expressed using a preposition: **Ludoviko naskiĝis la 15-an (en la 15-a) de decembro.** (*Ludoviko was born on the 15th of December.*) – **Mi vidos vin sabaton! (en sabato!)** (*I'll see you on Saturday!*)

Position, omissions, and set expressions

It is possible to use the **n**-ending to indicate the position of body parts: **Li ekfalis la piedojn (kun la piedoj) super la kapon.** (*He fell head over heels.*)

This is as an alternative to another construction using, for example, **kun**, **havante** or **tenante**: **Ŝi rifuzis cedi la lokon, (tenante) la piedojn fiksitaj al la planko.** (*She refused to give way, her feet fixed to the floor.*)

Note that if there is an accompanying adjective, it does not take the **n**-ending. You will read about this 'object predicative' later in this unit.

Expressions such as **Bonan matenon!** and **Bonan ŝancon!** are understood to be the remaining part of a truncated statement, perhaps **Mi deziras al vi …** (*I wish you …*). Sometimes it can be hard to imagine what the implied missing part of the sentence might be, not least because Esperanto has always used the **n**-ending for this, as all learners know from their first lessons: **Saluton! Dankon!**

2 Identify which words belong in the gaps. In some instances, there are several correct answers.

a Mi devos labori _____, kvankam _____ ĝenerale ne estas labortago en mia lando.

(sabato, sabato) / (sabaton, sabaton) / (sabaton, sabato) / (sabato, sabaton)

b Mi loĝas _____ _____ de mia oficejo, kaj devas piediri _____ por alingi ĝin.

(unu kilometro, suden, dum 20 minutoj) / (unu kilometron, sude, 20 minutojn) / (unu kilometron, sude, 20 minutoj) / (je unu kilometro, sude, 20 minutoj) / (unu kilometron, sude, dum 20 minutoj)

c La serpento estis _____, kaj _____ kaŝis sin sub mia lito!

(longa je du metroj, dum la tuta nokto) / (du metroj longa, la tutan nokton) / (du metrojn longan, dum la tuta nokto) / (du metrojn longa, la tutan nokton) / (longa du metrojn, dum la tuta nokto)

d Mi atendis _____, sed li ne alvenis, do mi iris _____, kaj trovis lin tie! Mi do invitis lin veni en la _____, kaj ni _____ babilis.

(tutan horon, hejme, domo, la tuta vespero) / (dum tuta horo, hejmen, domo, dum la tuta vespero) / (tutan horon, hejmen, domon, la tutan vesperon) / (dum tuta horo, hejmen, domon, dum la tuta vespero) / (tuta horo, hejmen, domon, la tuta vespero)

3 Rewrite the following sentences without accusatives where it is possible to do so.

a La turo, kiun ni vidis, estis cent metrojn alta.

b Ni partoprenis iliajn naskiĝtagajn festojn, kiuj daŭris tutan semajnfinon.

c Ŝejni naskis sian duan filon la 25-an de aŭgusto, 2020.

d Mi loĝas 15 kilometrojn oriente de Parizo, en apartmento ne tre granda, kiun mi aĉetis antaŭ tri jaroj.

4 The following sentence contains several different uses of the accusative: **La antaŭan tagon malbonkonduta hundo tutan horon, la voston supren, postkuris en ĉiujn ĉambrojn ŝian dek centimetrojn longan katidon, kaj tri fojojn ĝin ekmordis.**

a State which parts of the sentence correspond with the following uses:

1 Marking the direct object.

2 Showing motion towards.

3 Indicating measurement.

4 Indicating a point in time.

5 Indicating position of a body part.

b Rewrite the relevant part of the sentence in the following scenarios:

1 The story was from six months ago.

2 The story took place on the 25th of August.

3 You wanted to express *three times* without using the accusative.

4 You wanted to express *for a whole hour* but without using the accusative.

5 The cat was five months old. (Use **aĝan** as an adjective describing the cat.)

2 APPLYING THE ACCUSATIVE

You will often meet situations in which there appear to be, at first glance, inconsistencies regarding the presence or absence of the **n**-ending.

Mi vidis Davido<u>n</u>.	**Mi vidis Robert.**	**Mi rompis la granda<u>n</u> pordo<u>n</u>.**
I saw David.	*I saw Robert.*	*I broke the large door.*
Mi farbis la pordon blua.	**Mi amis lin kiel filo.**	**Mi amis lin kiel filo<u>n</u>.**
I painted the door blue.	*I loved him as a son.*	*I loved him as a son.*

Esperanto names, as proper nouns, take an **o**-ending and must, when grammatically required, receive the **n**-ending. It is not possible to say '**Mi vidis Davido**'. Names which don't have an **o**-ending are not Esperanto names, even if they happen to be forms that the person uses in an Esperanto environment. If they don't end with an 'o', then they can be, and usually are, left unchanged, although it is entirely justifiable to add an **n**-ending. Since some forms can't readily accept a word-final 'n' whilst retaining pronounceability, some people might choose to add an 'o' too.

Mi vidis Anna/Annan kaj Mikael/Mikaelon.	**Ni partoprenis SES/SES-on.**
I saw Anna and Mikael.	*We participated in SES.*

> **LANGUAGE TIP**
> You are free to choose what your name is in Esperanto. Some people add an **o**-ending to their real name: David → **Davido**, Helen → **Heleno**. Others may change the spelling to match Esperanto pronunciation (Samenhof → **Zamenhof**) or adopt a more international form (Michael → **Mikael(o)**), although most speakers who natively use the Latin alphabet retain their original name and spelling.

If the name follows a title, then the **n**-ending must not be used. In this circumstance, the direct object is the title, not the name of the person. What follows the direct object is an identifying description of it called a restrictive appositive, which does not take the **n**-ending.

Klara gratulis Johanon Wells.	**Klara gratulis profesoron Johano Wells.**
Clare congratulated John Wells.	*Clare congratulated Professor John Wells.*
Johanon Wells is the direct object.	**Johano Wells** describes **profesoron**.

The restrictive appositive is usually the name of the thing that it is describing. In English we often place it after *of*. Do not allow this to influence you; it is incorrect to use **de** in this role in Esperanto.

Ni vizitis la urbon <u>Nov-Jorko</u>.	**Mi preferas la monaton <u>majo</u>.**
We visited NYC/the city <u>of</u> NY.	*I prefer the month <u>of May</u>.*

> **LANGUAGE TIP**
> In the **Fundamento**, month names were, unlike the seasons and weekdays, written with capital letters. In practice, most Esperanto writers use lower case, preserving consistency across days, months and seasons.

It is important not to confuse *restrictive* appositives with *non-restrictive* appositives, which are grammatically parallel references to something already mentioned, and which *do* take the **n**-ending if required.

Ni vizitis Parizon, la ĉefurbon de Francujo.

We visited Paris, the capital of France.

  'Ni vizitis la ĉefurbon de Francujo.'

Poste mi vidis Paŭlon, lian fraton.

Afterwards I saw Paul, his brother.

  'Poste mi vidis lian fraton.'

Sometimes you will see restrictive and non-restrictive appositives in the same sequence.

  direct object   restrictive appositive   non-restrictive appositive

Mi aparte admiras doktoron Ludoviko Zamenhof, la kreinton de Esperanto.

I particularly admire Doctor Ludoviko Zamenhof, the creator of Esperanto.

Note the contrast in the following examples:

  restrictive appositive   non-restrictive appositive   vocative

Mi vidis lordon Roberto.

I saw Lord Robert.

Mi vidis lordon, Roberton.

I saw a lord. It was Robert.

Mi vidis lordon, Roberto!

I saw a lord, Robert!

> **LANGUAGE TIP**
>
> Esperanto has two grammatical cases: the nominative (the standard form used as a subject and after prepositions) and the accusative. As in English, you use the nominative to call or invoke somebody, or to address a person by name or title. **Dankon, sinjoro!** (*Thank you, sir!*) – **Saluton, Jamĉjo!** (*Hello, Jim!*) Be mindful of your comma placement when using the nominative as a 'vocative', an expression which comes from the name of a case in Latin and some other languages with this role: **Kredu min, paĉjo!** (*Believe me, Dad!*) ≠ **Kredu min paĉjo!** (*It's Dad who should believe me!/Believe me a dad!*)

Both English and Esperanto make it possible to describe, qualify or rename an object. In English the meaning of *to paint a green door red* is clear because the word order is fixed: *red* is something called an object predicative, qualifying the green door. In Esperanto, where word order is not rigid as in English, the object predicative does not take the **n**-ending.

Farbu la ruĝan pordon flava!

Paint the red door yellow!

Oni elektis ŝin kanceliero.

She was elected chancellor.

Mi opinias lin tre interesa.

I find him very interesting.

Ŝi trovis ĝin neleginda.

She found it not worth reading.

Ili nomis la bebon Manjo.

They named the baby Mary.

Mi kredas tion necesa.

I think it necessary.

5 **Translate the following into Esperanto about a visit to Norvegujo** (*Norway*)**.**

 a We wanted to visit Oslo, the capital of Norway, where we hoped to meet Olaf, my old friend.

 b We found it a very expensive country but people there earn more money than we do, so the Norwegians themselves don't think it expensive: they find every other country cheap!

 c Olaf and his wife, Gro, have a daughter, who has a kitten. She showed us her kitten, Kato. Yes, she named the kitten Kato!

6 Add the **n**-ending where required in this blog entry of Sara reminiscing about an evening at her first Universala Kongreso.

Mia_ unua_ fojo_ en Bratislavo_ mi renkontis nova_ amiko_, Leonardo_, ĉe koncerto_. Li kredis mi_ sola_, ĉar Roberto_, mia_ amiko_ el Skotlando_, kiu flugis tie_ kun mi_, sentis si_ laca_, kaj do ne ĉeestis. Ni klopodis paroli dum iomete da tempo_, sed tute ne sukcesis aŭdi unu_la alia_, do post du minutoj_ ni decidis iri aliloke_, al loko_ pli kvieta_. Ni trovis bona_ loko_ apuda_, nur du minutoj_ for, do eniris kaj eksidis. Surprizis ni_ kiel malgranda_ ĝi_ estis; nur du metroj_ alta_ kaj eble kvin metroj_ larĝa_. Sed feliĉe pro la malgrandeco_ ni_ estis la solaj_ homoj_ en ĝi_, kaj bele babilis duonhoro_. Fakte, Leonardo_ unuafoje en sia_ vivo_ gustumis teo_ kun mi en tiu_ trinkejo_: li tute ne ŝatis ĝi_ kaj opiniis ĝi_ aĉa_, la kompatindulo_.

Tio_ por li_ ne estis justa_, do ni eliris kaj promenis kelkaj_ pliaj_ metroj_ ĝis ni trovis alia_ trinkejo_, ĉi-foje pli granda_ tamen daŭre kvieta_. Du sekundoj_ post nia_ alveno_ en la trinkejo_ li rimarkis unu el siaj_ herooj_, profesoro_ Johano_ Wells, eksa_ prezidanto_ de UEA kaj, pli grave al Leonardo_, mondfama_ spertulo_ pri fonetiko_, la temo_, kiu_ studis ĉe universitato_ mia_ nova_ amiko_. 'Saluto_, profesoro_!' venis tuj el lia_ buŝo_, kaj li preskaŭ kuris ĝis la tablo_ de la profesoro_ kaj eksidis sur seĝo_. Bonŝance, la profesoro_ trovis la strangulo_ ne *tiel* stranga_, kaj afable respondis ĉiu_ demando_ al li_ direktita_ dum la sekvaj_ unu-du horoj_. Li adiaŭis ni_, kaj Leonardo_ restis tie kelkaj_ pliaj_ minutoj_, granda_ rideto_ sur la vizaĝo_.

3 THE U-ENDING IN DETAIL

You reviewed the **u**-ending in Unit 2, where it was shown as the verbal form used to make requests, and give orders and instructions. It also featured heavily in Unit 5's Conversation, in which the SES organizers were discussing an idealized **aliĝilo** (*sign-up form*): **En la aliĝilo estu loko por indiki, ĉu oni preferas manĝi vegane.** (*There <u>should be</u> a place in the form for indicating whether you want to eat vegan food.*)

Although these uses from Units 2 and 5 are very different from each other in English, in Esperanto they are related because the **u**-ending represents something called the volitive mood, which shows an imaginary, wished-for outcome. Whether you politely request or aggressively order somebody to sit down, you're anticipating an outcome which isn't currently real, which is what the **u**-ending shows: **Vivu Esperanto!** *Long live Esperanto!* (*May Esperanto live long!*)

By convention, the pronoun **vi** is usually dropped when giving an instruction or request. It is otherwise no different from the other pronouns, where the context informs you how you should interpret the utterance.

(Vi) rakontu al mi ĉion! (*Tell me everything! You should tell me everything!*)

Li revenu post la naŭa. (*Let him/may he come back after nine. He should come back after nine.*)

Ni iru eksteren! (*Let's go outside! We should go outside!*)

Ĉu ni ludu tenison? (*Shall we play tennis? Should we play tennis?*)

The **u**-ending is used very often in subordinate clauses starting with **ke**, if the verb in the main clause indicates a wish or an intention. What follows, again, is a wished-for outcome. As with reported speech, what is in the sub-clause would take the same verbal ending when standing on its own.

La reĝo ordonis, ke mi vestu lin.
The king ordered me to dress him. (... ordered that I dress him...)
'Vestu min!'

Estas necese, ke ŝi revenu antaŭ ol mi ŝlosos la pordon.
She needs to be back before I lock the door. (It is necessary that she should return...)
'Revenu antaŭ ol mi ŝlosos la pordon.'

Mi deziras, ke ŝi amu min tiel multe kiel mi ŝin.
I wish that she would love me as much as I do her. (... that she should love me...)
'Amu min!'

> **LANGUAGE TIP**
> The **u**-ending follows **ke** only when the main verb indicates a wish or intention. You should continue to use the **is**-, **as**- and **os**-endings of the indicative mood or the **us**-ending of the conditional mood otherwise. The **u**-ending does, however, always follow **por ke** (*in order to*): **Li tenos flagon por ke ni rekonu lin.** (*He will hold a flag so that we/in order for us to recognize him.*)

7 **Decide which verb ending is appropriate in the ke-clause in the following sentences.**

   a Ne eblas, ke vi lud___ kun viaj amikoj ĉi-vespere, Marteno. Mi volas, ke vi stud___. Mi jam diris al vi hieraŭ, ke vi est___ pli diligenta rilate viajn studojn.

b Mi petis, ke li alport__ al mi vinon ruĝan, sed li insiste respondas, ke *blankan* mi mend__. Mi diris, ke la kliento ĉiam prav__, kaj ke li forpren__ la ruĝan, sed li respondis, ke ĉi tie aferoj ne funkci__ tiel, kaj ke mi trink__ aŭ las__, sed novan mi ne ricev__.

c Se mi scius, ke rajt__ respondi nur spertuloj, mi ne respondus, sed neniu klarigis al mi la regulojn, kaj tial mi ne sciis, ke mi ne respond__.

The **u**-ending is the trickiest verbal form for learners to fully grasp because it corresponds to several distinct features of English, such as the imperative (*Be quiet!*), the subjunctive mood (*The king ordered that the prisoners (should) be executed*), and several distinct but uncommon constructions.

8 Translate the following into Esperanto.

a The exhortation famously attributed to Marie Antoinette: 'Let them eat cake!'

b 'God save the Queen!' (**Dio, dio** *God, god*; **savi** *save*)

c '(May she) Rest in peace.' (Use **ripozi**.)

d 'God bless her and all who sail in her.' (**beni** *to bless*; 'sail' in this sense means *to travel*.)

e 'So help me God!' ('So' in this case means *in this manner*.)

> **LANGUAGE TIP**
> If you are interested in exploring more deeply the grammar behind Esperanto's **u**-ending, search for 'deontic modality' online.

Listening

07.03 **La sekva eltiraĵo venas de intervjuo inter Bertilo Wennergren kaj Stela Besenyei-Merger, denaska esperantisto, por ŝia podkasto, *La Bona Renkontiĝo*. La epizodo havas la titolon '*Rokstelulo en du mondoj*'. Aŭskultu la registraĵon kaj poste respondu la demandojn.** (*The following extract is taken from an interview conducted with Bertilo Wennergren by Stela Besenyei-Merger for an episode of **La Bona Renkontiĝo** titled* '**Rokstelulo en du mondoj**' *(A Rockstar in Two Worlds). Listen to the recording and then answer the questions.*)

> **EXTRA VOCABULARY**
> **laboriga** *laborious*
> **eduki** *to bring up, to educate* (not **instrui** *to teach*)

Bertilo Wennergren, shown here with his wife, Birke Dockhorn, and their daughter, Gitta, was named in 2020 the editor of the ***Plena Ilustrita Vortaro***.

1 **Kiujn avantaĝojn alportis al Stela ŝia denaskuleco?** (*What are the advantages which being a native Esperanto speaker has brought to Stela?*)

2 **Kial Bertilo dum la lastaj jaroj ne havis multe da tempo por muziko?** (*Why hasn't Bertilo had much time for music in recent years?*)

3 **Kial la filino de Bertilo kaj Birke ne estas denaskulo?** (*Why didn't Bertilo and Birke's daughter learn Esperanto as soon as she was born?*)

4 **Kial Esperanto estas familia lingvo ĉe Bertilo kaj Birke?** (*Why is it that Bertilo and Birke have an Esperanto-speaking household?*)

5 **Kiel ilia familio estas malkutima kompare kun aliaj, en kiuj la infanoj parolas Esperanton?** (*What is unusual about their family compared to other families in which the children speak Esperanto?*)

> **CULTURE TIP**
> Bertilo Wennergren is well known in two distinct spheres of Esperanto culture: as a member of the rock groups Amplifiki and Persone, and as the curator of the online *Plena Manlibro de Esperanta Gramatiko* (PMEG, pronounced 'pomego'), which he started in 1991 and updates regularly. A printed version, *PMEG 2020*, encompasses 746 pages!

Speaking and pronunciation

1 **Nun estas via vico esti intervjuato en Esperanta podkasto. La intervjuanto demandas vin, kiel vi reagas, kiam iu asertas, ke Esperanto ne estas vera lingvo, ĉar neniu denaske parolas ĝin. Uzante la sciojn akiritajn en tiu ĉi ĉapitro, respondu ŝiajn komentojn, kiujn ŝi faras kiel 'porparolanto de la diablo'.** (*Now it is your turn to appear as a guest on an Esperanto podcast. The host asks you how you respond when people tell you that Esperanto is not a real language because it doesn't have any native speakers or families which speak it. Using the knowledge that you've obtained from this unit, respond to her questions, which she's making as a 'Devil's advocate'.*)

Intervjuanto: Esperanto ne estas vera lingvo, ĉar veran lingvon oni parolas en familio.

▶ (Explain that Esperanto-speaking families do exist, and that there are even native speakers.)

Intervjuanto: Apenaŭ kredeble! Kiaj stranguloj uzus Esperanton en la familio?

▶ (Give reasons why people might have Esperanto as their family language.)

Intervjuanto: Nu, ne ĉiuj do estas strangaj. Sed mi ne povas ne pensi, ke estas kruele, eduki infanon tiel, ke li aŭ ŝi parolas nur Esperanton!

▶ (Explain that no Esperanto-speaking child is monolingual, and give some detail about language composition in Esperanto-speaking families.)

Intervjuanto: Supozeble la esperantistoj ĝojas pri tio, ke la lingvon parolas homoj ekde la naskiĝo!

▶ (Present the different viewpoints that people can have about the concept, and share your own.)

2 Tikla defio por anglalingvanoj, kiam ili uzas longajn frazojn parolante Esperanton, estas ĝusta uzado de la **n**-finaĵo. La suba teksto estas kopio de la blogafiŝo de Sara, kiun vi uzis kiel ekzercon pli frue en la ĉapitro. Laŭtlegu la eltiraĵon, kvazaŭ vi estus Sara, aldonante la **n**-finaĵon, kiam ĝi estas necesa. (*One of the challenges that English speakers face when speaking lengthy sentences is making sure that the **n**-ending appears where it should. The text below is a reproduction of Sara's blog post reminiscing about her first **Universala Kongreso**, which you used as a practice activity earlier in the unit. Read the extract below out loud as though you were Sara, adding the **n**-ending where it is necessary.*)

▶ Certiĝu, ke la **n**-finaĵo estas klare aŭdebla: ĝia ĉeesto transdonas plian informon, kiun la aŭskultanto alie ne ricevos. (*Make sure the **n**-ending is clearly sounded: its presence conveys extra information which won't be passed on if it isn't heard.*)

▶ Certiĝu, ke la antaŭlasta silabo estas prononcata iom pli forte ol la aliaj, kaj ke vi, koncentriĝante al la **n**-finaĵo, ne senintence aldonas la fortan silabon tien. (*Ensure that the last-but-one syllable is pronounced slightly longer than the others, making sure that your concentration on adding the **n**-ending does not lead to you inadvertently placing the accent on that final syllable instead.*)

▶ Prononcu 'UEA' kiel tri unuopajn literojn, certiĝante, ke la sono de unu ne glitas en la sekvan. (*Pronounce 'UEA' as the three individual letters, making sure that the sound of one does not glide into your pronunciation of the following letter.*)

Konatiĝo en Bratislavo | esperantis.to   [Redakti]

Mia_ unua_ fojo_ en Bratislavo_ mi renkontis nova_ amiko_, Leonardo_, ĉe koncerto_. Li kredis mi_ sola_, ĉar Roberto_, mia_ amiko_ el Skotlando_, kiu flugis tie_ kun mi_, sentis si_ laca_, kaj do ne ĉeestis. Ni klopodis paroli dum iomete da tempo_, sed tute ne sukcesis aŭdi unu_ la alia_, do post du minutoj_ ni decidis iri aliloke_, al loko_ pli kvieta_. Ni trovis bona_ loko_ apuda_, nur du minutoj_ for, do eniris kaj eksidis. Surprizis ni_ kiel malgranda_ ĝi_ estis; nur du metroj_ alta_ kaj eble kvin metroj_ larĝa_. Sed feliĉe pro la malgrandeco_ ni_ estis la solaj_ homoj_ en ĝi_, kaj bele babilis duonhoro_. Fakte, Leonardo_ unuafoje en sia_ vivo_ gustumis teo_ kun mi en tiu_ trinkejo_: li tute ne ŝatis ĝi_ kaj opiniis ĝi_ aĉa_, la kompatindulo_.

Tio_ por li_ ne estis justa_, do ni eliris kaj promenis kelkaj_ pliaj_ metroj_ ĝis ni trovis alia_ trinkejo_, ĉi-foje pli granda_ tamen daŭre kvieta_. Du sekundoj_ post nia_ alveno_ en la trinkejo_ li rimarkis unu el siaj_ herooj_, profesoro_ Johano_ Wells, eksa_ prezidanto_ de UEA kaj, pli grave al Leonardo_, mondfama_ spertulo_ pri fonetiko_, la temo_, kiu_ studis ĉe universitato_ mia_ nova_ amiko_. 'Saluto_, profesoro_!' venis tuj el lia_ buŝo_, kaj li prockaŭ kuris ĝis la tablo_ de la profesoro_ kaj eksidis sur seĝo_. Bonŝance, la profesoro_ trovis la strangulo_ ne tiel stranga_, kaj afable respondis al ĉiu_ demando_ al li_ direktita_ dum la sekvaj_ unu-du horoj_. Li adiaŭis ni_, kaj Leonardo_ restis tie kelkaj_ pliaj_ minutoj_, granda_ rideto_ sur la vizaĝo_.

Reading

La sekva eltiraĵo pri 'baza enspezo' venis de la Esperanta Vikipedio. Legu la artikolon, kaj poste respondu la demandojn. (*The following excerpt about* **baza enspezo** *(basic income) is taken from an article on* **Vikipedio***, the Esperanto Wikipedia. Read the article and then answer the questions.*)

Baza enspezo estas speco de bonfara programo en kiu civitanoj de lando povas ricevi regulan sumon de mono el la registaro. En 'pura' aŭ 'senkondiĉa' baza enspezo la pago estas sendependa de ajna alia enspezo. Senkondiĉan enspezon sufiĉan por plenumi bazajn bezonojn de persono (ĉe aŭ super la malriĉeca linio) oni nomas plena baza enspezo: se ĝi estas malpli ol tiu sumo, oni nomas ĝin parta. Garantioj pri baza enspezo povas ekzisti tutlande, regione aŭ loke.

La koncepton baza enspezo proponis diversaj homoj. Temas pri tio, ke la ŝtato pagu al ĉiu plenrajta membro de la socio egalan sumon, sendepende de kiuj estas iliaj ceteraj eblaj enspezoj. Kelkaj bonfaraj sistemoj estas rilataj al baza enspezo, sed havas certajn kondiĉojn. Ĉar ĉi tiuj ne estas universalaj, oni plej ofte nomas ilin sistemoj minimum-enspezaj.

La ideo, ke la ŝtato donu al ĉiuj civitanoj certan enspezon venas de la 18-a jarcento, kiam angla radikalulo Thomas Spence kaj usona revoluciulo Thomas Paine ambaŭ deklaris sian subtenon por tia bonfara sistemo. Ĝenerala debato pri baza enspezo apenaŭ okazis ĝis la 1960-aj kaj 1970-aj jaroj, kiam en Usono kaj Kanado oni faris plurajn eksperimentojn pri negativa enspeza impostado, kio estas iel rilata bonfara sistemo.

La unua socia movado por baza enspezo evoluis ĉirkaŭ 1920 en Britio. Ties propagandantoj estis Bertrand Russell, Dennis Milner kaj Clifford H. Douglas. Russell argumentis, ke baza enspezo estu nemalhavebla parto en nova socia modelo. Milner kun sia edzino, Mabel, eldonis mallongan broŝuron en 1918 'Plano por ŝtataj asignaĵoj', en kiu ili argumentis, ke ĉiu civitano en Britio ricevu senkondiĉe monon de la ŝtato. Ili konsideris morala devo, ke ĉiu havu la financajn rimedojn por vivteni sin kaj sekve, ke ĉiu ricevu la enspezon, inkluzive de tiuj, al kiuj mankas emo labori.

En 1944 kaj 1945, la Komitato Beveridge, kiun gvidis la ekonomikisto William Beveridge, kreis proponon por ampleksa nova bonfara sistemo de sociala asekuro kaj apartaj asignaĵoj en Britio. Sociala asekuro estas la ĉefaĵo de ĉiuj modernaj bonfaraj ŝtatoj, kaj provizas la civitanojn per financa protekto kontraŭ senlaboreco, malsano, gepatreco, akcidentoj, kaj alta aĝo. La unua pensulo, kiu skribis pri la ideo de sociala asekuro, estis la Markizo de Condorcet. Dum li estis en prizono post la Franca Revolucio, li verkis libron en kies lasta ĉapitro li priskribis sian vizion de sociala asekuro, kiu solvu malegalecon, sensekurecon kaj malriĉecon. Condorcet plie menciis, tre mallonge, la ideon, ke la ŝtato provizu ĉiujn infanojn sufiĉe aĝajn per monhelpo por mem komenci laboradi kaj havi proprajn infanojn.

EXTRA VOCABULARY

kondiĉo	*stipulation, condition*
plenumi	*to fulfil*
garantii	*to guarantee*
cetera	*remaining, rest of*
evolui	*to develop, to evolve*
rimedo	*means, resource*
komitato	*a committee*
amplekso	*an extent, a range*

1 Respondu la sekvajn demandojn surbaze de la artikolo.

a Kio estas baza enspezo? Kiu estas trajto de 'pura' baza enspezo? Kiel diferencas la plena senkondiĉa baza elspezo disde la parta? (*What is basic income? What is a distinctive feature of 'pure' basic income? What is the difference between full and part unconditional basic income?*)

_____

_____

b Nord-Ameriko ne konas bazenspezan sistemon, sed faris similan eksperimenton en la 60-aj kaj 70-aj jaroj. Kio estis tio? (*North America hasn't had basic income. What was the nature of the similar experiment in the 60s and 70s?*)

Malpermesi impostojn. / La saman sumon pagu ĉiuj, negrave ties financa stato. / Malriĉuloj 'malpagu' impostojn.

c Kiu estis la argumento de la Milner-oj? (*What was the Milners' argument?*)

La Milner-oj argumentis, ke _____

_____

d Kio estas 'sociala asekuro'? (*What is 'social insurance'?*)

Sistemo kiu pagas al homoj, kiuj ial bezonas financan subtenon de la ŝtato. / Asekuro por la ŝtato kontraŭ tumultoj (*riots*), ktp. / Firmao de la ŝtato, kiu proponas malpli multekostan asekuradon ol privataj firmaoj.

e La Markizo de Condorcet kredis, ke la ŝtato provizu per sociala asekuro grupon, kiu eĉ en modernaj bonfaraj sistemoj ne ricevas ĝin. Kiu grupo, laŭ li, ricevu ĝin? (*Who did the Marquis of Condorcet believe that social insurance should apply to beyond even the scope of modern welfare states?*)

Necivitanoj. / Infanoj. / Homoj laborkapablaj, sed kiuj preferas ne labori.

2 Trovu vortojn en la artikolo, kiuj signifas: (*Find words in the text which mean:*)

   a independent _____

   b poverty line _____

   c indispensable _____

   d to argue (not the same sense as **disputi**) _____

   e state benefits/allowance _____

   f insecurity _____

   g parenthood _____

   h a duty, an obligation _____

> **CULTURE TIP**
>
> The **Esperanta Vikipedio** was created in 2001, making Esperanto the 11th language in which the free encyclopedia was available. It is the most international of all the Wikipedias when judging by the national background of its contributors, and welcomed its 300,000th article in 2021.

Writing

La lega tasko temis pri rolo, kiun laŭ diversaj homoj la ŝtato plenumu. Skribu 200–400 vortojn pri via propra opinio: kiel la ŝtato elspezu publikan monon? Per kiuj servoj ĝi provizu? Kiujn programojn ĝi enkonduku aŭ forigu? Kion ne faru la ŝtato? (*The Reading task was about a role of the state which some people would like it to fulfil. Write 200–400 words on what you think it should spend public money on. Which services should it provide? Which schemes do you think it should introduce or remove? What shouldn't the state do?*)

▶ Difinu konceptojn laŭ la sama modelo, kiun vi vidis en la vikipedia artikolo rilate bazan elspezon kaj socialan asekuron, uzante laŭbezone aliajn vikipediajn artikolojn kiel fontojn. (*Define your concepts along the same lines that the article on **Vikipedio** does with basic income and social insurance, using other articles on **Vikipedio** as a source as required.*)

▶ Faru kontraston inter tio, kion faras la ŝtato bone kaj malbone. (*Contrast what the state does well with what it does badly.*)

▶ Certiĝu, ke vi elektos ĝuste inter modoj indikativa, kondicionala, kaj volitiva. (*Make sure to choose correctly beween indicative, conditional, and volitive moods.*)

▶ Uzu la akuzativon en diversaj roloj preter simpla markado de la rekta objekto. (*Employ the accusative in a range of situations beyond marking the direct object.*)

Go further

The most accessible native Esperanto speaker is Stela Besenyei-Merger, who runs a podcast and blog. Among her discussions and articles you will find plenty of stories about growing up with Esperanto and interviews with other native speakers and people from Esperanto-speaking families.

Links to the material mentioned can be found in the Bibliography for Unit 7.

Test yourself

1 Unscramble the following words to create expressions showing the various uses of the accusative.

   a nragkmi eht tdeirc jtboce _____

   b honsgwi oimont ortswda _____

   c tsmereeaunm _____

   d spnoit ni item, ldigciunn tsdea _____

   e onpotsii, ssiomsoin, dan tse xeossrnseip _____

2 Identify the following elements in the sentence, and add **n**-endings where appropriate.

   | non-restrictive appositive | object predicate | restrictive appositive | vocative |

   Vi ne kredos min, Jamĉjo__, sed mi jus renkontis sinjoro__ Kristiano__ Ronaldo__, miaopinie la plej grandioza__ piedpilkadisto__ en la mondo, kaj trovis lin treege ĉarma__!

3 Which is the only construction which could, on some occasions, be in the accusative and on other occasions could not, depending on how it is used within a sentence? (Hint. Use a process of elimination to reduce the options to one, and then create some practice sentences to confirm it works both ways.)

   non-restrictive appositive / object predicate / restrictive appositive / vocative

SELF CHECK

I CAN...
○ ... use the accusative to convey a range of different meanings.
○ ... identify when to apply the accusative in different sentence constructions.
○ ... confidently use Esperanto's **u**-ending, determining when it is appropriate rather than the indicative mood.
○ ... talk about Esperanto-speaking families.

8 Mondskale
On the global scale

In this unit you will:
▶ *build words with* ***-iĝ-*** *and* ***-ig-****.*
▶ *identify a verb's transitivity from seeing it in use or with the aid of a dictionary.*
▶ *switch a verb's transitivity using* ***-iĝ-*** *and* ***-ig-****.*
▶ *determine when not to use* ***da*** *with quantities.*

CEFR: (C1) *Can write clear, well-structured expositions of complex subjects, underlining the relevant salient issues; can expand and support points of view at some length with subsidiary points, reasons and relevant examples.*

 Reprezentiĝo mondskala   *Worldwide representation*

Akirado de rekono de internaciaj organizaĵoj estas longdaŭra revo de la Esperanto-movado, necesa paŝo survoje al la universala alpreno (*adoption, taking-on*) de Esperanto kiel neŭtrala lingvo por internacia komunikado. Jam en la infanjaroj de la lingvo ŝajnis, ke venos tiu agnosko, kiam Henry Phillips, Jr., sekretario de la Usona Filozofia Societo (*American Philosophical Society*) kontaktis Zamenhof en 1888. La UFS, prikonsiderante la ideon pri internacia lingvo, starigis komitaton por esplori la temon. Imponite de Esperanto, la komitato rekomendis, ke la UFS okazigu internacian kongreson, al kiu ĝi invitu aliajn klerajn (*learned*) societojn.

Phillips komunikis tion al Zamenhof, kiu tiel entuziasmis, ke li ŝanĝis la planojn anoncitajn en la *Dua Libro*, eldonita en januaro 1888, ke li eldonos ses kajerojn (*booklets*), kaj anstataŭe eldonis etan 'Aldonon (*supplement*) al la *Dua Libro*', en kiu li skribis pri sia espero, ke 'la tuta sorto de l' lingvo internacia transiros en la manojn de l' kongreso' (*the entire destiny of the international language will pass into the congress's hands*). Bedaŭrinde, la kongreso neniam realiĝis, kvankam Phillips restis fidela esperantisto dum la malmultaj restantaj jaroj de sia vivo, en kiuj li tradukis la *Unuan Libron* por usonanoj kiel 'An Attempt towards an International Language'.

Sekve de la ĉesigo de la Unua Mondmilito, la esperantistoj turnis sin kaj siajn esperojn al la nove naskita (*newly born*) Ligo de Nacioj. Edmond Privat, redaktoro (*editor*) de la gazeto *Esperanto* kaj prezidonto (*soon-to-be president*) de UEA, estis la ĉefa subtenanto ene de la Ligo, kaj ĉeestis unue kiel interpretisto kaj poste kiel parto de la persa delegitaro (*Persian delegation*). La Ligo ja konsentis diskuti la temon, ĉu Esperanto estu enkondukita (*should be introduced*) en lernejojn, sed finfine decidis, sub premo de la franca delegitaro, ke ĝi rekomendu la studadon de vivantaj (*living*) lingvoj. Laŭ la tiama pensado, la ankoraŭ juna Esperanto konsekvence estis preterlasita.

La esperantistoj devis atendi ĝis 1954, kiam Ivo Lapenna, eble la plej grava esperantisto naskiĝinta (*born*) en la dudeka jarcento, agnoskigis al Unesko (*UNESCO, the United Nations Educational, Scientific and Cultural Organization*) la sukcesojn de Esperanto 'sur la kampo de la internaciaj intelektaj interŝanĝoj kaj por la proksimigo de la popoloj de la mondo' (*in the field of international intellectual exchanges and for the bringing closer together of the peoples of the world*), kaj rekonigis (*got recognized*), ke tiuj rezultoj kongruas kun la celoj kaj idealoj de Unesko. La Rezolucio de la Ĝenerala Asembleo (*Resolution of the General Assembly*), okazigita en Montevideo, la ĉefurbo de Urugvajo, en 1954, rajtigis al la Ĝenerala Direktoro de Unesko kunlabori kun UEA en aferoj, kiuj tuŝas ambaŭ asociojn.

Tiel UEA gajnis konsultan rolon kun la Unuiĝintaj Nacioj, kiun ĝi uzas ene de la grupo 'Lingvo kaj la UN' ĉe sia oficejo en Novjorko, la 'Interrilata Komitato' (*Liaison Committee*) en Parizo, kaj la 'Komitato por la Homaj Rajtoj' en Ĝenevo. TEJO simile partoprenas la 'Internacian Kunordigadan Kunvenon de Junularaj Organizaĵoj' (*International Coordination Meeting of Youth Organisations*) en Novjorko, kaj havas reprezentantojn ĉe la 'Eŭropa Junulara Forumo'.

La revuo de Unesko, *UNESCO Courier*, estas disponebla en Esperanto. Trezoro Huang Yinbao iniciatis la projekton, pro kiu li ricevis en 2017 la titolon 'Esperantisto de la Jaro'.

 1 La Esperanto de Zamenhof havis trajton, kiun oni maloftege aktuale atestas, kvankam temas pri unu el la 16 reguloj priskribantaj la lingvon, kiujn li origine listigis. Kiu estas tiu trajto? **2** Kun kiu organizaĵo UEA havas 'konsultajn rilatojn'?

Vocabulary builder

 08.01 **Legu la vortliston kaj klopodu aldoni la mankantajn anglajn tradukojn. Poste, aŭskultu la registraĵon, kaj provu imiti la prononcon de la parolanto.**

EKOLOGIO	ECOLOGY
la medio	the environment (not **(amas)komunikiloj** the (mass) media)
klimatŝanĝiĝo	climate change
la planedo plivarmiĝas	the planet is heating up
plivarmigi la atmosferon	to heat up the atmosphere
polui, poluado	to pollute, _____
eligi forcejajn gasojn	to emit greenhouse gases
bruligi karbon	to burn coal
inundi, inundo	to flood, _____
uragano, tajfuno, ciklono	a hurricane, _____, _____

degeli[intr]	*to thaw / to melt*
fandi la glaciĉapojn	*to melt the ice caps*
forhaki la pluvarbarojn	*to chop down the rainforests*
daŭripova	*sustainable*

Conversation

 08.02 *La mondo alfrontas krizon, pri kiu la Monda Organizaĵo pri Sano, parto de la Unuiĝintaj Nacioj, konsilas registarojn. Ŝajnas, ke oni devos nuligi* (to cancel) ***SES**, krom se iu ekpensos pri solvo, tiel ke ĝi ne nuliĝos* (get cancelled)***.***

1 **Legu la subajn demandojn. Poste, aŭskultu la konversacion, kaj klopodu respondi la demandojn**

   a Kio okazas ĝuste nun en la mondo?

   b Pri kio krom SES parolas la organizantoj?

Sara	Mi havas malfeliĉigan novaĵon. Laŭ ĵusaj raportoj, la registaro ĉi-vespere sciiĝos la publikon, ke oni ne plu rajtos amasiĝi en publikaj lokoj, kaj kiel eble plej multe devos resti ĉe si, por malhelpi la disvastigadon de la viruso kaj minimumigi la nombron de homoj, kiuj infektiĝos.
Jakob	Tio decidigas la aferon, do, ĉu ne? Baldaŭ sekvos fermo de la landlimoj. Evidentiĝas, ke ni havos nenian elekton krom tuj nuligi la ĉi-jaran SES. Tiu tutmonda krizo ja malebligas al ni fari alie.
Natalia	Tio estas bedaŭrinda novaĵo, sed ĝi ne ŝurprizas min. Multaj aliaj similaj aranĝoj lastatempe nuliĝis, kio pensigis min jam antaŭ longe, ke oni certe devigos same al ni. Mi surpriziĝus, se ni ja sukcesus starigi SES. Tuta malŝparo de organiza tempo, sed nenio kompare kun la aktuala perdo de vivoj pro la pandemio. Situacio tre malfeliĉiga.
Branko	Jes, kompreneble, okazigi SES ŝajnis pli kaj pli malprobable en la lasta semajno pro la rapida disvastiĝado de la pandemio. Mi opinias, ke tio estas nur la unua el amaso da krizoj kaj katastrofoj, kiujn la tuta mondo devos batali. Jam de longe oni mistraktadas la planedon, kaj endanĝerigas nin, per daŭra eligado de forcejaj gasoj, bruligado de karbo, forhakado de la pluvarbaroj ... la listo estas senfina.
Sara	Vere maltrankviligas min, ke la planedo daŭre plivarmiĝas, malgraŭ la multaj jaroj da antaŭaverto. Tiu klimatŝanĝiĝo estos baldaŭ neŝanĝebla katastrofo.
Branko	'Klimatŝanĝo', prefere: la klimato ne ŝanĝas sin; ĝin ŝanĝas ni. Ne plivarmiĝas la planedo, kaj ne plialtiĝas la temperaturo; la planedon plivarmigas kaj temperaturon plialtigas la homaro. Enatmosferigas metanon kaj karbonan dioksidon ni. Tial la planedo fariĝas varma. Temas pri 'la forceja efiko'.
Natalia	Mi certe aŭdis pri la forceja efiko, sed ne komprenas, kial la sekvoj estos malbonaj. Ĉiuj ŝatas la sunon, ĉu ne? Kial gravas, se la temperaturo fariĝos iom pli alta?

Jakob	Nu, ne ĉiuj ŝatas la sunon. Bonvenigus altiĝon je kelkaj gradoj vi, sed ne la centoj da milionoj da homoj en landoj, kie jam estas suferige varmege, la centoj da milionoj de tiuj kompatinduloj, kiuj mem kontribuis neniom al la poluado kaj malplibonigado de la planedo, sed kiuj suferos poste. Sekvos senpluvado, dezertigado, malsatego...
Branko	Kio okazas al glacio en varma temperaturo, Natalia? La varmo degeligas ĝin, ĉu ne? Pensu nun pri la polusaj glaciĉapoj: kio okazos, kiam ili degelos, kiam la altaj temperaturoj forfandos ilin?
Sara	Sekvos inundoj, kompreneble, kaj ankaŭ por homoj, kiuj ne loĝas marborde. Oni vidas jam nun, ke urboj pli kaj pli ofte inundiĝas. Ne temas simple pri plivarmiĝo, Natalia: la vetero plene ŝanĝiĝas, tiel ke aperas pli kaj pli ofte ŝtormaj ventegoj kiel uraganoj. La efiko sur la homaro estas multe pli ol someroj pli varmaj.
Natalia	Kio ... kion oni povus fari por haltigi tion? Mi delonge recikligas plastajn kaj kartonajn rubojn, kaj ne flugas, ĉar oni diris, ke tiel oni savos la medion. Tio tamen ne sufiĉos, ĉu?
Branko	Necesas multe pli ol agado de unuopuloj, kvankam ne malhelpas, ke ni faru laŭ niaj ebloj por krei daŭripovan mondon. La problemo estas transnacia, kaj tia devas esti ĝia solvo. Ĝuste nun, internaciaj organizaĵoj kiel la Unuiĝintaj Nacioj kunsidas por solvigi la problemojn. Nu, kunsidas virtuale, kompreneble, ĉar pro la pandemio oni devige ne amasiĝu. Atendu ... enkapiĝas ideo. Ni povus daŭre okazigi SES! Ni ne rajtas venigi homojn al ĉe ni ... do kial ne ebligi al homoj aperigi *nin* al ĉe si? Ni starigu virtualan SES per komputiloj!
Sara	Kiel? Kiel eblas efektivigi tion? Mi subtenas la ideon, sed ne vidas kiel ĝi efektiviĝos.
Branko	Facile! Ni jam faras tion por niaj propraj virtualaj kunvenoj. Ni simple faros same, sed pli grandskale. Ĉiuj, kiuj aliĝos al SES, povos poste partopreni la diversajn kursojn kiel virtualan renkontiĝon kun la instruisto. Tute kontentiga rezulto! Jen nia 'daŭripova SES'!
Natalia	Tio ... tio ja funkcius, ĉu ne? Fakte ... tio ebligos al pli da homoj aliĝi, ĉar nun oni ne devigos ĉiujn veturi por partopreni.
Sara	Alia afero plialtigos la kvanton de homoj, kiuj interesiĝos: ni malplialtigu la kotizon, ĉar ni ne plu havos tiom da elspezoj, do ne bezonos tiom enspezi. Ju malpli alta la kotizo, des pli alta la nombro de partoprenantoj! Tiel ni povus aliĝigi multe pli da homoj kaj plene sukcesigi SES, sen enaerigi eligaĵojn!

2 **Nun legu la konversacion, kaj respondu al la demandoj en Esperanto.**

  a Kiujn limigojn anoncas la registaro vespere? _____

  b Kiuj limigoj supozeble sekvos? _____

  c Kial Natalia jam kredis, ke SES ne okazos?
  Ĉar malsufiĉe da homoj aliĝis. / Ĉar similaj aranĝoj jam nuliĝis. / Ĉar la urbo lastatempe inundiĝis.

  d Kion oni proponas por savi SES?
  Instrui komputile. / Forigi la kotizon, tiel ke ĝi estos senpaga. / Prokrasti ĝin ĝis pli malfrue en la jaro.

3 Parigu la homon al ties tuja reago pri la forceja efiko.

a	Sara	1	La vetero estos pli agrabla.
b	Jakob	2	Suferos senkulpuloj.
c	Natalia	3	La marniveloj estos pli altaj.
d	Branko	4	Aperos tajfunoj kaj ciklonoj.

4 Trovu la vortojn en la konversacio, kiuj signifas:

a puts in danger _____

b will become infected _____

c drought _____

d to put a stop to _____

e to put into the air _____

f upsetting _____

g gets flooded _____

h by the coast _____

i famine _____

j desertification _____

k to get to sign up _____

l emissions _____

💡 Language discovery

1 Using the conversation for reference, answer the following questions.

a Match the following words (1–12) with their meanings (a–l).

1	varmiĝi	a	to heat
2	varmigi	b	to become fulfilled, realized
3	altiĝi	c	to join
4	altigi	d	to achieve, to accomplish
5	efektiviĝi	e	to become widespread
6	efektivigi	f	to unsettle, to agitate
7	disvastiĝi	g	to expel, to emit
8	disvastigi	h	to get hot
9	maltrankviliĝi	i	to elevate, to raise
10	maltrankviligi	j	to spread, to disseminate
11	aliĝi	k	to rise
12	eligi	l	to become jumpy, uneasy

b Choose the correct form of the word to use.

1 SES (okazos/okazigos) post nur dek tagoj, kaj ni ankoraŭ ne (finiĝis/finis) la preparadon.

2 Ni (nuliĝis/nuligis) SES ĉi-jare, sed (okazos/okazigos) ĝin denove en la sekva jaro. Ni pensas (stari/starigi) ĝin en la ĉeha urbo Liberec, sed ankoraŭ ne (komenciĝis/komencis) plani ĝin. (Komenciĝos/Komencos) la planado baldaŭ.

3 La planedo (plivarmiĝas/plivarmigas), kaj baldaŭ la glaciĉapoj pli rapide (degelos/degeligos).

c Add **-ig-** where appropriate.

1 Ni jam sci___is, ke ni devos nuligi SES, sed devis atendi ĝis la registaro sci___is nin antaŭ ol formale fari la decidon.

2 Ĉu vi povas kredi tion? Mia estro ĝojplene akceptas de ĉiuj gratulojn, ke li solv___is la problemon, kvankam li faris neniom, krom plusendi la taskon al mi. Oni nur gratulu lin, ke li solv___is ĝin, ĉar solv___is la problemon mi!

3 La imperiestro konstru___is dek kastelojn en tri landoj lastan jaron!

d Fill the gaps with **de** or **da** as appropriate.

1 multe pli ___ homoj

2 jaroj ___ antaŭaverto

3 malŝparo ___ tempo kaj perdo ___ vivoj

4 plialtigi la kvanton ___ homoj

5 minimumigi la nombron ___ homoj, kiuj infektiĝos

6 centoj ___ milionoj ___ homoj

7 centoj ___ milionoj ___ tiuj kompatinduloj

1 WORD-BUILDING WITH -IĜ- AND -IG-

In some instances, creating a verb from a noun or an adjective is as simple as replacing the **o**- or **a**-ending with an **i**: **bremso** (*a brake*) → **bremsi** (*to brake*); **laca** (*tired*) → **laci** (*to be tired*). However, this is not a hard and fast rule, and does not always work: **rapida** (*fast*) → **rapidi** (*to hurry ≠ to be fast*). Creating a verb from other elements will usually involve the suffixes **-iĝ-** and **-ig-**.

From **varma** (*hot*) are derived **varmiĝi** (*to get hot*) and **varmigi** (*to heat*): **Tutmondaj temperaturoj danĝere varmiĝas en la lastaj jaroj.** (*Global temperatures are getting dangerously hot in recent years.*) – **La homaro varmigos eĉ la polusojn.** (*Man will heat up even the poles.*)

Other word parts can be incorporated, including particles like **pli** or prepositions such as **en**: **En kelkaj mondopartoj la tagoj** <u>pli</u>**varmiĝas ĝis eĉ 50 gradoj.** (*In some parts of the world the days are getting hotter up to even 50 degrees.*) – **La homaro danĝere** <u>pli</u>**varmigas la planedon.** (*Man is dangerously heating up the planet.*) – <u>En</u>**atmosferigi karbonan dioksidon.** (*Putting CO$_2$ into the atmosphere.*)

Which of **-iĝ-** or **-ig-** should be part of the new word depends on the meaning of the verb and how it is intended to be used. Verbs formed with **-iĝ-** cannot take a direct object: their meanings can often be translated as *to become x*: **altiĝi** (*to rise*): **Altiĝas marniveloj.** (*Sea levels are rising.*) Verbs built with **-ig-**, on the other hand, *can* take a direct object, and can often be interpreted as *to make (somebody or something) x*: **altigi** (*to raise*): **La degelado de la glaciĉapoj altigos la marnivelojn.** (*The melting of the icecaps will raise sea levels.*)

> **LANGUAGE TIP**
>
> Verbs which can take a direct object, such as **varmigi**, are called **transitivaj** (*transitive*) verbs, with the idea that the action of the verb is 'transmitted' to the direct object, shown by the **n**-ending. Verbs which cannot take a direct object, such as **varmiĝi**, are called **netransitivaj** (*intransitive*). Every verb with **-ig-** is transitive; all verbs with **-iĝ-** are intransitive.

The suffixes **-iĝ-** and **-ig-** can be used to produce other word types beyond verbs: **tutmonda varmiĝo** (*global warming*), **maltrankviliga novaĵo** (*unsettling news*). They can also be made into verbs themselves, replicating uses of **fari**: **iĝi/fariĝi varma** (*to get/become hot*), **igi/fari varma** (*to make/cause to be hot*).

2 Create a verb with the given meaning, using **-iĝ-** or **-ig-** as appropriate.

    a ebla – *to make possible* _____

    b pli + bela – *to embellish* _____

    c ruĝa – *to blush* _____

    d pli + bona – *to become better* _____

    e sub + akvo – *to descend beneath the surface of water* _____

    f el + buŝo – *to come out with (~ to voice/to say)* _____

    g en + aero – *to put into the air* _____

    h el + trajno – *to get off a train* _____

2 IDENTIFYING TRANSITIVITY IN VERBS

A challenging aspect of Esperanto is that verbs usually are inherently either transitive or intransitive, and speakers simply have to know which is which in order to use the verb properly. Quite often the transitivity of Esperanto verbs matches that of the English equivalent. English very often has verbs which are both intransitive and transitive, such as *to burn*: *the logs were burning in the fireplace* and *I burned the logs* both work in English. In Esperanto, however, the verb **bruli** (*to burn*) is intransitive, corresponding to the first English meaning; it cannot be used with a direct object, as in the second example.

> **LANGUAGE TIP**
> Good dictionaries indicate a verb's transitivity with a marker such as **ntr** (**netransitiva**) or **tr** (**transitiva**). A small number of Esperanto verbs have dual transitivity and are marked with **x**, such as **fumi**[x]: **La kradrosto bele fumis**[ntr]**, do la gastiganto foriris por fumi**[tr] **cigaredon.** (*The barbecue was smoking nicely so the host left to smoke a cigarette.*)

One way of confirming the transitivity of a verb is to see it in use: **La registaroj de la mondo kunlaboru energie por solvi la klimatkrizon.** (*The governments of the world should work dynamically together to solve the climate crisis.*) The presence of a direct object after **solvi** confirms that it is a transitive verb; the absence of one with **kunlabori** (*to work together, to co-operate*) suggests that it is intransitive. This approach, however, is not foolproof: as with English, there is no requirement to mention a direct object; one can often be implicitly understood: **Malgraŭ avertoj, kelkaj nacioj poluas**[tr] **pli kaj pli.** (*In spite of warnings, some countries are polluting*[tr] *more and more.*) Sometimes an **n**-ending will be in use alongside an intransitive verb, playing a role other than marking the direct object: **Ni restis**[ntr] **du tagojn tie**. (*We spent two days there.*)

> **LANGUAGE TIP**
> Committing an example sentence to memory helps to learn a verb's transitivity. When creating a memorable sentence with a transitive verb, remember to include the object even though it is often possible to leave it as implicitly understood: **Oni poluas <u>la maroardjn</u> per plastaj rubaĵoj.** (*People are polluting <u>the sea</u> with plastic waste.*)

3 **Label the verbs in these examples 'ntr' or 'tr' depending on their transitivity.**

a Degelas (_____) la glaciĉapoj: la altaj temperaturoj fandas (_____) ilin.

b La incendioj en la arbaroj daŭris (_____) du semajnojn.

c Nekredeblaj kvantoj de forcej-efikaj gasoj enatmosferiĝas (_____), kio plialtigas (_____) la temperaturojn, kaj malplibonigas (_____) la klimatkrizon.

d La urbo inundiĝis (_____) duan fojon ene de monato.

The transitivity of Esperanto's verbs is something which must be learned on a case-by-case basis. Despite perceptions, a verb's transitivity is not determined arbitrarily: the meaning of the verb makes the transitivity apparent. The definition of **bruli**[ntr] (*to burn*) in Esperanto is *to be consumed by fire*, which makes it clear that the action affects the subject rather than is transmitted to an object.

> **LANGUAGE TIP**
> The best way to understand a verb's transitivity is to learn what a verb means rather than how it translates. A downside of this approach is that definitions can be quite wordy: **boli** (*to boil*) is *when a liquid is so hot that bubbles of vapour are produced on its surface*, which is much harder to retain than the simple translation '*to boil*'. A handy workaround in such a scenario is to come up with a more precise translation, such as *to come to/be at a boil*.

4 **Match the definitions with the verbs, using them to determine whether the verb is intransitive or transitive. Mark the verb's transitivity, and record an everyday English translation.**

Example: pendi[ntr]: to be suspended from above with the lower part dangling free.
to hang

| okazi | inundi | ŝanĝi | kreski | manki | komenci |
| droni | timi | fini | daŭri | ĉesi | eksplodi | aperi |

a _____: to cause to happen or begin. _____

b _____: to bring to an end. _____

c _____: to undergo natural development by increasing in size and changing physically. _____

d _____: to die through submersion in and inhalation of water. _____

e _____: to burst or shatter violently and noisily as a result of rapid combustion, excessive internal pressure, or other process. _____

f _____: to come to an end, to cease. _____

g _____: to make different. _____

h _____: to cover with an abnormal overflow of water. _____

i _____: to take place. _____

j _____: to come into sight or existence. _____

k _____: to last. _____

l _____: to have an uncomfortable feeling, viewing something as dangerous, painful or harmful. _____

m _____: to be absent or in short supply. _____

Switching a verb's transitivity with -iĝ- and -ig-

The suffixes **-iĝ-** and **-ig-**, used to create verbs from other elements, can also be used with existing verbs. Since their presence determines a verb's transitivity, an intransitive verb can be created from a transitive one by adding **-iĝ-**: **La altaj temperaturoj fandas la glaciĉapojn.** (*The high temperatures are melting the icecaps.*) → **La glaciĉapoj fandiĝas.** (*The icecaps are melting.*) Similarly, adding **-ig-** to an intransitive verb creates a verb which is transitive: **La arboj brulis.** (*The trees were burning.*) → **Oni bruligas la pluvarbarojn.** (*People are burning the rainforests = 'causing the rainforests to burn'.*)

5 Add -iĝ- or -ig- where necessary in the following extract, leaving the verb as it is otherwise.

Eksplod___as la klimatkrizo, kaj tio vere tim___as min! La nunaj problemoj komenc___is antaŭ jardekoj, kaj multege kresk___is intertempe. Mank___as tempo por aper___i solvon. Nian mistraktadon ni tuj ĉes___u, kaj nian ĝisnunan konduton ni ne daŭr___u; ĝin ni tuj ŝanĝ___u, antaŭ ol la situacio tro grave ŝanĝ___os. Okaz___as pli kaj pli ofte inundegoj, kaj multaj eĉ dron___as; inund___as nun urbojn, kie neniam antaŭe aper___is tiaj problemoj. La planedo ne daŭr___os tiel! Ĉu ni ne finfine komenc___os ŝanĝ___i nian vivmanieron? Aŭ ĉu vere la homa vivo sur la Tero unu baldaŭan tagon fin___os?

Using -ig- with transitive verbs

The sense of getting somebody else to perform the action is conveyed by adding **-ig-** to a transitive verb: **La Unuiĝintaj Nacioj kunsidas por solvi la problemojn.** (*The UN is convening to solve the problems.*) → **La Unuiĝintaj Nacioj kunsidas por solvigi la problemojn.** (*The UN is convening to get the problems solved.*) In the second example, the UN might be debating putting pressure on governments to address a situation or pursuing an educational campaign but is not actually solving a problem itself.

It is possible to show who actually performs the action using **al**, although this can sometimes be ambiguous: **Mi paroligos al li la faktojn pri la klimatkrizo.** (*I will make him speak the facts about the climate crisis/I will have him told the facts about the climate crisis.*) One solution is to use **igi** as a verb: **Mi igis lin paroli la faktojn.** (*I got him to speak the facts.*) Note that if a sense of obligation or coercion is involved, then the idea of 'making somebody' is usually conveyed with **devigi**.

> **LANGUAGE TIP**
>
> As **-ig-** can be used with transitive verbs, **-iĝ-** may be used with verbs which don't take an object, in which case they indicate a transition to that action, mirroring **ek-**: **ili brulas** (*they are burning*), **ili bruliĝis/ili ekbrulis** (*they caught fire*).

3 PREPOSITIONS WITH QUANTITIES

The preposition **da** is used exclusively with quantities, corresponding to English's *of*. It connects an expression of quantity to a term showing what that quantity consists of, providing that the latter is unlimited and undefined: **Centoj da milionoj da homoj en landoj, kie jam estas suferige varmege, ne bonvenigus temperaturan altiĝon.** (*Hundreds of millions of people in countries which are already unbearably hot would not welcome an increase in temperature.*)

When **da** isn't used with quantities

It is not possible to use **da** when the expression of quantity is an adjective or a numeral, unless the numeral is a noun: <u>**Multaj**</u> **homoj respondis la** <u>**tri**</u> **demandojn.** (*Many people answered the three questions.*)

> **LANGUAGE TIP**
>
> The basic numerals **unu**, **du**, **tri** … are roots, and are not used with **da**, **Cento**, **miliono** and **miliardo**, as their final letter indicates, are nouns, as are the other numerals when an **o**-ending is added: **dekduo da ovoj** (*a dozen eggs*).

When the substance is limited or defined in some way, it is not correct to use **da** after the expression of quantity. Words such as **la**, **tiu** or **ĉiu** prior to a substance mean that it is no longer undefined or unlimited, in which case either **de** or **el** should be used: **La centoj da milionoj** <u>**de tiuj kompatinduloj**</u>**, kiuj mem kontribuis neniom al la poluado kaj malplibonigado de la planedo, sed kiuj suferos poste.** (*The hundreds of millions <u>of those unfortunate people</u> who never contributed anything at all to the pollution and deterioration of the planet but who will suffer afterwards.*)

This usually applies to pronouns too, since they refer to something previously defined: **Dankon pro la supo! Ni gustumis iom** <u>**de/el**</u> **ĝi kaj tre ŝatas ĝin!** (*Thanks for the soup. We've already tasted a bit <u>of it</u> and really like it!*) However, in some instances a pronoun can refer to a *type* of something rather than to a particular defined thing: **Mi antaŭĝuas gustumi novajn supojn, kiam vi havos pli** <u>**da ili**</u>**.** (*I'm looking forward to trying some new soups when you have more <u>of them</u>.*)

Identical constructions with different meanings

Sometimes the meaning of an otherwise identical quantity word and substance will determine which preposition to use, as in **grupo __ esperantistoj**. If the more important element to convey is the quantity, then **da** is used; otherwise, **de** is the appropriate preposition. **Mi pardonpetas, sed alia grupo (da esperantistoj) jam antaŭmendis tiun ĉi tablon.** (*I'm sorry but another group (of Esperantists) has already reserved this table.*) – **Nekredeble! (Grupo de) esperantistoj babilas en la angla en la kongresejo!** (*Unbelievable! (A group of) Esperantists are chatting in English in the kongresejo!*)

Despite their names, **kvanto** and **nombro** are not necessarily quantities. If a sentence still makes sense after the substance is removed (and you make number and case agree as required), then **kvanto** or **nombro** were not being used as expressions of quantity: **Alia afero plialtigos la kvanton (de homoj), kiuj interesiĝos.** (*Another thing will increase the quantity (of people) who are interested.*) – **Ju malpli alta la kotizo, des pli alta la nombro (de partoprenantoj)!** (*The lower the sign-up fee, the higher the number (of participants).*)

Sometimes, those words actually do represent an amount of the substance. This is apparent if the sentence retains its meaning once the quantity word and **da** are removed or if there could be a sensible answer to the question **Kiom da?**: **Tio eligas (nombron da) danĝeraj gasoj.** (*That emits (a number of) dangerous gases.*)

> **LANGUAGE TIP**
> Be careful not to automatically add **da** in expressions such as **manko de tempo** (*a lack of time*), **speco de libro** (*a type of book*), **perdo de mono** (*a loss of money*), **malŝparado de akvo** (*a waste of water*). None of the nouns represents quantities but they can sometimes trip speakers up!

6 **Decide whether** *da*, *de* **or** *el* **are required in the gaps in these sentences. If nothing is required, leave it blank.** (Sometimes **de** or **el** can be used interchangeably but not always.)

   a Mia urbo estas relative malgranda. En ĝi loĝas nur dek mil _____ homoj. En la pli granda najbara urbo loĝas pli ol duonmiliono _____ homoj. Malmultaj _____ ili havas sian propran domon: en kelkaj _____ domoj loĝas ĝis dek _____ homoj.

   b En Brituujo troviĝas multe _____ katoj kaj preskaŭ tiom _____ hundoj, ĉar tre multaj _____ familioj ŝatas havi hejmbeston. La plimulto _____ tiuj katoj rajtas pasigi iom _____ tempo ekster la domo tutsole, dum preskaŭ ĉiuj _____ la hundoj eliras nur kun sia posedanto, kaj la plej granda parto _____ la tago pasigis en la domo.

   c Por festi la novan kontrakton, ili mendis botelon _____ la plej multekosta ĉampano, kiun proponas la restoracio. Eĉ glaso _____ ĝi kostas £100! Mi ne scias, kiel oni povas esti preta pagi tiom _____ mono por glaso _____ ĉampano, eĉ por glaso _____ ĉampano tiel bone konata. Mi mem ne pretus pagi tiel multe _____ mono por botelo _____ ĝi, des malpli por glaso.

Listening

🎧 08.03 Aŭskultu la registraĵon de 'NASK en pandemia jaro', origine publikigita en *Usona Esperantisto*, la gazeto de Esperanto-USA, pri okazigo de granda Esperanta aranĝo en treege malkutima situacio. Verkis ĝin Lee Miller, Akademiano, instrua kunordiganto de la Nord-Amerika Somera Kursaro, kaj ĉefa motoro de subtena grupo por miloj da homoj lernantaj Esperanton per Interreto.

> **EXTRA VOCABULARY**
> **klera**   *educated, enlightened, cultured*

1 Kio estis speciala pri NASK en 2019?

Ĝi duonjarcentiĝis. / Ĝi okazis dufoje en la jaro. / Instruis doktoro Zamenhof.

2 Kial 'preskaŭ ĉio en la homa vivo rapide ŝanĝiĝis'? _____

3 Kiu estas la celo de NASK?

Klerigi samlandanojn. / Paroligi usonajn esperantistojn kun alilandanoj. / Ebligi al kanadoj kaj meksikanoj vojaĝi al Usono.

4 Kiuj troviĝis en la gastaro en 2019?_____

5 Kial la organizantoj jam planis kursaron malpli longan ol kutime? _____

6 La instruistoj de la postbaza kaj meznivela kursoj duobl___is la nombron ___ sesioj, kaj tiel solv___is la problemo, ke tro multaj ___ homoj deziris al___i en 2020.

7 Kiun decidon faris la organizantoj post la finiĝo de NASK 2020? Ili decidis

---

CULTURE TIP

NASK, the **Nord-Amerika Somera Kursaro de Esperanto**, is a summer programme of high-level Esperanto classes which has been running since 1970, when it was founded at San Francisco State University by Cathy and Bill Schulze. It continues to run with the financial assistance of the Esperantic Studies Foundation, to which the Schulzes left an extremely generous **testamentaĵo** (*bequest*) to support Esperanto into the future.

Speaking and pronunciation

En 2020, la Unuiĝintaj Nacioj lanĉis projekton UN75. Ĝia reta enketo (*survey*), disponebla en Esperanto, petis respondojn al pluraj demandoj.

▶ Klarigu vian opinion pri tio, ĉu homoj en 2045 estos en pli bona situacio, malpli bona situacio, aŭ la sama situacio kompare kun via nuna situacio.

▶ Klarigu kion vi konsilus, ke la Ĝenerala Sekretario de UN faru por alfronti (*to face, to confront*) aktualajn tutmondajn evoluojn (*developments*).

▶ Certiĝu, ke parolante vi klare distingos inter **-iĝ-** kaj **-ig-**.

Reading

La sekva artikolo, verkita de Mirosław Kossakowski, estis publikigita en numero de *Sennaciulo* (*Nationless One*), la gazeto de Sennacieca Asocio Tutmonda (SAT). Legu la artikolon kaj respondu la demandojn.

LA HOMARO DANĜERE PLIVARMIGAS LA TERON

Forcejaj gasoj

La terklimato ŝanĝiĝas kaj ŝanĝiĝis nature dum milionoj da jaroj. Ekde la jaro 1850 la homaro influas la klimaton per enaerigado de forcej-efikaj gasoj, kiuj danĝere plivarmigas la terklimaton. Karbona dioksido kaj nitrogen-oksido kreiĝas dum la brulado de karbo, nafto kaj tergaso. La enatmosferigo de karbona dioksido plivarmigas je 63% la terklimaton. Metano kreiĝas dum la senoksigena transformiĝo de organika materio: ekzemple, bovoj kaj ŝafoj produktas multe da metano dum digestado. La ĉiamfrostaj grundoj kaj glaciejoj havas gigantajn kvantojn de metano, dufoje pli ol nuntempe en la atmosfero, kiuj enaeriĝos post la degelado, kaj poste malkomponiĝas al karbona dioksido. La forhakado de arbaroj forigas la en ili karbonan dioksidon kaj enaerigas ĝin, kio pligrandigas la forcejan efikon kaj kondukas al plialtigo de la klimata temperaturo.

La tutmonda varmiĝo havas ege zorgodonajn konsekvencojn por la homoj kaj ties medio. Jen kelkaj el ili: varmigo de la teroj; degelo de la glaciejoj; malpliigo, eĉ malapero, de la glacio en kelkaj areoj de Arkto kaj Antarkto; plialtigo de la marnivelo, kio kaŭzos inundojn en marbordaj areoj kaj subakvigos domojn; malapero de specioj; plivastigado de dezertoj; pliintensigo de infektaj malsanoj, kiuj plivastiĝos norden; pli intensaj ciklonoj, tajfunoj kaj uraganoj.

La neinversigebla turnopunkto de la tera ekzistado

Internaciaj esploristoj avertas, ke se la Tero spertos sufiĉan altigon de la temperaturo en la postaj jardekoj, ĝi povus atingi turnopunkton kun danĝeraj konsekvencoj. Laŭ tiuj esploristoj, la turnopunkton oni povus atingi, kiam la temperaturo de la terklimato superos je 2 gradoj tiun de la antaŭindustria periodo. Ĝis nun, la klimato de la Tero superis je nur 1 (unu!) grado tiun de la antaŭindustria periodo, kaj jam dum la lastaj jaroj la mondon trafis tajfunoj, varmego, vulkanaj erupcioj, diluvoj kaj senpluvado, ktp pli ofte ol en la antaŭa jarcento. Ĝi jam atingis 1 gradon, kaj plu altiĝas je rapida ritmo.

La sciencistoj anoncas alarmon, ĉar la turnopunkto povus neinversigeble ŝanĝi la teran daŭripovon. La glaciĉapoj de Arkto kaj Antarkto fandiĝus, la niveloj de maroj kaj oceanoj plialtiĝus (eĉ ĝis 60 metrojn), riveroj superbordiĝus, uraganoj detruadus la marbordojn, multaj lokoj sur la Tero fariĝus neloĝeblaj, multaj terenoj varmiĝus kaj sekiĝus. La organikaj substancoj en la glacio de la norda kaj suda polusoj malkomponiĝus, kio enatmosferigus metanon kaj karbonan dioksidon, kaj plivarmigus la Teron. Simila situacio okazus en la oceanoj, kie la metano liberiĝus al la atmosfero, kaj arbaroj per bruligado liberigus en ĝin sian karbonon. La Teron riskus transformiĝi en 'forcejon', kaj ne eble estus la reveno al la nuntempaj vivkondiĉoj.

<table>
<tr><td colspan="2">EXTRA VOCABULARY</td></tr>
<tr><td>La Tero, tero</td><td>The Earth, soil (earth, land, ground)</td></tr>
<tr><td>karbo</td><td>coal</td></tr>
<tr><td>nafto</td><td>(crude) oil</td></tr>
<tr><td>metano</td><td>methane</td></tr>
<tr><td>grundo</td><td>soil, ground</td></tr>
<tr><td>komponi</td><td>to compose</td></tr>
<tr><td>inversa</td><td>reverse</td></tr>
<tr><td>vulkano</td><td>a volcano</td></tr>
<tr><td>diluvo</td><td>a deluge, a flood</td></tr>
<tr><td>seka</td><td>dry</td></tr>
</table>

1 **Kio kreas karbonan dioksidon kaj nitrogen-oksidon?** _____

2 **Kie oni trovas dufoje pli da metano ol kiom troviĝas aktuale en la atmosfero?**

_____

3 Priskribu la paŝojn, kiuj kondukos al subakvigado de domoj: Pro la tutmonda varmiĝo _____

_____

4 Laŭ avertoj de esploristoj, la sekva turnopunkto povus okazi kiam la temperaturo de la terklimato altiĝos:

je unu grado. / je du gradoj. / ĝis ĝi atingos tiun de la antaŭindustria periodo.

5 Tiu ĉi turnopunkto aparte timigas sciencistojn, ĉar _____

Writing

Vi reprezentis UEA en kunveno de la Unuiĝintaj Nacioj, dum kiu oni diskutas la artikolon 'La homaro danĝere plivarmigas la Teron'. Vi devos fari raporton pri la sesio en formo de artikolo por Esperanto, la ĉiumonata gazeto, kiun ricevas membroj de UEA. Ĝi estu ĝis 500 vortojn longa.

▶ Verku vian propran version de 'La homaro danĝere plivarmigas la Teron' kun propraj titolo kaj subtitoloj. Uzu ĝin kaj ĝian enhavon kiel modelon kaj informojn, sed ne rekte kopiu la ekzistantan artikolon.

▶ Subtenu vidpunktojn per aliaj informoj, kialoj, kaj rilataj ekzemploj.

▶ Evitu frazumadon, kiu pensigus legantojn, ke viaj komentoj montras personan vidpunkton anstataŭ faktoj.

Go further

Ecology and environmental issues are a hot topic in Esperanto, and it isn't hard to find material to read and listen to on related subjects. **Esperanta Retradio** combines both features, presenting an audio article on a daily basis, alongside a transcription. These issues feature regularly in **Monato**, the archives to which are freely accessible online, as is **Unesko-Kuriero**.

⁇ Test yourself

1 From the definitions, indicate whether these verbs are transitive or intransitive.

    a movi _____: Transloki ion.

    b dolori _____: Sentigi al iu tre malagrablan korpan aŭ spiritan impreson.

    c turni _____: Movi ion ĉirkaŭ ĝia akso.

2 Two people with opposing opinions are having a discussion. Fill the gaps with **-iĝ-** or **-ig-** if they are required. If not, leave the gap blank.

Grenjo: Ni komenc____is varm____i la planedon, kaj nun tro ŝanĝ____is la klimaton. La polusoj degel____as kaj komenc____as plialt____i la mar-nivelon.

Doĉjo: Tio ne estas vera. La planedo mem varm____as. Tio komenc____is tutsole. Mi ne kred____as, ke la homaro kaŭz____as klimatŝanĝ____on. Neniu kaŭz____as ĝin. Oni diru do 'klimatŝanĝ____o'.

Grenjo: Ĉu vi ne rimark____is, ke plialt____as la temperaturo jaron post jaro? Ĉu neniu rimark____is tion al vi?

Doĉjo: Kiel mi diris, neniu varm____as la temperaturon. Tio okaz____as per si mem.

3 Choose whether to use **da** or **de** in the following examples. (Hint: Does the sentence still make sense if **kvanto/nombro** and **da/de** are removed? If so, the word is actually representing a quantity of something. If **de/da** and the following information can be removed leaving a reasonable sentence, then **kvanto/nombro** are not quantities.)

   a Kontraŭ ĉiu teorio estas kvanto _____ argumentoj.
   b Gratulon! La nombro _____ klientoj denove kreskis!
   c Lumigis la ĉambron miriga nombro _____ lampoj.
   d Ni konstatis duobligon de la kvanto _____ lernantoj.

SELF CHECK

I CAN. . .
... build words using **-iĝ-** and **-ig-**.
... identify a verb's transitivity from seeing it in use or with the aid of a dictionary.
... switch a verb's transitivity using **-iĝ-** and **-ig-**.
... determine when not to use **da** with quantities.

9 La labormondo
The world of work

In this unit you will:
▶ *explore and use Esperanto's system of participles.*
▶ *learn when to use compound forms in place of simple constructions.*
▶ *practise switching between active and passive voices.*
▶ *read about how some Esperantists complemented their universal language with a universal currency.*

CEFR: (C1) *Can easily follow an animated discussion or debate between native speakers, even on abstract, unfamiliar topics; can participate fully in an interview, expanding and developing the point being discussed.*

 ## Unu mondo, unu lingvo, unu mono

La fruaj esperantistoj havis sian propran lingvon por plifaciligi (*to facilitate*) korespondadon kun homoj loĝantaj en aliaj landoj; estis nature, ke iu proponis monunuon (*currency*) por plisimpligi ankaŭ iliajn financajn transpagojn (*transactions*). Tiu iu estis Robert de Saussure, kiu, en 1907, enkondukis (*introduced*) la speson, kies valoron oni kalkulis surbaze de (*based on*) la prezo de oro (*gold*). Ĉar la speso mem havis malaltan valoron, la prezojn oni precipe prezentis en spesmiloj, kiuj valoris po du ŝilingojn (*shillings*, dekono de la brita pundo, *one tenth of a British pound*) aŭ kvindek usonajn cendojn (*cents*, duono de unu dolaro).

Uzado de la spesmilo rapide konkretiĝis (*solidified*), kiam Herbert F. Höveler, germana esperantisto loĝanta en Londono, kiu uzis la kaŝnomon (*pseudonym*) E. Ĉefeĉ surbaze de la angla prononcado de la literoj HFH, fondis la Ĉefbankon Esperantistan en Londono en 1907. Jam en 1914 ĝi havis 730 klientojn en 43 landoj, kiuj uzis la ĉekojn (*cheques/checks*) ornamitajn per la vortumo (*adorned with the wording*) 'unu mondo, unu lingvo, unu mono'. UEA, fondita en 1908, tuj ekuzis la novan valuton (*currency*), kaj prezoj por gazetaj kaj membraj abonoj (*subscriptions*) estis ofte prezentitaj en spesmiloj en la antaŭmilita periodo.

Post la Dua Mondmilito, dua Esperanta monunuo estis enkondukita, ĉi-foje de la Universala Ligo, asocio fondita en Nederlando, dum tiu lando estis sub okupacio kaj Esperanto estis malpermesata. Ĝi kreskis tiel, ke en la 1950-aj jaroj ĝi havis 15.000 membrojn, kaj en 1960 ĝi stampis (*minted*) sian unuan moneron (*coin*) en la nova valuto, kiun, laŭ ĝia kredo, la mondo iam alprenos (*take up, adopt*), nomita la stelo. La kurzo (*exchange rate*) de unu stelo egalis al la kosto de unu pano (*loaf of bread*), siatempe (*at the time*) proksimume (*approximately*) 0,25 nederlandaj guldenoj (*0.25 Dutch guilders*). La Universala Ligo rapide fariĝis tre malaktiva, krom mallonga renoviĝo (*renewal*) en la 1970-aj jaroj, kaj fermiĝis definitive en 1993.

UEA intertempe (*meanwhile*) kreis sian propran sistemon por plifaciligi internaciajn transpagojn: aliĝinte al UEA (*upon joining UEA*), ĉiu membro ricevas UEA-konton (*UEA account*), en kiun kaj el kiu (*into and from which*) eblas pagi. Tiuj pagoj nun okazas en eŭroj, kies nomo havas Esperantan ligon: la belga esperantisto Germain Pirlot skribis al Jacques Santer, la tiama prezidanto de la Eŭropa Komisiono (*European Commission*), en aŭgusto 1995 por proponi tiun nomon por la tiam planata (*then being planned*) nova monunuo, kaj ricevis baldaŭ poste leteron por danki lin pro la propono. Lia plia propono, ke 'ropas' estu la nomo por la nunaj cendoj, tamen, ne estis akceptita.

Spesmiloj kaj steloj, la du Esperantaj monunuoj. Notu la spesmilsignon sur la maldekstra monero: $

 1 Kial legante malnovajn gazetojn oni ne vidis prezojn prezentitajn en spesoj? **2** Kial la fondinto de la Ĉefbanko Esperantista uzis la kromnomon 'E. Ĉefeĉ'?

Vocabulary builder

 09.01 **Legu la vortliston kaj klopodu aldoni la mankantajn anglajn tradukojn. Poste, aŭskultu la registraĵon, kaj provu imiti la prononcon de la parolanto.**

LABORO KAJ LA EKONOMIO *WORK AND THE ECONOMY*

ekonomio	*the economy*
dungi	*to hire*
dunginto, dungito	*employer, _____*
perlabori	*to earn*
senlaboreco	*unemployment*
inflacio, prezaltiĝoj	*_____, price increases*
interezo	*interest*
prunti de/pruntepreni	*to borrow*
prunti al/pruntedoni	*to lend*
emerito	*a retired person*
ŝpari	*to save*
ŝuldi, ŝuldoj	*to owe, _____*
salajro	*_____*
varoj kaj servoj	*goods and _____*
staĝo	*an internship*
postulo	*demand*
sindikato	*a union*
hipoteko	*a mortgage*
metio	*a craft*
kariero	*_____*

> **LANGUAGE TIP**
>
> **Prunte** is a curious word in Esperanto in that its basic form is an adverb with the characteristic **e**-ending. The verb **prunti** is derived from it but is used as both *to lend* and *to borrow*, with **al** and **de** indicating the recipient or lender. These aren't always mentioned in a sentence: for clarity, it is possible to use **pruntedoni** and **pruntepreni**.

Conversation

 09.02 *Sara kaj Jakob volontuladas jam dum pluraj monatoj, kaj ilia deĵorado pere de la Eŭropa Volontula Servo baldaŭ finiĝos.*

1 Legu la subajn demandojn. Poste, aŭskultu la konversacion, kaj klopodu respondi la demandojn.

   a Kial Sara ŝajnas maltrankvila?

   b Kiuj el la du konsideras fari staĝon?

Jakob	Vi ŝajnas tre okupata lastatempe, Sara. Kio okupas vin?
Sara	Temas pri pensoj kurantaj en la kapo, zorgoj pri la estonteco, Jakob. Baldaŭ finiĝos mia deĵorado ĉi tie, kaj mi ankoraŭ ne scias, kion mi faros poste. Mi ne sciis, kion mi estis faronta antaŭ ses monatoj, kiam mi hazarde eksciis pri la eblo volontuli, sed almenaŭ mi estus nun solvinta la problemon, ĉu ne?
Jakob	Ho, mi kompatas vin. Mi havas similajn kreskantajn zorgojn. Ĉe mi, alta senlaboreco trafas precipe junulojn. Mi pripensas, ĉu kandidatiĝi por fari staĝon, ĉar almenaŭ estos malpli da homoj ĉasantaj ĉiun postenon kompare kun plentempaj salajrataj.
Sara	Fari staĝon por mi ŝajnas eble malkonsilinde: studante, mi devis iom pruntepreni por vivteni min, do mi preferas plentempe labori por enspezi monon kaj komenci repagi la ŝuldojn. Tio en si mem ne estas problemo: mi ĉiam intencis havi metion, ĉu ne? Mi laboregis ĉe universitato por diplomiĝi kaj havigi al mi belajn karieron kaj vivon en la estonteco. Nur estas tio, ke frapite de la lastatempa konstato, ke la deĵorperiodo baldaŭ estos finiĝinta, mi sentas min iel perdiĝinta. Tiel rapide pasis la tempo, kaj restas ĉe mi Esperantaj projektoj farindaj sed ne farotaj. Mi bedaŭras tion.
Jakob	Ĉu mi iam rakontis al vi, kial mi decidis volontuli? Mia dunginto treege suferis pro la ekonomiaj kondiĉoj. Pro la daŭranta senlaboreco, mankis postulado por ĝiaj varoj kaj servoj, do necesis bedaŭrinde maldungi homojn. Nu, mi sciis, ke estante juna kaj relative sensperta, mi estas unu el la maldungotoj, do kiam oni petis volontulojn por maldungiĝi kontraŭ kompenso, mi tuj decidis akcepti. Ĉiaokaze, mi jam havis la senton, ke mi tro laboras kaj maltro vivas, do la decido estis rapide farita. Tio donis al mi iom da ŝparmono, kiu restas en mia banko por ke mi povu lui apartamenton, kiam mi estos reveninta hejmen, kaj ne devos tuj maltrankviliĝi pri vivokostoj. Kutime oni petas tri monatojn da lupago la unuan tagon, kaj tion mi jam havas kaj povos ĉerpi el mia konto kiam mi estos trovinta novan loĝlokon.

| Sara | Mi envias, ke vi sukcesis ŝpari monon, Jakob! Oni malmulte ŝparas ĉe mi. Temas precipe pri kombino de plialtiĝantaj prezoj, bazrestanta interezo, kaj feroca aĉetemo ĉe homoj. Mi tamen treege deziras ŝpari, ĉar mi intencas fariĝi dom-posedanto, do bezonas plurmil pundojn kiel antaŭpagon por hipoteko. Espereble dum la labora vivo mi alkutimiĝos al ŝparado kaj fariĝos emerito antaŭ ol atingi la aĝon por ricevi ŝtatan pension. Imagu: tiel mi povus dediĉi min al ĉiuj miaj ĝis nun ne plenumitaj projektoj! Nu, ju pli frue komencite, des pli rapide efektivigite! |
| Jakob | Konsentite! |

2 Nun legu la konversacion, kaj respondu al la demandoj en Esperanto.

a Laŭ kiu logiko Jakob pensas, ke kandidatiĝi por staĝo estus por li pli bone ol provi serĉi plentempan laboron? *Malmultaj aliaj kandidatiĝos, ĉar* _____

b Kiel ŝiaj universitataj tagoj malebligas al Sara fari staĝon?
Ŝi tiam ne havis sufiĉajn enspezojn por vivteni sin. / Ŝi havas tro da kapabloj. / Ŝia universitato havas tre malbonan reputacion.

c Kiu vivĉirkonstanco pelis Jakob al volontulado?
Oni malice maldungis lin. / La firmao ne kapablis vendi sufiĉe. / Mankis al li sperto por trovi alian postenon.

d Kial Jakob ne estas maltrankvila pri la penso, ke li ne perlaboros monon reveninte ĉe si, kvankam li devos pagi vivkostojn?
Li loĝos ĉe la gepatroj. / Restas iom da mono en lia bank-konto. / La bonfara sistemo bone okupiĝos pri li.

e Kiujn aspirojn havas Sara por sia vivo? *Sara intencas* _____

3 Trovu la vortojn kaj esprimojn en la konversacio, kiuj signifas:

a owner _____
b increasing _____
c somebody who will be dismissed _____
d agreed _____
e persistently low _____
f I was about to do _____
g I would have solved by now _____
h will have finished _____
i while studying _____
j upon being hit _____

Language discovery

1 Using the conversation for reference, answer the following questions.

a How does Sara adapt **pensoj, kiuj kuras en la kapo** to underline the ongoing nature of it? _____

b How does Jakob do the same with **zorgojn, kiuj kreskas**? _____

c How would they have underlined that:

    1 the running and growing were no longer ongoing? _____, _____

    2 the running and growing had not yet started? _____, _____

d Add the appropriate endings:

    1 Komprenit__!

    2 Kreskant__, Sara volis esti sciencisto.

    3 Finont__sian deĵoradon, Sara ne scias, kion ŝi faros en la venont__ monatoj.

e **Homoj estas ĉasantaj ĉiun postenon** can be reworded to make the object into the subject: **Ĉiu posteno estas ĉasata.** (*Each job is being chased.*) Following that model, transform **Mi estus nun solvinta la problemon.** to get *The problem would now be solved.*

La problemo _____

1 PARTICIPLES

Participles are forms derived from verbs, which show the state of completion of something. In Esperanto they are most commonly adjectives, with the characteristic **a**-ending, although they can take other forms too. In English, we have two kinds: a present participle, formed by adding *-ing* to a verb stem, and a past participle, usually created with the addition of *-ed*.

fluanta akvo, **parolanta** papago	**fermita** pordo, **legita** libro
running water, a talking parrot	*a closed door, a read book*
present participle, active	past participle, passive

Active participles describe the state of something carrying out the activity: *the water is running, the parrot is talking*. In Esperanto, present active participles carry the same distinction as the **as**-verb ending, referring to continuous, current or habitual action. Passive participles, on the other hand, indicate the result of something acting upon the thing described: *the door was closed by somebody, the book had been read by somebody*. Note that the characteristic vowel from the verb is present also in the participle.

Akvo, kiu fluas estas fluanta akvo, kaj papago, kiu parolas estas parolanta papago.	**Pordo, kiun iu fermis, estas fermita pordo, kaj libro, kiun iu legis, estas legita libro.**
Water which is running is running water, and a parrot which talks is a talking parrot.	*A door which somebody closed is a closed door, and a book which somebody has read is a read book.*
present participle, active	past participle, passive

Where English has only those two participles, Esperanto has six: an active and passive form for each of its three tenses of the indicative mood, each identifiable by the presence of the corresponding vowel from the verbal form. The active participles differ from their passive equivalents by the presence of an 'n' after the vowel: **-anta-** versus **-ata-**, and so on.

hakonta hakota   hakanta hakata   hakinta hakita

How the various participles using **haki** (*to chop*) apply to the man and the tree before, whilst, and after he fells it.

The logic holds for all verbs: the characteristic vowel informs about the state of completion, and the presence or absence of the 'n' determines whether it is active ('doing') or passive ('done to').

-ont-,-ot-	-ant-, -at-	-int-, -it-
hakonta, hakota	**hakanta, hakata**	**hakinta, hakita**
will chop afterwards, will be chopped	*is currently chopping, is currently being chopped*	*was chopping beforehand, was chopped*
The action hasn't yet started.	*The action is ongoing.*	*The action is already completed.*

2 **Rewrite the following sentences, replacing the relative clauses with a-participles where possible. Make extra changes to the sentence as required to retain natural-sounding Esperanto, using the example as a guide.**
Example: La virino, kiun ili ĉiuj profunde amis, adiaŭis ilin antaŭ ol enŝipiĝi por komenci la novan vivon, kiun ŝi tiel multe sopiris.

→ La profunde <u>amata</u> virino adiaŭis ilin antaŭ ol enŝipiĝi por komenci sian tiel multe <u>sopiratan</u> novan vivon.

 a La infano, kiu ĉiam parolis, ĝenis ĉiujn en la teatro, ĝis iu aktoro, kiu koleriĝis, plendis al ŝia patrino.

_____

 b La libro, kiun li tiutempe verkis, postulis tiom da tempo, ke li bedaŭris la horojn, kiujn li forĵetis.

_____

 c La viro, kiun oni arestis, antaŭĝuas la tagon de liberigo.

_____

d La filmo, kiun mi ĵus spektis, donis al mi ideon pri tio, kie mi ferios en la jaro, kiu venos.

_____

e La monon, kiun mi perlaboros, mi uzos por repagi la ŝuldojn, kiujn mi amasigis en la universitataj jaroj.

_____

The other participle endings

Participles also come with **o**- and **e**-endings. The **o**-endings nearly always refer to people: the person engaged in the action, in the case of the active variety, and the person to whom the action is done, with the passive.

pentronto pentroto   pentranto pentrato   pentrinto pentrito

People can have different labels depending on the state of completion at the time being referred to.

> **LANGUAGE TIP**
>
> Since they don't represent people, **estonteco** (_the future_) and **pasinteco** (_the past_) cannot be normal **o**-participles. Instead, they are modified with **-ec-**, which isn't present in the **a**- and **e**-participles: **Aferoj estontaj iros pli bone ol en pasintaj jaroj.** (_Things in future will go better than in past years._)

3 **Match the name of the person in the first column with the description in the second.**

a	**kaptinto**	**1**	The detective hiding in the shadows, about to spring the trap.
b	**kaptato**	**2**	The thief languishing in his prison cell.
c	**kaptoto**	**3**	The thief caught by surprise as the trap is being sprung.
d	**kaptanto**	**4**	The thief walking into the trap.
e	**kaptonto**	**5**	The detective reading a report in the press about the successful arrest.
f	**kaptito**	**6**	The detective, springing the trap.

> **CULTURE TIP**
>
> The name **Esperanto** was originally a participle! The language was simply called **Lingvo Internacia** and Zamenhof published the _**Unua Libro**_ using a pseudonym, **Doktoro Esperanto**, from **esperi** (_to hope_). The pen-name of the author soon transferred to the language itself, and in 1889 Zamenhof started using his real name, Samenhof, adjusting the spelling to match Esperanto pronunciation.

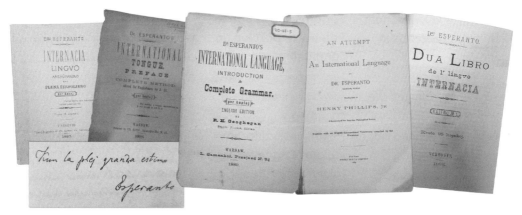

Various versions of the **Unua Libro** and **Dua Libro** showing 'Esperanto' as the name of the author, and a letter from 1887 in which Zamenhof signs his name as 'Esperanto'.

4 **Label the individuals in the following images using an o-participle, choosing one of the following three verbs: frapi, savi, protekti.**

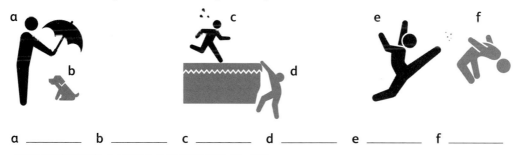

a _____ b _____ c _____ d _____ e _____ f _____

> **LANGUAGE TIP**
>
> Because the **o**-participles already express a person, they should not have **-ul-** appended to them. If you wish to speak about a thing, use -**aĵ**-: **legataĵo** *the thing being read*. In most cases, the participle doesn't add important information, and so in modern Esperanto is normally dropped: **legaĵo** (*the 'read thing'*).

Note that it is not possible to convert an **o**-participle into an adjective relating to the person because the **a**-participle already has a separate meaning: a **leganta ĉambro** would be *a room which is reading*. To create the meaning of *a room for readers* you have to reformulate as **ĉambro por legantoj** or, less elegantly, **porleganta ĉambro** or **leganto(-)ĉambro**.

> **CULTURE TIP**
>
> The Esperanto anthem, **La Espero**, written by Zamenhof and published in 1890 alongside a Russian version, features the line **per laboro de la esperantoj**, reflecting that the new name for the language hadn't become fully established yet, following its first use in November 1888 in a Russian magazine called **Niva**. The wording **esperantoj** would probably be **esperantistoj** today.

The **e**-participles describe the situation relating to the subject, adding an additional action into a single sentence which would otherwise have to be expressed by a separate sentence or extra information.

Gratulante la kapitanon, la ministro prezentis la medalon.

Congratulating the captain, the minister presented the medal.

Fariĝinte nova patro, Rob aĉetis botelon da ĉampano.

Having become a new father, Rob bought a bottle of champagne.

Forironte al la laborejo, ŝi ĝustatempe konsciis, ke hodiaŭ estas sabato.

About to leave for work, she realized just in time that it was Saturday.

Ne vidate, la spiono kviete fuĝis el la hotelo.

Unseen, the spy quietly slipped out of the hotel.

Rekonite, la adorata stelulo rezigne demetis la falsan liphararon.

Upon being recognized, the adored star resignedly took off his false moustache.

Arestote, la postĉasata ŝtelisto tuj kaŝis sin malantaŭ reklamŝildo.

On the verge of being arrested, the pursued thief hid behind an advertising board.

They are also used in those situations you reviewed in Unit 6 where English uses adjectives but Esperanto uses adverbs, namely when the sentence is subjectless or an infinitive is playing that role, and as conventional adverbs, modifying adjectives and other adverbs.

Konsentite!

Agreed!

Estas malpermesate fumi.

Smoking is forbidden.

Estas sciate, ke diri estas pli facile ol fari.

It's known that saying is easier than doing.

Ŝia nova braceleto estas frapante (frape) bela!

Her new bracelet is strikingly beautiful!

La rokgrupo ludis surdigante (surdige) laŭte.

The rock group played deafeningly loudly.

5 **Fill in the gaps to create the appropriate e-participles in the following sentences.**

   a Malĝuste maldung_____e, li tuj serĉis novan postenon en la sama urbo.

   b Komenc_____e mian unuan tagon en la nova laborejo, mi estis nervoza kaj restis hejme.

   c Verk_____e libron, oni havas multajn ideojn, sed verk_____e ĝin, oni emas tuj forgesi ilin. Publikig_____e la libron, oni kutime denove rememoras ilin.

   d Help_____e de siaj gepatroj, ili sukcesis ŝpari sufiĉe por havi antaŭpagon por sia nova hejmo. Pag_____e la antaŭpagon, ili nun devas pagi hipotekon ĉiun monaton.

   e Vid_____e la katon, la hundo tuj ekĉasis. Ĉas_____e, la kato rapide forkuris.

   f Promes_____e grandajn financajn sukcesojn, la estro de la firmao devis agnoski sian eraron laŭtleg_____e la mizerajn jarfinajn rezultojn.

2 NUANCE AND PRECISION WITH COMPOUND FORMS

The **a**-participles can be used with all six forms of **esti** to present detailed descriptions about the state of completion at specific times.

Kompreneble mi ne forgesis vian naskiĝtagon, kara. Mi <u>estis donaconta</u> al vi belegan botelon da vino, mi promesas, sed kiam mi <u>estis paganta</u> evidentiĝis, ke mia kreditkarto <u>estas difektita</u>. Post kiam mi <u>estos ricevinta</u> funkciantan, mi tuj iros al la vin-vendejo. (*Of course I didn't forget your birthday, my dear. <u>I was going to offer</u> you a lovely bottle of wine, I promise, but when I <u>was paying</u> it became clear that my card <u>was broken</u>. Once I <u>have received</u> a working one, I will go straight back to the wine merchant.*)

> **LANGUAGE TIP**
> These compound forms serve a role of adding precision. Do not be influenced by English's routine use of the present continuous, *to be + -ing*: in nearly all cases, Esperanto's simple forms will express what you intend to say.

6 Translate the following sentences into Esperanto, using participles where possible.

a I was going to respond but I didn't have time.

b I would've contacted you, sir, but you hadn't given me your telephone number.

c You can play your guitar in an hour when the baby will have already woken up.

d She was about to go out when she remembered that her brother was travelling and would be arriving soon.

e The house was burning quickly. When the firefighters (**fajrobrigadistoj**) arrived, the fire had already burned everything.

f The employer had borrowed so much money that after he had repaid his debts, there was nothing left for me!

3 COLLAPSING COMPOUND FORMS

Some Esperanto speakers collapse the compound forms into single verbs: **Mi estis dironta → Mi dirontis** (*I was going to say*). These are generally unused, containing far too much information for most people to unpack. Some forms, however, have become established, particularly three verbs collapsing **estus** and **-int-** into **-intus**.

Vi povintus fari tion.	**Mi devintus foriri.**	**Tio estintus facila.**
You could have done that.	*I should have left.*	*That would have been easy.*
... estus povinta ...	... estus devinta ...	... estus estinta ...
(... povus ...)	(... devus ...)	(... estus ...)

Similarly, collapsing **esti** and **-ata** into **-atas** is relatively common in modern Esperanto.

Bezonatas sperto kaj ruzo.   **Verkistoj tute ne salajratas.**   **Lia graveco ne rekonatas.**

Experience and cunning are   *Authors aren't at all salaried.*   *His importance isn't*
needed.   ... **estas salajrataj.**   *recognized.*

   Estas bezonataj...   ... **estas rekonata.**

> **LANGUAGE TIP**
>
> Recall from Unit 2 that the **us**-verbs don't indicate a time, and that context or additional elements provide that information: **Mi devus aĉeti bileton.** (*I should buy a ticket, I should have bought a ticket.*) On that basis, there is no need for **Mi devintus aĉeti bileton** but many speakers feel a need to add a time element into the verb, hence the relative popularity of the these forms using **-intus**.

7   **Separate the collapsed forms in the following sentences and give a translation into English, as shown in the example.**

    Example: Malpermesatas fumi ĉi tie. → Estas malpermesate fumi ĉi tie. (It is not permitted to smoke here.)

    a   Ni povintus gajni pli da interezo, sed ni investis malsaĝe. _____

    b   Amatas tiu stelulo super ĉiuj aliaj. _____

    c   Bezonatis tri pliaj ludantoj, kaj tiam ni estintus sufiĉe multnombraj por havi plenan teamon. _____

    d   Mi devintus akcepti la alian postenon, kiun oni proponintis al mi. _____

    e   Tion mi dirontis, sed mankis tempo. _____

    f   Vi ricevintos vian repagon ene de unu semajno, sinjoro. _____

> **CULTURE TIP**
>
> A correspondent asked Zamenhof about forms such as **amatas** (*is loved*) in **La Revuo** in 1907. Zamenhof confirmed that they don't break any rules and that he would accept them if the **Lingva Komitato** authorized them, but said that he didn't use them himself because **-as**, **-is**, etc. don't mean **estas**, **estis**, etc.

4 SWITCHING TO THE PASSIVE VOICE

Sentences typically encountered in Esperanto are written in the active voice, in which the subject carries out the action of or is described by the verb: **La policano estis tre inteligenta. Li kaptis la ŝteliston.** As in English, Esperanto allows you to create a sentence in the passive voice: that is a construction in which the action is done to the subject rather than *by* it: **La ŝtelisto estis kaptita (de la policano).** *The thief was caught (by the police officer).*

When the switch is made, the object of the active voice becomes the subject of the passive. The initial verb becomes a passive participle, attached to **esti**. The previous subject becomes something known as the agent, the doer of the action. If the agent is mentioned, it is introduced by *by* in English and **de** in Esperanto. Since the subject of the passive is the same thing as the object of the active voice, only transitive verbs can be expressed in the passive; since intransitive verbs cannot take objects, it is not possible to create passive constructions with them.

La ŝtelisto estis kaptita de la policano.

The thief was caught by the police officer.

Vilĉjo estis de ĉiuj admirata kaj respektata.

Bill was admired and respected by everybody.

La gajninto estis informita de mi per telefonvoko.

The winner was informed by me with a telephone call.

kaptita and **informita** reflect that the action was completed at the time described; people's admiration and respect for Bill was an ongoing state, and so **admirata** and **respektata** are used.

Note that when switching from the passive voice to the active voice, the participle becomes a verb and keeps the same characteristic vowel that **esti** had. The vowel which was in the participle is not relevant, since that was showing the *state* at the time rather than the time itself: **Vilĉjo estis de ĉiuj admirata kaj respektata** → **Ĉiuj admiris kaj respektis Vilĉjon.**

> **LANGUAGE TIP**
>
> The preposition **de** has several meanings. Does **traduko de Zamenhof** mean *a translation by Zamenhof* or *a translation of (a book called) Zamenhof*? To work around this ambiguity, many Esperantists use **fare de**, based on **fari**, to mean *by*: **traduko fare de Zamenhof**. In some texts you might encounter **far**, a proposal which, in not retaining any grammatical markers, does not conform to Esperanto rules.

8 **Change the active sentences to the passive, and the passive sentences to use active voice.**

Example: Oni neniam plu bezonos min tie ĉi. → Mi neniam plu estos bezonata tie ĉi. Ĉio estis jam klarigita → Oni jam klarigis ĉion.

a Vi estos pagita (de mi) morgaŭ. _____
b La viro forhakis la arbon antaŭhieraŭ. _____
c Lu Mongola Imperio estis fondita de Ĝingis-Ĥano. _____
d Oni neniam pardonos vin pro viaj krimoj! _____
e Biletojn oni vendos post du tagoj. _____
f Ĉu oni permesas fumi ĉi tie? _____

> **LANGUAGE TIP**
>
> Passive constructions are less common in Esperanto than in English. Quite often, Esperanto will prefer a construction in the active voice using **oni** as the subject: **Oni diskutis multajn temojn.** (*Many topics were discussed.*) You will also notice that speakers will deviate from the standard SVO word order, placing the object first: **La prelegon sekvis diskuto.** (*The lecture was followed by a discussion.*)

Listening

 09.03 **Aŭskultu tiun ĉi eltiraĵon de podkasto titolita *kern.punkto*, kies prezentantoj ĝuas 'Laikan (*layperson*) debaton pri ofte aŭdata sindromo de la moderna labormondo'. Ili klarigas, ke 'Ofte oni aŭdis jam pri la "elbrula sindromo", kiu koncernas homojn tro laborantajn en la moderna labormondo. Sen gasto ni laike parolas pri la fenomeno, kiu ne estas konsiderata malsano. Tamen multaj homoj ja je ĝi suferas.'**

> **CULTURE TIP**
>
> Since 2014, Eva Fitzelová and Johannes Mueller have produced a regular podcast at **kern.punkto. info**, concentrating on technology, culture and society, often with Esperanto-speaking guests who are specialists in the topic under discussion. One of their guests happened to be Zamenhof's great-granddaughter, Margaret Zaleski-Zamenhof, who is a doctor in Paris and discussed how to help people stop smoking.

dungi	*to hire, to employ*
voki	*to call*
priskribi	*to describe*
ĉerpi	*to extract, to draw* (elĉerpi *to empty out, to exhaust*)
ŝarĝi	*to load, to burden*
plenumi	*to fulfil, to carry out*
rekompenci	*to reward*
lui	*to rent*
enui	*to be bored, to tire of something*

1 Kial elbrula sindromo ne estas oficiale malsano?

2 Kio estas elbrula sindromo, kaj kiu trajto estas kutima inter homoj, kiujn ĝi tuŝas?

3 Kial kelkaj homoj estas devigataj labori kromhorojn, kaj kiuj estas la rezultaj efikoj?

4 Kio estas 'kiroŝi', kaj kiun aĝgrupon ĝi ektuŝas?

5 La diskutantoj priskribas trian sindromon. Kiu ĝi estas, kaj kiujn ĝi tuŝas?

Speaking and pronunciation

 09.04 Aŭskultu tiun plian eltiraĵon de la du podkastistoj, en kiu ili mallonge diskutas spertojn de kromhoroj (*overtime*).

Imagu, ke vi estas gasto partoprenanta la diskutadon, kaj aldonu viajn proprajn komentojn pri sintenoj (*attitudes*) en via lando kaj pri viaj propraj spertoj.

▶ Enmetu laŭeble participojn.

▶ Certiĝu, ke vi klare prononcas kaj la karakterizajn vokalojn kaj la 'n' de la aktivaj participoj.

Reading

La strato de Tanja: Vivo en Rusio 1917–2017, verkita de la sveda ĵurnalisto Kalle Kniivilä, rakontas jarcenton da ĉiutaga historio en Rusujo pere de la vivoj de homoj loĝintaj en unu aparta domo en la urbo, kie ekis unu jarcenton antaŭe la Rusa revolucio. La titolo baziĝas sur Tanja Saviĉeva, kiu ĝisdatigis notlibron eltenante la sieĝon de Leningrado kun sia familio en la domo.

Kniivilä pasigis monaton inter novembro 2016 kaj majo 2017 intervjuante homojn loĝantajn aŭ laborantajn en tiu strato en Vasilievski Insulo (*Vasilyevsky Island*), la plej granda el la sankt-peterburgaj insuloj. La sekva eltiraĵo baziĝas sur intervjuo kun loĝanto, kies viv-rimedoj draste ŝanĝiĝis post la falo de komunismo, kiam ekestis merkato por nemoveblaĵoj.

1998: La bankroto

La komenco de la 1990-aj jaroj estis kaosa tempo en la tuta Sovetio kaj precipe en la havenurbo Sankt-Peterburgo. Tie aperis tute novaj ebloj en la eksterlanda komerco, dum la tradicie grava defendindustrio rapide ŝrumpis. La ŝtato estis malforta, la sovetiaj reguloj ne plu validis, sed mankis nova regularo. La plej rapidaj kaj aŭdacaj povis riĉiĝi, dum tiuj, kiuj atendis kaj nenion faris, povis perdi eĉ la malmulton kiun ili havis.

Multaj daŭre opiniis, ke estas malbele kaj nemorale gajni multe da mono, memoras la iama fizikisto Aleksandr Dimnikov, kiu ja en la komenco de la 1990-aj je sia propra surprizo iĝis makleristo pri nemoveblaĵoj.

Mi mem same opiniis: estas malmorale gajni tro multe. Mi havis longajn diskutojn pri tio kun la usona posedanto de la maklerfirmao, en kiu mi laboris komence de la 1990-aj jaroj. Mi ja komencis okupiĝi pri nemoveblaĵoj ne por gajni amasegon da mono. Mi simple volis havigi bonan apartamenton por la familio. Mi ankaŭ ne eksiĝis de mia scienca laboro, mi petis nur portempan liberigon. Ĉi tio estas provizora, mi pensis. Mi faros unu-du pliajn interkonsentojn, poste mi reiros al mia disertaĵo. Nur kiam mi malfermis propran maklerfirmaon en 1996 mi eksiĝis de mia laboro – tiam mi simple devis, por povi oficiale dungiĝi ĉe mia propra entrepreno.

En la sovetia tempo ne vere ekzistis merkato de loĝejoj. La plej multaj apartamentoj apartenis al la ŝtato kaj ne povis esti venditaj. Aliflanke la loĝantoj ja rajtis interŝanĝi apartamentojn, kio povis kaŭzi longajn kaj komplikajn aranĝojn, en kiuj tuta ĉeno da homoj samtempe ŝanĝis loĝejojn inter si, por ke ĉiuj povu ekloĝi en la dezirata loko kaj en laŭeble taŭga apartamento. Ekzistis ankaŭ kooperativaj apartamentoj, kiujn formale eblis vendi, sed ĉar la oficiala prezo estis fiksita de la ŝtato, la vera merkato estis kontraŭleĝa kaj riska.

Kiam Sovetio ĉesis ekzisti, la loĝantoj de ŝtataj apartamentoj ekhavis la rajton privatigi siajn loĝejojn. La privatigitan loĝejon ili poste povis tute leĝe vendi al tiu, kiu proponis la plej altan prezon. Sekve formiĝis oficiala merkato de nemoveblaĵoj. Sed precize kiel ĉio en la komenco de la 1990-aj jaroj, ankaŭ la merkato de nemoveblaĵoj en Peterburgo estis kaosa. Neniu sciis, kiom vere valoras apartamentoj, kaj ĉie aperis banditoj kaj trompuloj, kiuj povis per artifikoj alproprigi la loĝejon de familio interŝanĝe kontraŭ senvaloraj promesoj aŭ vendi la saman loĝejon al pluraj aĉetantoj kaj poste malaperi kun la mono.

La unuaj makleristoj de nemoveblaĵoj en Sankt-Peterburgo laboris proponante al loĝantoj de centraj komunalkoj malgrandajn apartamentojn en la antaŭurboj. La malplenigitaj komunalkoj poste povis esti renovigitaj kaj venditaj kiel luksaj urbocentraj apartamentoj. Unu ĉambro en komunalko povis esti ŝanĝita kontraŭ tuta unu- aŭ eĉ duĉambra apartamento en antaŭurbo. Sed estis facile trompiĝi. Tial multaj rifuzis eĉ paroli kun Aleksandr Dimnikov, kiam li sonorigis ĉe komunalkoj kiuj povis esti interesaj.

En tiu tempo estis granda postulado de apartamentoj en la centro. Mi povis proponi tre bonajn kondiĉojn. Mi povis veni al komunalko kaj diri: 'Karaj kamaradoj, ĉiu el vi povas ricevi propran apartamenton.' Kaj ili respondis: 'Ne, foriru, ni ne volas aŭdi pli de vi.' Ili ne fidis nin, aŭ ili timis. Sed nun ili plu loĝas en siaj komunalkoj. Nun la merkato estas satigita kaj neniu plu interesiĝas pri tiuj ĉambroj. Tiuj, kun kiuj mi povis interkonsenti, ricevis apartamentojn preskaŭ tuj. La aliaj perdis sian ŝancon por ĉiam.

Sed tiuj kiuj loĝis en komunalko povis ankaŭ mem trompi sin kaj perdi la apartamenton, kiun ili povintus ricevi, se ili ne starigis neeblajn postulojn.

Ni diru, ke en ĉambro en komunalko loĝas eksgeedza paro. Ili povis postuli du unuĉambrajn apartamentojn interŝanĝe kontraŭ sia ĉambreto. Tio ja ne eblis, kaj tiam la aliaj en la komunalko iĝis iliaj ostaĝoj. Kaj ĉiuj ili restis tie. Estis ankaŭ homoj, kiuj estis konvinkitaj, ke la kapitalismo nun havas la devon plenumi la promesojn, kiujn ne povis plenumi la soveta potenco. Ili ja vicatendis multegajn jarojn, ili povis diri, kaj ili opiniis, ke ili nun havas la rajton fari postulojn. Sed tiel ne funkcias, kaj la rezulto iĝis, ke ili ricevis nenion ajn.

EXTRA VOCABULARY

bankroto	*bankruptcy*
Sovetio	*The Soviet Union, USSR*
haveno	*harbour*
ŝrumpi	*to shrink*
ŝtato	*state (organized political community)*
makleri	*to broker, to act as middleman*
nemoveblaĵoj	*property, real estate*
ĉeno	*a chain (ĉenero a link)*
trompi	*to cheat, to con*
artifiko	*a trick, subterfuge*
komunalko	*a communal apartment*
sonori[ntr]	*to ring (sonorilo a bell)*
postuli	*to require, to demand*
potenco	*power*
vico	*a row, a line, a turn (when taking turns)*

1 El kie estis la posedanto de la maklerfirmao?

2 Kiun intereson havis la intervjuito pri la merkato por nemoveblaĵoj? Kial li eksiĝis de sia posteno?

3 Kiel loĝantoj antaŭe sukcesis loĝi en siaj dezirataj apartamentoj malgraŭ la manko de merkato por nemoveblaĵoj?

4 Kiuj estis la cirkonstancoj, kiuj kondukis al la starigo de merkato por nemoveblaĵoj, kaj kial ĝi ne bone funkcii?

5 Jardekojn post la ekesto de la merkato por nemoveblaĵoj, multaj homoj daŭre loĝas en komunalkoj kaj malhavas esperon, ke ili iam forlasos ilin, malgraŭ tio, ke ili volas loĝi aliloke. Kiujn kialojn donas la intervjuito por klarigi, kiel ili troviĝas en tia situacio?

6 Trovu vortojn en la eltiraĵo, kiuj signifas:

    a resident _____

    b to privatize _____

    c suburb __ _____

    d to renovate/renew _____

    e chance (opportunity) _____

    f hostage _____

Writing

Imagu, ke reklamo kun jene vortumita titolo kaptas vian atenton. Vi decidas sendi al la afiŝinto leteron esprimantan vian intereson pri la posteno.

SERĈATAS DUNGOTO

La titolo evidentigas, ke al la afiŝinto plaĉas participoj, tial kaptu la okazon uzi ilin por bone impresi la ricevonton.

▶ **Klarigu, ke** *I was doing X when I saw your advertisement* **kaj** *I was going to reply earlier but...* **kaj uzu aliajn tiajn konstruojn, kiel ankaŭ pli simplajn participojn.**

▶ **Elektu por vi mem, kiu estas la posteno reklamata.**

Go further

Esperanto's participles have been a source of huge contention in the past and were, after arguments about country names, the second source of great dispute within the **Akademio**, with disagreement running from the 1930s until the **Akademio** reached a conclusion in 1967. The debate raged across publications, with those on one side editing articles submitted to them to reflect their own position rather than that of the writer. You can read about the dispute, which centred on whether to use **-it-** or **-at-** in a sentence like *He was hit* (trafita/trafata) *by a bullet*, in its own article on **Vikipedio**, and summarized in 1961 in the 338-page **La Zamenhofa Esperanto: simpozio pri -ata/-ita**, which is still available cheaply from UEA.

La strato de Tanja is the fourth of Kalle Kniivilä's books to be translated into Esperanto. As with the preceding three (**Homoj de Putin**, **Krimeo estas nia** and **Idoj de la imperio**), it is not available in English, and so Esperanto is your bridge to reading prizewinning journalism about life in a part of the world which, despite its global significance, is relatively unknown to us.

Links to the material mentioned can be found in the Bibliography for Unit 9.

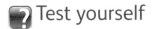 Test yourself

1 You see the following advertisement. Why might this make you a bit wary about recommending the course to your friend who has expressed an interest in learning Esperanto?

> **Senpaga komencanta kurso!**

2 People speak about the **'Unuiĝintaj Nacioj'**, **'Unuiĝintaj Ŝtatoj'** kaj **'Unuiĝinta Reĝlando'** *('United Nations', 'United States', and 'United Kingdom')*. Using the active form gives the idea that those entities actively engaged or consent to the unification. How would their names change if you wanted to express that somebody or something united them?

_____ _____ _____

3 Think of the gladiators addressing Caesar: *We who are about to die salute you*. Translate this using, as in the original Latin *(Morituri te salutant)*, a single word to express *people about to die*.

SELF CHECK

I CAN. . .
● ... effectively use Esperanto's system of participles.
● ... identify when to use compound forms in favour of simple constructions.
● ... switch from the active voice to the passive voice, and viceversa.

10 Projektoj kaj subvencioj
Projects and grants

In this unit you will:
- ▶ *examine complex phrases and learn how to use the reflexive in them.*
- ▶ *identify implied subjects of verbs.*
- ▶ *learn how to identify where a noun has an implied subject.*
- ▶ *use prepositions as prefixes, including those which have dual meanings or a grammatical effect.*

CEFR: (C1) *Can follow most lectures, discussions and debates with ease; can understand in detail lengthy, complex texts provided he/she can reread difficult sections.*

 ## De dotoj ĝis amasfinancado

La Esperantaj lingvo kaj movado ege dependis de oferoj (*sacrifices*) tempaj kaj financaj de siaj adeptoj (*fans, supporters*). La pioniroj, kiuj kreis la fruajn tradukojn, originalajn literaturaĵojn, kaj unuajn vortarojn, kaj kiuj estante mem komencantoj fondis studrondojn (*study groups*) havis neniajn atendojn (*expectations*), ke ili finance profitos. Zamenhof pene laboradis, kaj elspezis duonon de la doto (*dowry*) de sia novedzino (*bride*), Klara, por publikigi la *Unuan Libron*, kaj regule ricevis financan subtenon de sia bopatro, Aleksandro Silbernik, por perlabori sian vivon.

En la nuna epoko ekzistas kelkaj homoj, kiuj perlaboras parton aŭ foje la tuton de sia vivo per Esperanto. Pluraj naciaj asocioj estas sufiĉe bonŝancaj, ke ili kapablas dungi homojn aŭ eĉ posedi nemoveblaĵojn (*property*), kaj la Centra Oficejo de UEA estas dum jardekoj laborloko, en kiu oni parolas Esperanton. La Esperantomuzeo kaj Kolekto por Planlingvoj (*Esperanto Museum and Collection of Planned Languages*) en Vieno fariĝis parto de la Aŭstria/Aŭstruja Nacia Biblioteko, kaj tial funkcias per ŝtata subteno. La esperantistoj mem kontribuas al plua evoluado: la aplikaĵon/apon (*app*) Amikumu, kiun programis esperantista kunlaborantaro por helpi al esperantistoj trovi apudulojn, vivigis amasfinancada kampanjo (*crowdfunding campaign*), al kiu la plej grandan sumon kontribuis UEA. Simila estas Eventa Servo, retejo kreita proprainiciate (*on his own initiative*) de Fernando Ŝajani, per kiu eblas trovi eventojn ĉirkaŭ la mondo kaj aldoni siajn proprajn.

Kelkaj Esperantaj organizaĵoj alidirekte proponas financan helpon al esperantistoj. Aparte elstara en tiu ĉi kampo (*particularly prominent in this field*) estas Esperantic Studies Foundation (ESF), per kies helpo Bertilo Wennergren sukcesis krei tekstaro.com, priserĉeblan korpuson (*searchable corpus*) de pli ol dek milionoj da Esperantaj vortoj ebligantan al uzantoj kontroli uzadon de lingvaĵo. ESF simile ebligas per sia subtenado, ke Katalin Kováts, ĉefa kontribuinto al la efektivigo de oficiale agnoskataj Esperantaj ekzamenoj (*officially recognized Esperanto exams*) kongruaj kun la Komuna Eŭropa Referenckadro (KER)

(*Common European Framework of Reference (CEFR)*) de la Konsilio de Eŭropo (*Council of Europe*), starigu kaj funkciigu edukado.net, rimed-centron (*resource centre*) por instruistoj de Esperanto.

Ankaŭ lernantoj povas profiti de financa subtenado. Dum pli ol duonjarcento la Norwich Jubilee Esperanto Foundation proponis vojaĝajn subvenciojn (*travel grants*) al junuloj en Britujo por ebligi al ili partopreni eksterlandajn renkontiĝojn, rolo, kiun transprenis la Esperanto-Asocio de Britio, pliampleksigante (*broadening*) ĝin al lernantoj de ĉiuj aĝoj, kaj proponante pliajn specojn (*types*) de helpado, ekzemple programon (*scheme*) por rehavigi al sukcesintoj en la oficiale agnoskataj KER-ekzamenoj la kostojn de la ekzameno.

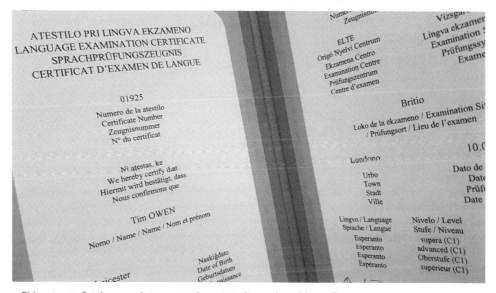

Eblas ricevi oficiale agnoskatan atestilon pri sia lingvo-kapablo en Esperanto.

---

 1 Kion vi povus fari, se vi volus, ke esperantistoj loĝantaj proksime vidu vin kaj havu manieron kontakti vin? **2** Kiel eblas videbligi sian aranĝon aŭ trovi Esperantan kunvenon okazontan ie ajn en la mondo?

Vocabulary builder

 10.01 **Tralegu la vortliston klopodante prononci ĉiun vorton. Provu plenigi la truojn en la angla listo, kaj poste aŭskultu la sonregistraĵon, provante imiti la prononcadon de la parolantoj.**

ESPLORADO — *RESEARCH*
esplori — *to explore/research*
esploristo — _____ / _____
subvencio — *a grant*
arĥivo/arkivo — *an archive*
fako — *department, specialization*

prelegi	*to lecture/to give a talk*
ekzameno	_____
juĝi, aljuĝi	*to judge, to award*
evoluigi teorion	*to develop _____*
magistro	*Master (of Arts) etc., a university graduate*
doktoro	*doctor (PhD)*

RETA LABORADO — *WORKING ONLINE*

dosiero, dosierujo	*a file, a folder/directory*
ensaluti, elsaluti	*to log/sign in/out*
elŝuti, alŝuti	*to download, _____*
traserĉi/priserĉi	*to search/to look within*
cifereca, ciferecigi	*digital, _____*
alklaki butonon/klavon	*to click _____/a key*
konservi	*to save, to keep*
kopii kaj alglui	*_____ and paste*
ŝalti	*to switch on*
kradvorto	*hashtag*
retpoŝto, retpoŝtaĵo	*email, an email*

> **LANGUAGE TIP**
>
> In an interview, Sara could be informed that she will be contacted by **retpoŝto** *(email)* and asked to which address the **retpostaĵo** *(email)* should be sent. Fortunately, she knows how to say **sara@esperanis.to** in Esperanto: **'sara' ĉe 'esperantis' punkto 'to'**.

Conversation

 10.02 *Jakob kaj Sara daŭrigas sian konversacion pri la post-volontula vivo. Sara havas plurajn projektojn, kiujn ŝi volas ekesplori, sed timas, ke mankos al ŝi la tempo kaj financaj rimedoj por prilabori ilin. Jakob havas ideon, kiu povus helpi ŝin.*

1 **Aŭskultu la konversacion. Poste, klopodu respondi la demandojn.**

   a Kiun libron mencias Sara?

   b Kiu estas la propono de Jakob por solvi la problemon de Sara?

Jakob	Rakontu al mi pri tiuj viaj 'neniam farotaj' projektoj, do, Sara. Interesas min ekscii pli.
Sara	La ĉefa temas pri maniero multe plifaciligi profundan studadon pri la Esperanto-movado, kaj helpi al venontaj esploristoj plirapidigi sian esploradon. Pensu pri *La danĝera lingvo*, la elstara studo fare de Ulrich Lins pri historia persekutado de la Esperanto-movado: li devis dum multaj jaroj traserĉi sennombrajn gazetojn kaj priserĉi arkivojn ĉirkaŭ la mondo, kaj amasigi montojn da notoj. Kaj kiam oni hazarde trovis la postlasaĵon de Hector Hodler 98 jarojn post lia morto, ne ekzistis maniero por ke Lins kaj aliaj esploristoj

priserĉu ĝin ĉe si, kiam ili rapide devis verki ĝustatempan kontribuon por libro okaze de la centjariĝo de la morto de la kunfondinto de UEA. Mia celo estas ambicia: mi volas ebligi al esploristoj pli efike fari sian laboron.

Jakob   Do, vi celas krei katalogon de arĥivoj, ĉu ne? Esploristoj tamen jam havas aliron al diversaj katalogoj konataj pro sia Esperanta enhavo, ĉu ne?

Sara   Oni povas elŝuti numerojn de pluraj pratempaj gazetoj, kaj tiel plu, jes. Sed multaj estas nur unuopaj bildoj, po unu por ĉiu paĝo aŭ paĝparo. Kaj tiuj kunmetitaj en unu dosieron tamen restas bildoj, ne teksto. Ili ne estas priserĉeblaj, do esploristoj estas devigataj legi ĉion, ĉiun paĝon de ĉiu numero, esperante trovi ion interesan. Sukcesinte, oni ne povas simple kopii kaj alglui la rilatajn informojn en sian propran dosieron, ĉar ne ekzistas teksto. Plie, oni ne povas serĉi informojn uzante serĉmaŝinon, do kion fari dezirante apartajn informojn, krom legi ĉion aŭ riski maltrafi utilan legaĵon?

Jakob   Do via celo estas krei retejon, kiu enhavu priserĉeblajn gazetojn kaj dokumentojn, tiel ke esploristoj povu kontroli per serĉmaŝino, trovi la rilatajn informojn, kaj elŝuti la ĝustajn dokumentojn, ĉu ne? Plie, ili povus serĉi ene de la dokumentoj mem, kopii teksteron, kaj alglui ĝin aliloken, en siajn proprajn notojn. Kia mirinda projekto!

Sara   Jes, sed mi aldone celas krei ankaŭ nurtekstajn versiojn de la alŝutitaj dokumentoj. Tiel oni eĉ ne devus elŝuti tutan dosieron por priserĉi ĝin, kaj povus serĉi ene de la retejo mem. Mi cerbumis pri tio dum la lastaj kelkaj monatoj, kaj certas, ke mi povus teknike efektivigi tion, se mi havus kaj tempon kaj la diversajn dokumentojn. Kaj jen la problemo: mankos tempo, sed pli grave estas tio, ke mi ne povos pagi por veturi al, ekzemple, la Centra Oficejo de UEA en Roterdamo aŭ la Biblioteko Butler en Britujo, kaj pasigi tie plurajn tagojn skanante kaj ciferecigante antikvajn leterojn, reklamojn kaj gazetojn. Do, jen ĉio: ideo brila, sed bedaŭrinde neplenumebla.

Jakob   Estus treege domaĝe forlasi la esperon, Sara. Mi certas, ke vi povus vivigi tiun ĉi brilan projekton vian. Nu, la teĥnikan flankon de la projekto vi povus prilabori en via libertempo, ĉu ne? Kaj ŝajnas al mi, ke pri la plurtagaj vizitoj al la sidejoj de UEA kaj la Esperanto-Asocio de Britio, vi povus peti financan helpon de Esperantic Studies Foundation.

Sara   Tio al mi ŝajnas tre dubinda, Jakob. ESF helpas fakulojn kaj jam spertajn studentojn plenumi esplorojn en la fakoj lingvo-planado, lingva politiko, lingva justeco, ĉu ne? Per ĝia helpo oni partoprenas en konferencoj, prelegas, kaj publikigas fakajn librojn. Ĉio tio ĉi estas tre laŭdinda, sed mi bedaŭrinde ne vidas rilaton kun mia propono.

Jakob   Do, mi havas bonan novaĵon por vi! Vi parolas pri la Programo por Interlingvistika Subteno. Sed ekzistas ankaŭ Programo por Ĝenerala Subteno, kiu kovras prioritatojn kiel esplorado, edukado kaj konservado. Jam via propono temas pri konservado, kaj vi ebligos al aliaj fari sian propran esploradon kaj klerigi homojn, do subvencipeto de vi ŝajnas al mi tute taŭga.

Sara   Interese ... Kion, do, mi devas fari? Ĉu mi sendu al ili retpoŝtaĵon?

Jakob	Necesas peti ĉe ESF, jes. Oni juĝas la ricevitajn proponojn kaj poste decidas, ĉu aljuĝi subvencion. Do, vi kontaktu ESF kaj sciigu ĝin pri via ideo, informante ke vi antaŭvidas kreadon de tiu granda, libere alirebla reta arĥivo, kaj klarigante ke temas pri longdaŭra projekto, kiun vi evoluigos kaj ĝisdatigos. Oni volos ankaŭ vidi buĝeton, do faru antaŭe iom da esplorado pri vojaĝkostoj, tranoktebloj, ktp. Povus esti helpe al vi, se vi aldonus, ke vi estus preta atendi ĝis la retejo estos plene ellaborita antaŭ ol peti transpagon de mono en vian konton. Fakte, se mi estus vi, antaŭ ol alsendi la subvencipeton, mi kontaktus ESF por klarigi iom pri la ideo kaj kontroli, ĉu la propono estus interesa. Ho, kaj Sara... memoru alparoli la alsendaton formale: komencu per 'estimata', nepre ne per via kutima 'saluton'!

2 Respondu la sekvajn demandojn surbaze de la konversacio.

a Kial esploristoj havis tiel malmulte da tempo por traserĉi la arĥivojn de Hector Hodler?

_____

b Priskribu kiel la aktualaj elŝuteblaj versioj de antikvaĵoj ne estas tre utilaj al esploristoj.

_____
_____

c Kial necesus, ke Sara iru al la sidejo de UEA aŭ EAB por sia projekto?
Por studado. / Por peti konsilojn de la tieuloj. / Por ciferecigado.

d Kion faras la Programo por Interlingvistika Subteno de ESF? *La PIS helpas*

_____

e Kiuj estas la tri prioritatoj de la Programo por Ĝenerala Subteno de ESF?

_____, _____, _____

> **LANGUAGE TIP**
>
> You will have noticed in the conversation that Jakob says **teĥnika** and **arĥivoj** where Sara says **teknika** and **arkivoj**. The forms are equivalent: forms originally written with **ĥ** can also take **k**, except in those cases where such a change would cause a clash. On this basis, **ĥoro** (*choir*), first used in 1889, has an equivalent **koruso**, since **koro** (*heart*) is already established, and there is no alternative to **eĥo** (*echo*) because it may be mistaken for a derivative of **ek-**, and because **eko-** is already in use as an unofficial prefix: **ekosistemo** (*ecosystem*), **ekoturismo** (*ecotourism*).

3 Trovu la vortojn en la konversacio, kiuj signifas:

a to rack one's brains _____

b to stick on or up, to paste _____

c to submit a grant request _____

d a search engine _____

e to address _____

f accessible _____

g the addressee _____

h a spread (a left and right page) _____

i something left behind _____

j to update _____

> **CULTURE TIP**
>
> In correspondence with Théophile Cart in 1902, Zamenhof stated that if he were to create Esperanto then with the benefit of experience, he would throw out the letter **ĥ**, adding that he would certainly not protest about Cart's using **k**-forms alongside **ĥ**-forms in his dictionary. In 1906, Zamenhof even asked the **Lingva Komitato** to replace the **ĥ**-forms altogether.

Language discovery

1 Answer the following questions.

a Who does the reflexive in these sentences refer to?

1 La profesoro aŭdis, ke la studento jam ciferecigis siajn skanaĵojn. _____

2 La juĝantoj gratulis ĉiujn kandidatojn, kiuj alsendis sian proponon. _____

b Which pronoun should be used in **La fakestro petis al la esploristo kontroli _____ ciferojn** if the figures are:

1 The (male) professor's? _____

2 The (female) researcher's? _____

c **Einstein laboris en fako fama pro _____ esplorado.** Which pronoun would you use if the department was famous for:

1 Einstein's research? _____

2 The department's research? _____

d Translate the following: The specialist had to look through a file to find the information he was looking for. _____ _____

e Add prepositions to the derivatives of **labori** where these are required: **Ĉu vi ankoraŭ ___laboras? Mi kredis, ke la projekto estis jam ___laborita, sed ŝajnas, ke vi daŭre ___laboras ĝin.**

1 SI BEYOND THE BASICS

The basic rules of the reflexive pronoun **si** were reviewed in Unit 5. In simple sentences, identifying when to use **si** is straightforward: **Li aljuĝis la premion al si.** (*He awarded the prize to himself.*) – **Ŝi esploris interlingvistikon kun sia fratino.** (*She studied interlinguistics with her sister.*) – **Ili alŝutis siajn dokumentojn.** (*They uploaded their documents.*)

Sentences can be made more complicated by the addition of sub-clauses to main clauses with **ke** or the **ki**-correlatives. Sub-clauses have their own grammatical subject, and any mention of **si** in them will refer to *their* subject rather than to the main clause's: **La profesoro aŭdis, ke <u>la studento jam ciferecigis siajn skanaĵojn</u>.** (*The professor heard that the student had already digitized his scans.*) – **La juĝantoj gratulis ĉiujn kandidatojn, <u>kiuj alsendis sian proponon</u>.** (*The judges congratulated all candidates who had submitted their proposals.*)

Using **si** with participles is uncomplicated. The **e**-participles always refer to the subject of the main verb and so an accompanying **si** always refers back to the main subject. The **o**-participles, which nearly always refer to a person, work in accordance with the basic rules: **Adiaŭinte sian patrinon, Georgo eniris la taksion, salutante la veturiganton kaj lian hundon.** (*Having said goodbye to his mother, George got into the taxi, greeting the driver and his dog.*) If **si** appears with an **a**-participle, it represents the thing which the participle is describing: **Mi renkontis viron veturantan kun sia familio kaj ilia pakaĵo.** (*I met a man travelling with his family and their luggage.*)

2 Translate the following into Esperanto, using the reflexive pronoun when it is logical and grammatically possible to do so.

  a The professor feared that some unknown person had searched his room to steal the exam papers. _____

  b The thief knew that the professor kept the exam papers in his room. _____

    _____

  c Searching in his directory, Maria found the files prepared with her former colleague.

    _____

  d Searching in her directory, Maria found the lost files with their important information.

    _____

3 Complete the gaps with logical pronouns.

  a Leja estis tre feliĉa ricevinte por _____ naskiĝtago novan libron kun persona mesaĝo de _____ verkinto.

  b Leja estis tre feliĉa ricevinte por _____ naskiĝtago novan libron venantan kun persona mesaĝo de _____ verkinto.

  c La juĝistoj aljuĝos la premion al tiu, kiu plej bone verkos _____ raporton kaj ne al tiu, kiu unua respondos al _____ peto verki raporton.

  d Malĝojiginte _____ edzinon, Andreo pardonpetis al Daĉjo, kiu respondis, ke Andreo pardonpetu rekte al _____ edzino, ne al _____ edzo.

  e Aŭdinte la novaĵon pri _____ frato, Antonio telefonis al _____ por gratuli _____. _____ frato, tamen, ĝis tiam ankoraŭ ne aŭdis la novaĵon pri _____, kaj devis klarigi al _____ frato, ke la novaĵo ne estas vera, demandante, ĉu _____ jam rakontis la supozatan novaĵon pri _____ frato al iu alia.

Implied subjects of infinitives

Infinitives, the basic form of the verb, represented in Esperanto by the **i**-ending, don't have a formal subject and yet can be followed by **si**. In this situation, **si** refers to the *implied* subject of the infinitive. Usually, this is the same as the grammatical subject of the main clause but not always: **La fakestro petis al la esploristo kontroli siajn ciferojn (... ke li kontrolu siajn ...).** (*The department head asked the researcher to check his (the researcher's) figures.*) – **Tiu ĉi libro estas bonega rimedo por plibonigi sian Esperanton (... por tiu, kiu plibonigos sian/per kiu oni plibonigos sian ...).** (*This book is a great means by which to improve your Esperanto.*)

A verb like **kuirigi**, made from another verb and **-ig-**, is two actions in one: **igi iun kuiri** (*to get someone to cook*). When the verb is retained as a single unit, the basic rules regarding **si** apply: **La gelordoj kuirigis (al la kuiristo) sian vespermanĝon.** (*The Lord and Lady had their dinner cooked.*) When the verb is split into its constituent parts, the meaning of the reflexive depends on whether the implied subject is mentioned: **La gelordoj igis kuiri sian vespermanĝon. – La gelordoj igis la kuiriston kuiri ilian vespermanĝon.**

Some constructions have a sense of fluidity in how the rules are applied. It can be customary in situations where the implied subject is not mentioned and the information is of no importance to allow **si** to refer back to the subject. In the following example, the implied subject of **ĉeesti** (**devigis iun ĉeesti**) is not mentioned and is irrelevant, so **devigis ĉeesti** is treated as though it were a single verb: **La profesoro devigis ĉeesti siajn prelegojn.** (*The professor made attending his lectures obligatory.*)

4 **Translate the following into Esperanto, using the reflexive pronoun when it is necessary to do so.**
   a The mother ordered her son to read his book. _____
   b The mother ordered her son to hold her hand. _____
   c The king had his castle built. _____
   d The king had his brothers build his castle. (Translate two ways.)
   _____   _____

5 **In which of the following cases was Bruno's car washed?**
   a Bruno lavis sian aŭton.
   b Bruno lavigis sian aŭton.
   c Bruno lavigis al Joĉjo sian aŭton.
   d Bruno lavigis al Joĉjo lian aŭton.
   e Bruno igis Joĉjon lavi lian aŭton.
   f Bruno igis Joĉjon lavi sian aŭton.

Implied subjects of nouns and implied verbs

When a sentence fragment has as its main word a verb-derived noun and some indication of an implied subject, it is possible to treat that too as though it were a verb. The fragment **... ŝia diskutado kun siaj gepatroj ...** (*... her discussion with her parents ...*) is similar in meaning to a verb (**ŝi diskutis**) and **ŝia** would be the subject of it. Likewise, **... la gratulado de Paŭlo al siaj studentoj ...** (*... Paul's congratulating his students ...*) is similar to **Paŭlo gratulis**, with **de Paŭlo** as the implied subject of that verb-like noun.

In the absence of an implied subject, the basic rules apply: **Ŝi ne interesiĝis pri la daŭra plendado pri sia konduto.** (*She wasn't interested in the continual complaining about her behaviour.*) Had there been **de siaj gepatroj** or **ilia daŭra plendado**, then **sia** would have referred to that as the implied subject.

6 **In which of the following sentence fragments is there an implied subject of a verb-derived noun?**
   a ... lu dankado al ...
   b ... ilia diskutado pri ...
   c ... la laŭdado de Beki pro ...
   d ... senĉesa gratulado pro ...

It is not only subjects which can be implied but verbs too. This often occurs when a noun has a complex description: **reĝisoro riĉa pro kelkaj bone konataj filmoj** (*a movie producer rich because of some well-known films*) contains much more information than the simple **riĉa reĝisoro**.

In these instances, the description itself is treated as a sub-clause with its own implied verb: **reĝisoro, kiu estas riĉa pro kelkaj bone konataj filmoj**. The subject of this implied verb is the noun being described: **La stelulo serĉis por kunlaboro reĝisoron <u>treege riĉan pro siaj tutmonde konataj filmoj</u>**. (*The star was looking for a producer to work with, one who was extremely wealthy because of his/her (the producer's) films known around the world.*)

7 Translate the following sentences.

   a The researcher worked at a university world-famous for its research. _____

        _____

   b The researcher worked at a university world-famous for his/her research. _____

        _____

2 PREPOSITIONAL PREFIXES

Esperanto's prepositions can be added to the front of verbs or other elements to create a new verb. Sometimes this will have the effect of creating a transitive form from a verb which was initially intransitive, although not always and not predictably. You will often find that the preposition is repeated (**alveni al la flughaveno** *to arrive at the airport*) if the new verb cannot take a direct object.

These adaptations are very noticeable online: **Ensaluti kaj elsaluti.** (*Log on and log off/sign in and sign out.*) – **Alŝuti kaj elŝuti/deŝuti.** (*Upload and download.*) Usually the meanings of the new forms are predictable, although some prepositions can take secondary meanings when used as prefixes.

Prepositional prefixes with dual meanings

Usually the meaning of a verb with a prepositional prefix is a logical result of the constituent elements but this isn't always the case. Three prepositions in particular don't always appear to pass on their original meaning to the new construction. In the case of **el** and **pri**, the prepositions can take on a secondary meaning when used as prefixes.

The preposition **el** usually corresponds to *from, of* or *out*, indicating movement from inside to outside (**Johano eliris el la taksio**), origin (**El kie ili venis?**), material (**botelo el plasto**), and so on. It can retain these meanings when used as a prefix but also gains an additional one in the role, which means something like *fully, to completeness, thoroughly*: **ellerni** (*to master*), **eltrinki** (*to drink up*), **eluzi** (*to wear out*), **elĉerpi** (*to exhaust*).

A similar concept is observable with **pri**. It can create a transitive verb from an intransitive verb which would usually use **pri** as a complement, retaining more or less the original meaning: **Ŝi pensis pri la problemo.** → **Ŝi pripensis la problemon.** (*She considered/pondered the problem.*)

But **pri** can have an additional role of changing a verb's meaning such that the object becomes something other than what would initially have been possible: **Ili serĉis 'abc' en** la dokumento. → **Ili priserĉis la dokumenton (por trovi 'abc').** (*They searched for a word.* → *They searched a file.*) – **Iu rabis miajn datenojn!** → **Iu prirabis min!** (*Somebody stole my data!* → *Somebody robbed me!* (≠ *Somebody stole me!*))

The third pronoun notable for its role as a prefix is **al**. In its case, the element of confusion is not that it has a different potential meaning when used as a prefix, but that the preposition **al** has such a wide range of meanings that it is not always evident which one is relevant in the combined form, especially if English doesn't make a distinction: **alveni** (*to arrive*), **alkuri** (*to run up to*), **alporti** (*to bring, to fetch*), **alparoli** (*to address*), **alrigardi** (*to glance at*), **alkonduki** (*to lead to*).

In some cases, **al** can play a role like **pri**, changing the verb's meaning so that the object is different: **Ili _juĝos_ la alsenditajn raportojn.** → **Ili _aljuĝos_ la premion por la plej bona raporto.** (*They will _judge_ the reports sent in to them.* → *They will _award_ the prize for best report.*)

It is relatively easy to learn set meanings such as **aldoni** (*to add*) or **aliro** (*access, approach*), **alirebla** (*accessible*). Getting a feel for the other uses comes with experience and exposure, and is part of the journey of progressing to expert-level Esperantist.

8 **Using context and your knowledge of Esperanto to guide you, translate the prefixed elements in the following sentences.**

   a Ŝi jam devis labori dum la pasintaj dek tagoj, kaj kompreneble nun estas el̲ĉerpita.
   _____

   b Li el̲buŝigis vole-nevole la veron. _____

   c Ni devos el̲pensi novan sistemon por solvi la problemon. _____

   d Mi neniam pardonos al li, ke li pri̲ŝtelis min. Neniam plu mi havos tiujn fotojn! _____

   e La policanoj pri̲demandis la kaptiton dum pluraj horoj, sed li rifuzis respondi. _____

   f Ili profunde pri̲diskutis la problemon, kaj finfine atingis interkonsenton. _____

9 **Create o-participles from the following verbs, using prepositions as prefixes when required to match the meaning.**

   a sendi → *a person sent* sendito

   b juĝi → *a person who awarded a prize or title* _____

   c veni → *a person who is on her way to somewhere* _____

   d paroli → *a person being spoken about* _____

   e paroli → *a person being addressed* _____

   f rigardi → *a person being watched* _ ____

   g rigardi → *a person who is glanced at* _____

   h rigardi → *a person who is glancing* _____

> **LANGUAGE TIP**
>
> Prefixed verbs are used particularly often in cyber technology. You can find a wealth of terms related to computing at **komputeko.net**, a searchable database compiled by Yves Nevelsteen, UEA's **komisiito** (*person entrusted with a task*) for online activity.

Listening

 10.03 Petr Chrdle posedas la eldonejon KAVA-PECH, kiu presas la plej prestiĝan Esperanto-vortaron, la *Plenan Ilustritan Vortaron*. Aŭskultu eltiraĵon el lia libro *Profesia uzo de Esperanto kaj ĝiaj trajtoj*, en kiu li diskutas la aperigon de pasinta versio de PIV.

EXTRA VOCABULARY

revizii	*to revise*
eĥo	*an echo, feedback*
konveni	*to be suitable, appropriate, fit*
eldonejo	*publisher, publishing house*
surbaze de	*on the basis of, based on*
kovrilpaĝo	*a cover page*
majstroverko	*a masterpiece*
fronti	*to face*

---

1 **Kiun influon rilate al *PIV 2005* havis Petr Chrdle?**

Li rekomendis la titolon. / Li malsukcese proponis novan titolon. / Li atentigis pri preseraro sur la kovrilo.

2 **Laŭ la vidpunkto de Petr Chrdle, kiu estas grava principo kiun sekvu ĉiu presa firmao?**

Konsili surbaze _____

3 **Kiu estas la plej ofta peto, kiun li kaj aliaj eldonistoj ricevas?**

Reeldoni elĉerpitan libron. / Publikigi libron. / Proponi rabaton.

4 **Laŭ Petr Chrdle, kial eĉ nacilingvaj majstroverkoj de novaj aŭtoroj apenaŭ vendiĝas?**

_____

5 **Kial eĉ la plej bone konataj verkistoj esperantistaj ne riĉiĝas pro sia verkado?**

Tro da konkurenco. / Merkato tro malgranda. / Prezoj tro altaj.

CULTURE TIP

Petr Chrdle is an Esperantist whose publishing firm, KAVA-PECH, holds the Czech record for the number of countries its books have been exported to, not least because around half of its output is in Esperanto. In 1994 he arranged in Prague the first **Kolokvo** (*colloquium*) **de la Akademio de Esperanto**, presenting lectures on **La profesia uzo de Esperanto kaj ĝiaj trajtoj** (*The professional use of Esperanto and its characteristics*), which he later collated into a book of the same name.

Speaking and pronunciation

Gvida principo por multaj firmaoj estas, ke la kliento ĉiam pravas. Tamen Petr Chrdle opinias alie, ke la kliento ne necese ĉion scias, kaj ke eldonejoj konsilu mendantojn surbaze de siaj propraj spertoj. Tiun penson li prezentis en la 'Kolokvo de la Akademio de Esperanto'.

Metu vin en lian pozicion, prezentante vian propran opinion pri la rolo de vendanto rilate la klienton. Ĉu parto de la rolo estu fari rekomendojn? Ĉu male, oni agu rekte laŭ la peto de sia kliento, eĉ ne rimarkigante, ekzemple, ortografian eraron (*spelling error*)? Ĉu ekzistas kliento tro postulema? Detaligu vian opinion, uzante kompleksajn frazojn kaj kontrolante, ke la refleksivan pronomon vi uzos ĝuste.

Ekzempla frazo, kian uzi en via prezento: 'Se iu mendanto petas al profesiulo doni sian konsilon, tio estas unu afero, sed alie oni ne ĝenu la klienton per siaj nepetitaj rekomendoj.'

Reading

La germana historiisto Ulrich Lins estas la aŭtoro de la ampleksa verko *La danĝera lingvo*, studaĵo pri la historia persekutado alfrontita de la Esperanto-movado pro politikaj-ideologaj motivoj. Liaj esploroj fokusiĝas precipe al cara Rusujo, nazia Germanujo, la Balkanoj, Ĉinujo, Japanujo kaj Sovetunio, kutime sub reĝimoj stampintaj Esperanton danĝera. Ĝi origine estis verko multe pli mallonga en 1973, fariĝinta ĉapitro en la libro *Esperanto en perspektivo* la sekvan jaron, antaŭ ol ĝi estis tute reverkita en plilongigita versio kiel originala kontribuaĵo al Esperanto okaze de ĝia centjariĝo.

La danĝera lingvo was further revised when the archives of the Soviet Union's secret police became accessible to researchers, complementing the voluminous archives of UEA's Biblioteko Hodler and the many other sources of the study.

La sekva teksto estas eltiraĵo de la konkludo de la versio reverkita en 2016. Kiel atendate de akademia studaĵo, ĝi estas verkita en stilo seka kaj preciza, tial legu ĝin plurfoje se bezonate, kaj poste respondu la demandojn.

La danĝera lingvo

Kiel memoras la leganto de tiu ĉi libro, la postulo respondi la sopiron de homoj al rekta komunikado tiriĝas kiel ruĝa fadeno tra multaj deklaroj de aŭtoritataj reprezentantoj de la Esperanto-movado – ekde tiu 'benata' tago antaŭ pli ol cent jaroj, kiam Zamenhof kortuŝite konstatis, ke 'inter la gastamaj muroj de Bulonjo-ĉe-Maro kunvenis ne francoj kaj angloj, ne rusoj kun poloj, sed homoj kun homoj'. Estis signo de klarvido, kiam Hector Hodler atentigis en 1919, ke 'vivpova estos tiu Ligo [de Nacioj] nur, se ĝi kunigas ne sole registarojn per juraj aranĝoj, sed ankaŭ kaj ĉefe popolojn per spirito de reciproka kompreno'. Kaj en 1960 la multjara prezidanto de UEA, Ivo Lapenna, formulis ion, kio en internacia politiko longe restis neglektata: '(...) malmulto estis kaj estas farata por interkompreniĝo sur nivelo plej malalta, sed plej grava, la nivelo de la ordinaraj homoj. (...) Ĉiam temis kaj temas nur pri la kunekzistado de la ŝtatoj kaj multe malpli, aŭ eĉ neniom, pri la amika, paca kunvivado de la popoloj, de la ordinaraj homoj.' Pro sia kredo je tiu simpla vero kaj pro siaj – foje naivaj – klopodoj agi laŭ ĝi, la parolantoj de Esperanto suferis mokadon, persekutadon kaj mortigon.

Estis diversaj gradoj de subpremo, kaj malsamaj estis ankaŭ la malamikoj de Esperanto, sed la komuna karakterizaĵo de la kontraŭesperanta batalo estas, ke ĝi direktiĝis ne kontraŭ lingvoprojekto (celanta ĝeneralan agnoskon), sed kontraŭ jam evoluinta lingvo, kiu unike simbolas la strebadon al egalrajta komunikado inter la homoj senrigarde al raso, lingvo kaj religio. Kaj tiu batalo celis pli ol nur lingvon. La sorto de la Esperanto-movado kvazaŭ servas kiel barometro, kiu ebligas mezuri la rekonon, kiun en la mondo trovas 'desuba' internaciismo, spontanea celado al kontakto kun eksterlando, la klopodo kleriĝi memstare, ekster preskribitaj naciaj aŭ ideologiaj formoj, kaj entute senantaŭjuĝa komunikiĝemo.

Esperantistoj estas ne plu subpremataj nuntempe. La legitimeco de supernaciaj organizaĵoj estas apenaŭ plu malakceptata, neniu registaro kuraĝas esprimi sin malŝate pri celoj kiel paco kaj interpopola kompreniĝo. Sed la lingvo ankoraŭ havas mondskale nur relative malgrandan anaron. La esperantistoj ĝuas senprecedence liberajn eblojn kaj ŝancojn por agado, kiujn ili dank' al la moderna teknologio povas preskaŭ senlime uzi. Ili intertempe ankaŭ pli klare konscias, kian politikan implicon posedas ilia celado fontanta el origine nepolitika-morala protesto. Paradokse tamen, la pledantoj por egaleca tutmonda komunikilo plue troviĝas en la rolo de iom deviaj eksteruloj.

Kio do restas de Esperanto? Rigardante al ĝi kaj observante la tutmondiĝon de la angla lingvo, oni neeviteble demandas, kio restas de malnovaj revoj – kio el ili estas konservebla kaj konservinda. Pri ideologioj oni ĝenerale opinias, ke ili kompromitiĝis, ke utopioj kolapsis. Regas pli da sobro pri la realigeblo de grandiozaj vizioj. Ke Esperanto transvivis la malamikajn ideologiojn, nun konsolas nur malmulte. Car naciismo, kiu ĉiam estis la plej forta malamiko de Esperanto, refortiĝas en multaj partoj de la mondo, novan, aktualan signifon eble ricevas la ideo, ke interproksimiĝo de homoj ekster nacioj surbaze de egalrajteco (kaj ekster ideologioj) restas valora kaj ke Esperanto estas potenca simbolo kaj instrumento de tiu interproksimiĝo. Parton de tiu potenco ĝi dankas al la scio, ke en la pasinteco Esperanto estis stampata kiel 'danĝera lingvo' kaj ke homoj estis persekutataj pro la uzo de Esperanto. Praktikante la lingvon internacie, en prefero al aliaj, naciaj lingvoj, la viktimoj de persekuto iom proksimiĝis al la vizio, kiu inspiris la 'antinaciiston' Zamenhof. Tiu vizio restas potenca inspiro ankaŭ nuntempe – por esperantistoj kaj por ĉiuj aliaj, kiuj kredas pri la universaleco de la homa spirito.

EXTRA VOCABULARY	
sopiri	to yearn for
tiri fadenon	to pull a thread
beni	to bless
grado	a degree
premi	to press, to squeeze, to oppress
sorto	fate
desuba	from the bottom, i.e. grassroots; **desupra** from above, i.e. governmental level
preskribi	to prescribe (not **priskribi** to describe)
fonto	a source
pledi	to plead, to plea
devii	to deviate
revi	to (day)dream, to wishfully think (not **sonĝo** a dream)
kompromiti	to compromise
praktiki	to (put into) practice, to use professionally (not **ekzerci sin** to practise in order to improve)

1 Surbaze de la citaĵo de Zamenhof en la teksto, kion vi deduktas pri lia vidpunkto rilate naciismon?

2 Laŭ Hector Hodler, kunfondinto de UEA, kio estis necesa, se la nove fondita Ligo de Nacioj estos kupabla vivi?

3 Kiun neglektaĵon en internacia politiko substrekis Ivo Lapenna?

4 De kiuj politikaj kaj teĥnologiaj avantaĝoj profitas la hodiaŭaj esperantistoj, kiuj ne estis disponeblaj al antaŭaj generacioj?

5 Laŭ Ulrich Lins, Esperanto povus fariĝi potenca simbolo de kio en la moderna epoko?

6 Trovu vortojn en la eltiraĵo, kiuj signifas:

   a (emotionally) touched _____

   b irrespective _____

   c free of prejudice _____

   d unprecedented _____

Writing

Preparu subvenci-peton, kiun vi sendos retpoŝte al Esperantic Studies Foundation. Vi rajtas laŭ via prefero aŭ uzi la proponon de Sara, aŭ prezentu vian propran. Necesas en via retpoŝtaĵo, ke vi:

▶ Resumu la projekton.

▶ Priskribu la antaŭvidatajn produktojn (libron, artikolon, esploran raporton, retejon, ktp).

▶ Indiku buĝeton.

▶ Montru kiel ĝi rilatas al la prioritatoj de ESF, nome edukado, esplorado, kaj konservado.

Memoru la konsilon de Jakob, ke vi estu formala. La ricevonto tute ne konas vin, nek viajn verkojn, pro kio vi uzu ĉiun rimedon disponeblan por klare montri, ke vi ellernis Esperanton: kontrolu transitivecon; uzu participojn prudente; certiĝu, ke en viaj kompleksaj frazoj vi uzas 'si' ĝuste; kaj plurfoje uzu elementojn kiel afiksojn.

Go further

You have now come as far as this course can take you! The next steps involve making use of Esperanto with real people, especially with people from different backgrounds with whom you would not otherwise be able to communicate without one of you having to learn the other's language. The easiest way to find Esperanto events is to use UEA's **Eventa Servo**, a free service which any Esperantist can use to promote their courses, meet-ups, and events.

Before you head abroad with the language, you will want to have practised speaking Esperanto. You can find Esperantists near to you by using the free app **Amikumu**. Speaking one-on-one with an experienced Esperantist from overseas is possible via **edukado.net's Ekparolu!** scheme, which offers ten free discussion sessions with volunteers who will chat with and coach new learners. You will find learner-friendly environments at **Somera Esperanto-Studado (SES)** and the **Nord-Amerika Somera Kursaro (NASK)**. If you live in the UK, the **Esperanto Association of Britain (EAB)** offers grants to new learners to head abroad with the language or participate in online courses, as well as running free classroom courses of its own.

It is possible to gain official accreditation in Esperanto, with exams based on the Council of Europe's Common European Framework of Reference. Exam sessions are often run during some of the larger Esperanto events, but you don't necessarily have to head abroad to participate in them, since there is an annual exam day in which small-scale sessions are held, and exam sessions are accessible virtually. The papers are available for CEFR levels B1 to C2, and the **Esperanto Association of Britain** runs a programme in which it offers to refund the cost of sitting the exam to successful participants. You can download a specimen paper online to see what the exams look like. You might well be pleasantly surprised if you take a look at it!

As you have seen throughout this course, there is a wealth of reading material out there, whether in the form of magazines from various Esperanto associations or books, blogs and other online articles. Do bear in mind that it is advisable to buy from reputable Esperanto sellers since the quality is not always good. The **Universala Esperanto-Asocio (UEA)**, **Esperanto Association of Britain**, and **Flandra Esperanto-Ligo (FEL)** are all trustworthy sellers, and you can trust that books published by respected Esperanto publishers such as **Mondial** are of the quality you would expect when making a purchase.

With that, thank you for investing your time in this course. All being well, you will now have a very solid grounding from which you can venture out on your own and enjoy Esperanto.

Links to the material mentioned can be found in the Bibliography for Unit 10.

Test yourself

1 To whom does **si** refer in the following sentences?
    a La maljunuloj igis kreski siajn tomatojn.
    b Aleksandro, gratulante la venkinton, dankis sian teamon.
    c Manjo ne permesis al Luko tuŝi sian katidon.
    d Adamo parolis kun Nina pri ŝia festo kun sia familio.
    e Ŝi diris al la policano, ke la ŝtelisto foriris kun sia sako.
    f La geedzoj refarbigis al la najbaro sian salonon.
    g Pedro igis Sandrine pagi siajn ŝuldojn.
    h Li neniel volis plu aŭskulti la laŭdojn pri sia kuirado, same kiel la plendojn de Irvin pri siaj kukoj.

2 Even Zamenhof found the reflexive difficult! Identify his mistakes in the following sentences.
    a En mia unua libro mi petis ĉiujn amikojn de l' lingvo internacia esprimi ilian juĝon pri la lingvo, kiun mi proponis...
    b ... kaj tiuj amikoj de l' lingvo, kiuj malfortigus aŭ tute ĉesigus ilian laboradon 'atendante la kongreson' povus meti nian sanktun uferon en danĝeron.
    c Sed nun estas bedaŭrinde ankoraŭ multaj, kiuj, vive laborante por la afero kaj tute bone korespondante en la lingvo internacia, ne sendis ankoraŭ ilian 'promeson'!
    d ... kaj estus bone, ke en ili la novaj vortoj, kreitaj de l' aŭtoroj mem, estus donitaj kune kun ilia franca traduko.
    e Tiujn ĉi tri verkojn la aŭtoro de Esperanto rigardadis ĉiam kiel leĝojn por li, kaj malgraŭ oftaj tentoj kaj delogoj li neniam permesis al si (almenaŭ konscie) eĉ la plej malgrandan pekon kontraŭ tiuj ĉi leĝoj...

3 Zamenhof published ***Plena Lernolibro de la Tutmonda Lingvo Esperanto por Rusoj*** in 1890. In that book, he shared a poem he had written alongside a Russian translation. That poem, which had no title in the book, was ***La Espero***, and became the anthem of Esperanto. **Read the lyrics, and then answer the questions.**

En la mondon venis nova sento,

Tra la mondo iras forta voko;

Per flugiloj de facila vento

Nun de loko flugu ĝi al loko.

Ne al glavo sangon soifanta

Ĝi la homan tiras familion:

Al la mond' eterne militanta

Ĝi promesas sanktan harmonion.

Sub la sankta signo de l' espero

Kolektiĝas pacaj batalantoj,

Kaj rapide kreskas la afero

Per laboro de la esperantoj.

Forte staras muroj de miljaroj

Inter la popoloj dividitaj;

Sed dissaltos la obstinaj baroj,

Per la sankta amo disbatitaj.

Sur neŭtrala lingva fundamento,

Komprenante unu la alian,

La popoloj faros en konsento

Unu grandan rondon familian.

Nia diligenta kolegaro

En laboro paca ne laciĝos,

Ĝis la bela sonĝo de l' homaro

Por eterna ben' efektiviĝos.

a Which sentence is grammatically impossible?

b Find an example of the accusative showing motion towards a location.

c Which word did Zamenhof use to refer to *Esperantists*?

d The most proficient Esperanto poets criticized the early ones for 'adasismo', by which they meant a reliance on rhyming suffixes and verb endings. The name came from -ad-, which was used much more frequently in early Esperanto than today, but the concept applies to all suffixes, and the **as**-ending. Find all the examples of **adasismo** in the poem.

e Which references made in Julio Baghy's ***Estas mi esperantisto*** (the Reading task in Unit 2) do you recognize?

> **CULTURE TIP**
>
> ***La Espero*** became Esperanto's anthem against Zamenhof's wishes. When the matter was raised in correspondence, he explained that he did not want Esperanto to have one, but if it had to, his preference was for another of his poems, ***La Vojo***.

SELF CHECK

I CAN. . .
... use the reflexive in complex constructions.
... identify the implied subject of verbs.
... identify where a noun has an implied subject.
... use prepositions as prefixes, including those which have a dual meaning or an effect.

Glossary of grammatical terms

This glossary covers the most important grammatical terminology used in *Enjoy Esperanto*.

accusative

The case used in Esperanto for marking the direct object in a sentence, as well as other uses. (See Unit 7.) It is represented by the **n**-ending.

active voice

The active voice is a form or set of forms of a verb in which the subject does the action of the verb: **Ili informis la patron.** (*They informed the father.*) Compare it to the passive voice, in which the subject undergoes the action of the verb: **Ili estis informitaj.** (*They were informed.*)

adjective

Adjectives are used to provide more information about nouns, and are marked with the **a**-ending. They can also take the **j**- and **n**-endings to match the nouns they are describing.

adverb

An adverb is a word or phrase that modifies or qualifies an adjective, verb, or other adverb or a word group, expressing a relation of place, time, circumstance, manner, cause, degree, etc.: **tre** (*very*), **interese** (*interestingly*), **apenaŭ** (*hardly*).

affix

An affix is an element which can be added either to the front of a word (a prefix) or to the end of it (a suffix).

agglutination

The process of creating words by combining smaller elements: **malsanulejo** is formed agglutinatively with **mal-** + **san** + **-ul-** + **-ej-** + **o**.

animate noun

A noun which applies to something which is alive or sentient.

apposition

A construction in which two elements, normally noun phrases, are placed side by side, with one element identifying the other in a different way. A restrictive appositive follows a noun and is an identifying description of it, which stays in the nominative case: **Mi renkontis doktoron <u>Ludoviko Zamenhof</u>**. (*I met Doctor <u>Ludoviko Zamenhof</u>.*) A non-restrictive appositive is grammatically parallel to the noun being described, and can be in either the nominative or accusative case: **Ni vizitis Parizon, <u>la ĉefurbon</u> de Francujo**. (*We visited Paris, <u>the capital</u> of France.*)

case

A case is a manner of categorizing nouns, pronouns, adjectives, participles, and numerals according to their traditionally corresponding grammatical functions within a given phrase, clause, or sentence. Esperanto formally has two: the default case, called the nominative, and the accusative case, marked with the **n**-ending.

clause

Clauses are units of grammar that contain at least one predicate.

comparative

The comparative is the mechanism by which two or more things or people are compared. In Esperanto this involves using **pli** or **malpli**, with the contrasting element introduced with **ol**: **Ŝi estas pli maljuna ol mi.** (*She is older than me/than I am.*)

complement

A complement is a word, phrase, or clause that is necessary to complete the meaning of a given expression: **Mi iris <u>al la maro</u>.** (*I went to the sea.*)

compound noun

A compound noun is a noun which is made up of two or more existing words: **piedpilko** = **piedo** + **pilko** (*football = foot + ball*)

conditional

Conditional sentences are sentences that express one thing contingent on something else. In English, they are based around an *if*-clause; in Esperanto, a **se**-clause: **Se mi havus tempon, mi venus.** (*If I had time, I'd come.*)

correlative

One of 45 words formed in Esperanto by combining one of five beginnings with one of nine endings to produce words with predictable meanings.

demonym

A demonym is the name of an area's inhabitant: **<u>Londonanoj</u> loĝas en Londono.** (*<u>Londoners</u> live in London.*)

direct object

The direct object is the primary recipient of the verb's action, and is marked in Esperanto by the **n**-ending: **Musoj malamas <u>katojn</u>.** (*Mice hate <u>cats</u>.*)

euphony

Euphony is the quality of being pleasing to the ear. In Esperanto, you may choose to add an 'o' between parts of compound nouns in order to be more pleasing to the ear: **bird(o)nesto**.

heterograph

Heterographs are words pronounced identically but with different meanings and spellings, such as *there, their* and *they're*. Owing to its phonemic alphabet, Esperanto doesn't have heterographs.

homonym

Homonyms are words which have identical spellings and pronunciation but separate meanings, such as *market* in English (**bazaro** or **merkato** in Esperanto) or **kara** (*dear* as a form of affection or meaning *expensive* in English).

imperative

The imperative is a mood used to express a command or order, such as: **Ekstaru!** (*Stand up!*) In Esperanto, these commands take the **u**-ending and are often referred to us 'the imperative' because other languages use that label in the same situation. In reality, this 'imperative' is a particular use of Esperanto's **u**-ending, which corresponds to the volitive mood.

indicative

The indicative is a grammatical mood expressing a factual statement. It has three tenses in Esperanto: past, present and future.

indirect object

An indirect object is someone or something affected by an action, but not the primary recipient (the direct object). In English, we usually indicate the indirect object with *to* or *for*. Esperanto uses the preposition **al** to show who or what the indirect object is.

indirect speech

Indirect speech (or 'reported speech') is a manner of reporting what somebody has already said, thought, decided, and so on. Where direct speech involves repeating the original statement, indirect speech reports it without quoting it explicitly: **Li diris, ke mi ne komprenas.** (*He said that I didn't understand.*)

infinitive

The infinitive is the basic form of a verb. Unlike other verbal moods, it does not relay information about tense or whether something is real or imaginary. In Esperanto, it is marked with the **i**-ending, and is the form in which verbs are listed in dictionaries: **legi** (*to read*)

intransitive

An intransitive verb cannot take a direct object. It can be made into a transitive verb, which can take a direct object, by adding **-ig-**: **La akvo bolas.** (*The water is boiling.*) **Mi boligas la akvon.** (*I am boiling the water.*)

main clause

A main clause is a clause that can form a complete sentence standing alone, having at least a predicate and, usually, a subject: **La pomo falis.** (*The apple fell.*) **Pluvas.** (*It is raining.*)

main verb

A main verb is the verb in a main clause: **Mi iris hejmen.** (*I went home.*)

mood

A grammatical mood is a feature of verbs allowing speakers to express their attitude towards what they are saying (for example, a statement of fact, of desire, of a condition, and so on). The most common mood in Esperanto is the indicative.

nominative

The nominative case is the default grammatical case in Esperanto. Unlike the accusative case, which is marked with the **n**-ending, the nominative does not have any marking.

noun

A noun is a word (other than a pronoun) used to identify any of a class of people, places, or things (a common noun), or to name a particular one of these (proper noun). Nouns in Esperanto end with the **o**-ending, onto which can be appended the **j**- and **n**-endings if they are required.

object

An object is the recipient of the action, coming in two varieties: the direct object and the indirect object.

object predicate/object predicative

An object predicate/predicative is an adjective, noun phrase, or prepositional phrase that qualifies, describes, or renames the object that appears before it: **Ili farbis la blankan pordon ruĝa.** (*They painted the white door red.*) **Ili nomis la infanon Tomaso.** (*They named the child Thomas.*) Object predicates/predicatives in Esperanto are always in the nominative case.

paronym

Paronyms are words that are pronounced or written in a similar way but which have different meanings: **pezi, pesi** (*to weigh*); **letero, litero** (*a letter*).

participle

Participles are forms derived from verbs, which show the state of completion of something. In Esperanto they are most commonly adjectives, with the characteristic **a**-ending, although they can take other forms too. In English, we have two kinds: a present (active) participle, formed by adding *-ing* to a verb stem, and a past (passive) participle, usually created with the addition of *-ed*: **<u>fluanta</u> akvo** (<u>running</u> water), **<u>fermita</u> pordo** (a <u>closed</u> door).

passive voice

The passive voice is a form or set of forms of a verb in which the subject undergoes the action of the verb: **Ili estis informitaj.** (*They were informed.*) Compare it to the active voice, in which the subject does the action of the verb: **Ili informis la patron.** (*They informed the father.*)

predicate

A predicate is the part of a sentence or clause containing a verb and stating something about the subject: **La infanoj <u>iris al la bestoĝardeno</u>.** (*The children <u>went to the zoo</u>.*)

predicative

The predicative, sometimes known as the subject complement, is the description of a subject shown by a linking verb such as **esti** (*to be*), **ŝajni** (*to seem*), or **fariĝi** (*to become*): **Ŝi estas <u>agrabla homo</u>.** (*She is a <u>pleasant person</u>.*)

prefix

A prefix is an element which can be added to the front of another word. Esperanto has ten official prefixes: **<u>Eks</u>ministro.** (<u>Ex</u>-minister.)

preposition

A preposition is a word governing and, in Esperanto, preceding a noun or pronoun, and expressing a relation to another word or element in the clause: **La kato <u>sur</u> la tablo.** (*The cat <u>on</u> the table.*) **La knabo <u>kun</u> la aŭto.** (*The boy <u>with</u> the car.*)

pronoun

A pronoun is a word that takes the place of a noun. It can be a subject (**li** (*him*)), an object (**lin** (*him*)), or a possessive (**lia** (*his*)).

reciprocity

Reciprocity is a relation or state in which two people or groups perform mutual or corresponding actions based on the actions of the other: **Ili salutis <u>unu la alian</u>.** (*They greeted <u>each other</u>.*)

reflexive

A reflexive is a pronoun that refers back to the subject of the clause in which it is used. In Esperanto, the reflexive only exists in the third person and is represented by **si**.

relative clause

A relative clause is a clause attached to a preceding one with the use of a relative pronoun, such as *who, which* or *that*: **La libro, kiun mi aĉetis hieraŭ.** (*The book which I bought yesterday.*)

relative pronoun

A relative pronoun introduces a relative clause. In Esperanto, the relative pronouns are all **ki**-correlatives: **La viro, kiu acetis la libron en la vendejo, kie mi laboris, kiam mi estis juna, salutis min.** (*The man who bought a book in the shop where I worked when I was young greeted me.*)

subject

The subject is the part of a sentence or clause that commonly indicates who or what performs the action: **Ŝi parolas la francan.** (*She speaks French.*)

subject complement

The subject complement, also known as the predicative, is the description of a subject shown by a linking verb such as **esti** (to be), **ŝajni** (to seem), or **fariĝi** (to become): **Ŝi estas agrabla homo.** (*She is a pleasant person.*)

subordinate clause, sub-clause

A subordinate clause is a clause that cannot stand alone as a complete sentence. It complements a sentence's main clause: **Ĉar mia patrino devigis min, mi pardonpetis al mia frato.** (*Because my mother made me, I apologized to my brother.*)

suffix

A suffix is an element which can be added to the end of another word. Esperanto has 31 official suffixes: **leonino.** (*a lioness.*)

superlative

A superlative is used to compare one person or thing with every other member of the group, indicating that it is at the upper or lower limit compared with everything else: **La plej rapida estas la plej multekosta.** (*The fastest one is the most expensive.*)

tense

A tense is a verb-based method used to indicate the time of an action or state in relation to the time of speaking. Esperanto has three tenses in the indicative mood: past, present and future.

transitive

A transitive verb can take a direct object, unlike intransitive verbs, which cannot. It can be made into an intransitive verb by adding **-iĝ-**: **La viro movas la seĝon.** (*The man moves the chair.*) **La viro moviĝas.** (*The man is moving.*)

transitivity

Transitivity is a property of verbs relating to whether a verb can take a direct object. Transitive verbs can, although don't have to: **Mi manĝas (ion).** (*I'm eating (something).*) Intransitive verbs cannot take a direct object.

verb

A verb is a word used to describe an action, state, or occurrence, and forming the main part of the predicate of a sentence. In Esperanto, all verbs end either with **-i** (the infinitive), **-as** (the present tense), **-is** (the past tense), **-os** (the future tense), **-us** (the conditional mood), or **-u** (the volitive mood).

vocative

A vocative expression is used to address directly or invoke a person or thing. **Vi tamen scias, Fred, ke mi ne intence rakontis vian sekreton, ĉu ne?** (*You know, though, don't you, Fred, that I didn't deliberately give away your secret.*) **Saluton, Vilĉjo!** (*Hi, Bill!*)

volitive

The volitive is a grammatical mood which expresses a desire or a wished-for state. It is denoted in Esperanto with the **u**-ending: **Sidiĝu, mi petas.** (*Please be seated.*) **Mi volas, ke vi venu tien ĉi tuj.** (*I want you to come here right now.*)

Grammar reference

Correlatives

Here are all 45 of Esperanto's correlatives. There are five beginnings and nine endings. The meaning of each correlative is entirely predictable based on what beginning and ending it is built from.

	i- Indefinite *some*	k- Interrogative or relative *which, what*	t- Demonstrative *that*	ĉ- Universal *every, each, all*	neni- Negative *no*
-a Quality *kind, sort*	ia of some kind, of any kind	kia of what kind, what kind of, what a __!	tia of that kind, such a __	ĉia of every kind, every kind of	nenia of no kind, no kind of
-al Motive *reason*	ial for some reason	kial why	tial that's why, for that reason, therefore	ĉial for every reason	nenial for no reason
-am Time	iam at some time, ever	kiam when	tiam at that time, then	ĉiam always	neniam never
-e Place	ie in some place, somewhere	kie where	tie there	ĉie everywhere	nenie nowhere
-el Manner *way*	iel in some way, somehow	kiel how, like	tiel in that way, like that, so, thus	ĉiel in every way	neniel in no way
-es Possession	ies someone's, somebody's	kies whose	ties that one's	ĉies everyone's, everybody's	nenies no one's, nobody's
-o Thing	io something	kio what thing, what	tio that thing, that	ĉio everything, all	nenio nothing
-om Quantity	iom some quantity, somewhat	kiom how much, how many	tiom that quantity, so much, so many	ĉiom the whole quantity, all of it	neniom no quantity, not a bit, none
-u Individuality *person, a particular x*	iu someone, some (person or thing)	kiu which (one), who	tiu that (one)	ĉiu everybody, everyone, every, each	neniu nobody, no, no one

The table words ending with **-a**, **-e**, **-o** and **-u** can take the **n**-ending. The **j**-ending can be applied to the table words which end with **-a** and **-u**.

Affixes

Esperanto's affix system makes it exceptionally easy to build new words. You've encountered nearly all of the 41 official affixes in this course.

PREFIXES

The ten official prefixes in Esperanto are:

BO: related by marriage, an in-law.

patrino (*mother*)   **bopatrino** (*mother-in-law*)

ĈEF: the most important, the main something.

strato (*street*)   **ĉefstrato** (*High Street, Main Street*)

DIS: spreading, going out in multiple directions, scattering.

doni (*to give*)   **disdoni** (*to distribute*)

EK: start of an action, sudden action.

sidi (*to sit*)   **eksidi** (*to start sitting down*)

flamo (*a flame*)   **ekflami** (*to ignite*)

EKS: corresponds with English's *ex*, denoting a former state.

edzino (*wife*)   **eksedzino** (*ex-wife*)

GE: both sexes, used either to mean one of each or several together.

patro (*father*)   **gepatroj** (*parents*)

knabo (*boy*)   **geknaboj** (*boys and girls*)

MAL: the opposite.

bela (*beautiful*)   **malbela** (*ugly*)

bona (*good*)   **malbona** (*bad*)

MIS: equivalent to *mis-* in English, showing that something is wrong, bad or erroneous.

kompreni (*to understand*)   **miskompreni** (*to misunderstand*)

PRA: a very long time ago, ancient, primitive; in family relationships it shows a generation further away from the word it's attached to.

historio (*history*)   **prahistorio** (*ancient history*)

avo (*grandfather*)   **praavo** (*great-grandfather*)

nepo (*grandson*)   **pranepo** (*great-grandson*)

RE: the same as English's *re-*, meaning to happen or do something again or to make as it was before.

veni (*to come*)   **reveni** (*to come back, to return*)

SUFFIXES

The 31 official suffixes in Esperanto are:

AĈ: bad in quality.

domo (*a house*)　　　　**domaĉo** (*a shack, a hovel*)

AD: continuing action, repetition, duration.

bato (*a strike, a hit*)　　　**batado** (*striking, hitting*)

AĴ: something, often physical, associated with an action; something characterized by an adjective; the flesh of an animal.

trinki (*to drink*)　　　　**trinkaĵo** (*a drink*)
diri (*to say*)　　　　　　**diraĵo** (*a saying*)
nova (*new*)　　　　　　　**novaĵo** (*something new, news*)
bovo (*a cow*)　　　　　　**bovaĵo** (*beef*)

AN: shows a person's association to something, maybe as a member, as an adherent to an idea or doctrine, or as a resident or citizen.

klubo (*a club*)　　　　　　**klubano** (*a member of a club*)
Jesuo Kristo (*Jesus Christ*)　**kristano** (*a Christian*)
vilaĝo (*a village*)　　　　**vilaĝano** (*a villager*)
Usono (*the USA*)　　　　**usonano** (*an American*)

AR: expresses a group or collection of something, whether it consists of lots of the same thing, something chiefly composed of that thing, or all of the same thing in a general sense.

haro (*a hair*)　　　　　　**hararo** (*(a head of) hair*)
arbo (*tree*)　　　　　　　**arbaro** (*a forest*)
vorto (*a word*)　　　　　**vortaro** (*a dictionary*)
homo (*a person*)　　　　**homaro** (*mankind*)

ĈJ: creates familiar names for men. Usually the name is reduced by removing some letters, unless it's already very short.

patro (*a father*)　　　　　**paĉjo** (*Dad*)
Vilhelmo (*William*)　　　　**Vilĉjo, Viĉjo** (*Bill, Will, Billy*)

EBL: works the same as *-able* and *-ible* in English, expressing what's possible.

kompreni (*to understand*)　**komprenebla** (*understandable*)

EC: allows you to form an abstraction or a noun expressing a quality.

amiko (*friend*)　　　　　　**amikeco** (*friendship*)
frato (*brother*)　　　　　**frateco** (*brotherhood*)

EG: intensifies something, makes it larger or more important.

domo (*a house*)　　　　　**domego** (*a mansion*)
grava (*important*)　　　　**gravega** (*extremely important*)

EJ: a place where an activity occurs or a place for that thing.

lerni (*to learn*)　　　　　**lernejo** (*a school, a place intended for learning*)
baki (*to bake*)　　　　　**bakejo** (*a bakery*)

EM: a characteristic tendency or inclination.

paroli (*to speak*)　　　　**parolema** (*talkative*)
studi (*to study*)　　　　　**studema** (*studious*)

END: something which must be done.

pagi (*to pay*)   **pagenda** (*payable, must be paid*)

ER: a very small part of something which consists wholly of lots of these things.

salo (*salt*)   **salero** (*a grain of salt*)

sablo (*sand*)   **sablero** (*a grain of sand*)

ESTR: the decision maker, the leader.

urbo (*city*)   **urbestro** (*mayor*)

lernejo (*school*)   **lernejestro** (*school director, head teacher*)

ET: reduces something in size or intensity.

knabino (*a girl*)   **knabineto** (*a little girl, a small girl*)

dormi (*to sleep*)   **dormeti** (*to nap, to doze*)

ID: denotes the offspring.

ŝafo (*a sheep*)   **ŝafido** (*a lamb*)

IG: to cause to happen.

ruĝa (*red*)   **ruĝigi** (*to make red, to make blush*)

paroli (*to speak*)   **paroligi** (*to make speak*)

pli bona (*better*)   **plibonigi** (*to improve*)

IĜ: to change state, to become.

ruĝa (*red*)   **ruĝiĝi** (*to blush*)

en lito (*in a bed*)   **enlitiĝi** (*to get into bed*)

IL: the instrument, the means for doing something.

skribi (*to write*)   **skribilo** (*a pen*)

IN: specifies a female.

koko (*a chicken*)   **kokino** (*a hen*)

IND: worth doing; which merits.

viziti (*to visit*)   **vizitinda** (*worth visiting*)

ami (*to love*)   **aminda** (*lovable*)

ING: a container for one of something, into which it is usually partially placed.

glavo (*a sword*)   **glavingo** (*a sheath*)

ISM: behaves like *-ism* in English.

marksismo (*Marxism*)   **alkoholismo** (*alcoholism*)

IST: somebody occupied with something, often professionally, though not necessarily.

instrui (*to teach*)   **instruisto** (*a teacher*)

kanti (*to sing*)   **kantisto** (*a singer*)

NJ: creates familiar names for women. Usually the name is reduced by removing some letters, unless it's already very short.

patrino (*a mother*)   **panjo** (*Mum, Mom, Mummy, Mommy*)

Anabela (*Annabella*)   **Anja/Anjo** (*Anna, Bella*)

OBL: multiplication.

du (*two*)   **duobla** (*double*)

ON: division.

tri (*three*)   **triono** (*a third*)

OP: a group comprising a certain number.

kvar (*four*)   **kvaropo** (*a quartet*)

UJ: a container for something; the name of a plant which produces a certain fruit; the name of a country, based on the inhabitants' name.

mono (*money*)   **monujo** (*a purse*)

pomo (*an apple*)   **pomujo/pomarbo** (*an apple tree*)

brito (*a British person*)   **Britujo/Britio** (*Great Britain*)

UL: a person with a certain kind of characteristic.

juna (*young*)   **junulo** (*a young person, a youth*)

UM: doesn't have a particular meaning and is used to build words which have some type of relationship but which can't be expressed clearly with another affix; a method of execution.

suno (*sun*)   **sunumi** (*to tan*)

akvo (*water*)   **akvumi** (*to water (plants etc.)*)

pendi (*to hang, to droop*)   **pendumi** (*to hang (execute by hanging)*)

Answer key

UNIT 1

ZEO-j

1 Unlike in English, Esperanto uses a comma rather than a point to indicate decimals. **2** The eksterterano (*extraterrestrial*) would refer to you as a terano (*earthling*).

Vocabulary builder

Vojaĝado: taxi, train, bus; **Turismo:** passport, guest

Conversation

1 a Mariella is from Italujo/Italio (Italy). Travko is from Slovenujo/Slovenio (Slovenia). **b** Travko is really interested in ZEOs. **2 a** Travko plans his trips using the internet, and uses the 'Passport Service' to find local Esperantists. **b** There is a monument to Zamenhof in Udine, and also an Esperanto Garden. **c** Sara is an 'uj-isto', as shown when she says 'Slovenujo'. Travko says 'Slovenio', so is an 'i-isto'. Mariella doesn't name a country in the conversation, so we don't know which ending she uses, leading to the conclusion that the person who would definitely say 'Italujo' is Sara. **d** Travko travels by train, although he does need to walk a short distance on foot to cross the border. **e** Mariella really enjoys meeting new people so is particularly happy to welcome people into her house. **f** Sara saw a monument with a Green Star on it and a street sign (which reads 'Esperanto Way') at the headquarters of the Esperanto Association of Britain. **2 a** hodiaŭa; **b** landlimo; **c** busbileto; **d** gastiganto; **e** antaŭmendi; **f** resti senpage; **g** atingi; **h** kiel aĉeti kaj validigi; **i** sidejo

Language discovery

1 a customs, customs control/check **b** travel agency **c** streetsign **d** train station **e** travel costs **f** youth **2 a** flugbileto **b** trajnvojaĝo **c** landnomo **d** nomŝildo **3 a** aĉeti busbileton **b** antaŭmendi trajnbileton **c** landlima kontrolo **d** ĉiĉeroni amikojn **4** Sara avoided creating an unclear compound noun such as verdstelmonumento by using verdstela as an adjective in front of monumento. The a-ending of verda was removed in the compound adjective, as is normal. **5 a** murpapero **b** birdĉaso **c** ĉasbirdo **d** poŝmono **e** ĉashundo **f** dombirdo **g** papermuro **h** monpoŝo **i** kantbirdo **j** hund(-)domo **k** domhundo **6 a** antaŭmendado de biletoj **b** feritaga vojaĝado **c** uzado de Pasporta Servo **d** flugbileta kontrolisto, kontrolisto de biletoj por flugi/flugbiletoj **e** parkejo por aŭtoj ĉe la stacidomo, stacidoma parkejo por aŭtoj, stacidoma aŭtoparkejo **7 a** armeno **b** kanadano **c** japano **d** kartvelo **e** novzelandano, nov-zelandano **f** kostarikano **g** sanmarinano, san-marinano **h** sejŝelano **8 a** ĉino **b** ĉiliano **c** aŭstraliano **d** indoneziano **e** italo **f** svedo **g** sanktluciano, sankt-luciano **h** fiĝiano **9** finno, finna: 'land' is not part of the name but was added to the demonym. **10** Islando, islando: 'land' is part of the name. **11** Irlando is not a compound noun but the name of the country itself. If it were, then the people who live there would be called iroj, which looks very wrong, given that the root IR already exists in the verb iri.

Listening, speaking and pronunciation

1 The extract comes from the antaŭparolo (*foreword*). **2 a** The writer refers to Esperantujo. It's a curiosity of Esperanto that although -io has been more popular than -ujo for decades, Esperantio is barely used. **b** Zamenhof was elected the 'Bjalistokano (*person from Białystok, Poland*) of the Twentieth Century'. **c** Zamenhof noticed the 'fatalajn postsekvojn de la Babela Turo' when he was a knabeto: not just a knabo (*boy*) but a small one. **d** Although Brazil doesn't have as many ZEOs as Poland or France, it has more monuments to Zamenhof than any other country. **3** Troviĝas proksimume <u>1500 Zamenhof-Esperanto-Objektoj</u> en <u>54</u> landoj. Laŭ statistiko de <u>2016</u>, plej multaj troviĝas en <u>Pollando</u> kaj en <u>Francio</u>. Plej multe da <u>monumentoj al Zamenhof</u> en la mondo troviĝas en <u>Brazilo</u>. **4** The seven countries are Poland, France, Brazil, Italy, Hungary, Spain and Germany. All except for Brazil can end with -ujo.

Reading

2 It comes across that Clare was in disbelief at all these chance encounters and the fact that though she and Tim were trying to get away from Esperanto for a break, they just couldn't escape it. **3** Clare encountered a Zamenhof Street, a pile of wooden bricks with blocks spelling out 'ESPERANTO' and a green star at the side, a large stone with a green star and inscription on it, and a plaque. **4 a** Zamenhof's wife, Klara Silbernik (1863–1924), was born and raised in Kaunas. **b** Within minutes of arriving in Prague for a short break, Clare and Tim noticed a public display of bricks on which were written various messages. The most noticeable was 'ESPERANTO', with each letter on a single block and a green star on another. **c** In 1996, the Universala Kongreso was held in Prague, Czechia. This stone was commemorating it. **d** The building was the place where *Kroata Esperantisto* was published. Clare suspected that she hadn't noticed it on her previous visits to Zagreb because the lettering was very small (Clare is excellent at Croatian so it didn't matter that the text wasn't in Esperanto!). **5 a** fingromontri **b** unufoje **c** ĉefurbo **d** urbocentro **e** antaŭurbo **f** survoje **g** senintence **h** multfoje **i** ĉefplaco **j** Esperanto-gazeto

Test yourself

1 Rusio, Rusujo, Ruslando **2** Tanzanianoj. The 'i' in Tanzanio is part of the name rather than a suffix, so you know you have to use -an- to create the inhabitant. Nearly all countries in Africa have their own names, from which are derived the inhabitants, as is the case with the Americas too. **3** The adjective is 'novzelanda' and the inhabitants are 'novzelandanoj'. It is possible to insert a hyphen between the elements but doing so is not particularly common. **4** The name has to be 'Universala Esperanto-Asocio', with the hyphen. It is not grammatically possible in Esperanto to have a compound of two nouns which are separated from each other, as in 'Esperanto Asocio'.

UNIT 2

La interna ideo

1 Esperantismo (*Esperantism*) could be the name of a philosophy or movement, as it could also be in English. Given Esperanto's origin, 'esperantismo' would refer to the universal adoption of Esperanto as a language for international communication. **2** An 'Esperantist'

could be somebody connected to 'Esperantism'. Since many Esperantists use the language for a variety of interests but aren't necessarily involved in the organized movement, they often prefer a name like Esperanto-parolanto (Esperanto speaker), which is a factual description and doesn't presuppose any ideology.

Vocabulary builder

Filozofiaj motivoj: motives/motivations, influences, propaganda, association, members

Conversation

1 a Anna seems to have enjoyed her year in Slovakia, saying that she can't believe that the year has flown by already! **b** Anna seems not to be as she was before. She says that she isn't a 'propagandisto' anymore. **2 a** Anna was drawn to Esperanto by the 'interna ideo' and her idealism. **b** Anna said that she originally wanted to get new supporters and members. At the end of the conversation, she indicated that in the early days she thought a lot about providing services to members. **c** Like Sara, Anna acknowledges that the world will seemingly never be ready to accept Esperanto as a solution to the language problem. **d** Anna explains to Sara that she contributes to Esperanto culture even though she isn't a 'finvenkisto' through her podcast and blog. **e** Anna heard that E@I, using the European Voluntary Service, was looking for new volunteers. **f** The fact that people actually use Esperanto and are willing to be active for it is much more important to Anna than membership statistics. To her, uzado (usage) and agado (activity) are much more important. **g** Sara gives the distinct impression that she too is going to apply to be a volunteer!

Language discovery

1 a 'Disvastig<u>i</u> Esperanton ne estas facil<u>e</u>.' The infinitive (the basic form of the verb), with its characteristic i-ending, can act as a noun. If this happens, then the word describing it does not take the customary a-ending which we associate with adjectives, but an e-ending, which we usually think of as an adverb: Rest<u>i</u> kun leono estas danĝer<u>e.</u> (*Staying with a lion is dangerous.*) **b** Where Sara uses adjectives (Tio estas facila), Anna seems to favour using a verb form if that is possible (Tio facilas). From what we've seen of them, Anna would say Tio malfacilas instead of Tio estas malfacila, and Sara would say Mi estas malkontenta instead of Anna's Mi malkontentas. **c** Se vi ne kredus/kredis je la fina venko. Although people usually learn the us-ending and se (*if*) together, they don't always go as a pair. In the example in the text, Sara wasn't hypothesizing but was stating a fact in her question: 'If you didn't believe in this, then why did you volunteer?' Note the distinction between kredi and kredi je: Mi kredas lin. (*I believe him.*); Mi kredas j<u>e</u> li. (*I believe in him.*) **d** As with se, kvazaŭ (*as if, as though*) often introduces something hypothetical. When it does, the statement it is introducing will use the us-ending. **e** Mi ne scis, kion li diros. In English, we make a change to the verb in the bit being reported: 'I don't know what he <u>will</u> do.' → 'I didn't know what he <u>would</u> do.' Esperanto doesn't make such a change when reporting. **2 a** estus **b** havos, telefonos **c** sciis, vidos

3 a Mi tre bone konis lin, kiam ni estis knabetoj, sed li tute ignoras min dum la lastaj kelkaj jaroj, kaj rifuzas paroli al mi, kiam mi salutas lin. Mi esperas, ke iun tagon ni estos denove bonaj amikoj, kiel ni estis junaĝe. **b** Mi pardonpetas, Anĉjo, sed mi ne scias, kiam Petro revenos. Li ofte malaperas nuntempe. Kiam mi vidos lin, mi donos al li la kukon, kiun vi bakis por li.

c Estas pli facile fari ion kaj poste peti pardonon ol peti unue permeson. Sed mi ne rekomendas fari tiel; tio ofte ne plaĉas al aliaj homoj, kaj via patro ne estus kontenta poste. **d** Mi ne havas sufiĉe da mono por aĉeti la novan aŭton, kiun mi tre ŝatas, sed post du jaroj mi finfine posedos ĝin kaj veturigos ĝin ĉien. **e** Li estas la kantisto ekde la tria albumo; li tute ne estas nova membro. Bonvolu ne diri tion al li, ĉar aŭdi tion multe ĝenas lin, kiam ĉiu alia ĉiam diras tion. **f** Mi ĉiam multege deziris fariĝi policano, kiam mi estis lernejano. Mi nun estas policano, kaj bedaŭras tion, ke mi fariĝis policano! Kion fari, do? Mi ne sciis, ĝis antaŭnelonge, kiam mi decidis eksiĝi kaj poste fariĝi fajrobrigadisto. Mi do planas eksiĝi baldaŭ. **4 a** Dankon, sed bedaŭrinde mi devas malakcepti vian afablan proponon, ĉar mi jam foriros morgaŭ. **b** Ho, jen vi! Finfine! Mi atendas vin ekde la frua mateno. **c** Kiam li ekscios, li estos kolera kontraŭ vi. Mi avertas vin! **d** Kutime mi tre bone komprenas lin, sed hodiaŭ mi havas problemojn kaj ne komprenas duonon de la diraĵoj. Mi esperas, ke morgaŭ li parolos pli klare. **5 a** Se ĝi estos ruĝa, ni venkos. Se ĝi estos nigra, ni perdos/malvenkos. **b** Se oni loĝas en Japanujo, oni vidas la sunon pli frue ol en Usono. **c** Plaĉus al ŝi veni, sed ŝi dancas (dancos if she's not actually dancing at the moment but will in future) kun siaj amikoj. **d** Se vi rakontos al li, li komprenos. **e** Vi ne dirus tion, se vi vidus lin! **f** Kion vi farus, se vi estus riĉa? **g** Se mi povus, mi farus. **h** Se mi povus, mi farus. **i** Se mi scius, mi ne venus. **6 a** Mary demandis al mi, ĉu mi preferas teon aŭ kafon? **b** John diris, ke li estas kontentega, ĉar neniam plu li devos labori! **c** Helen raportis pri la kristnaska donaco, ke ŝi jam legis la tutan libron, kaj treege ŝatis ĝin! **d** Kevin promesis al la malsata knabo, ke li ne plu havos malplenan stomakon. **e** Margaret informas la genepojn, ke ili ne kondutas tre bone hodiaŭ, kaj ke ŝi esperas, ke ili estos pli bonkondutaj morgaŭ. **7 a** Mi ludos rugbeon kun miaj amikoj hodiaŭ. **b** Mi jam faris ĉion hieraŭ! **c** Mi vizitos vin morgaŭ. **d** Mi ne havis sufiĉan tempon hieraŭ! **e** Hodiaŭ mi ne ĝustahore vekiĝis.

Listening, speaking and pronunciation

2 Every verse ends with 'Estas mi esperantisto' except for the final one, which Baghy switches to 'Estis li esperantisto'. Instead of the person saying 'I am', other people now report 'he was', underlining that he had passed away. **3 a** Baghy notes that although his Esperantist has his badge pinned to his chest, it's faded and rusted, and that the Esperantist is not interested in cleaning it. **b** Baghy is not impressed with the language level, underlining that the speaker doesn't know the grammar and uses only the basic expressions of the language to get by. **c** Baghy gives the impression that the typical Esperantist does nothing to help, neither subscribing to magazines, reading books nor offering any monetary help, but only 'hoping'. **4** Librojn legu la verkisto. (*Let the writer read the books.*) **5 a** palas, **b** purigisto, **c** gazetojn, **d** legu, **e** sufiĉas, **f** nenion, **g** movado, **h** mort'

Reading

1 Kiel impresis vin la informo, ke vi iĝis la Esperantisto de la Jaro? Mi sciis, ke li revas ... kaj demandis al li, ĉu li pretus **2 a** M: Chuck Smith started learning in February 2001 and approached Jimmy Wales in September. **b** M: Stefano Kalb had already been working on his own encyclopedia for several years. **c** M: Brion Vibber translated the interface, not the articles. **d** V: The team added 300 articles in ten days, and the Esperanto wiki was in fourth place overall by number of articles for a short period in 2002. **3 a** Mi tre feliĉas → Mi estas tre feliĉa; Mi do tre kontentas → Mi do estas tre kontenta. **b** Chuck Smith refers to himself as 'freshbaked'. **c** You could argue either way. It all depends on what Chuck Smith's original question was. If he asked 'Ĉu vi pretas/pretos?' then you would expect to see that in the reported version. It is perfectly plausible, however, that Chuck Smith was being very polite in his original request and actually asked 'Ĉu vi pretus?' to soften the request, in which case, the text is correct.

Test yourself

1 a Plaĉus al mi vidi vin hieraŭ. (Mi ŝatus vidi vin hieraŭ.) **b** Mi devus fari ĝin, sed ne povis. **c** Se mi scius, ke Esperanto estas tiel facila, mi komencus lerni/eklernus ĝin pli frue! **2 a** Li skribis al ni antaŭ kelkaj monatoj: 'Mi estas maljuna kaj malsana, kaj ne vidos la venkon de nia bela afero, sed vi ĝin vidos baldaŭ, baldaŭ en ĝia tuta beleco.' **b** 'Antaŭ ol la jarcento finiĝos, nia afero venkos.' **c** En la komenco, li havis ankoraŭ esperon, ke li resaniĝos. **3 a** Mi ne memoras, mi pardonpetas. Se vi donis ĝin al mi, mi forgesis. **b** Harry estas malfeliĉa. Vi devus pardonpeti, kiam vi vidos lin morgaŭ. **c** Se vi venus pli frue vi povus paroli al ŝi, sed ŝi ne plu estas ĉi tie. **d** Se Travko havas ferion, li serĉas ZEO-jn. **e** Mi memoras, kiam mi estis juna. Por niaj ferioj ni kutime veturis al Francujo.

UNIT 3

Esperantologio: senmitigado de Esperanto:

1 esperantologo **2** biografo

Vocabulary builder

Mitoj, legendoj kaj tradicioj: legends, Santa Claus/Father Christmas, fairy tale, even

Conversation

1 a The day was really hot. **b** Sara and her colleagues discuss traditions from various cities and countries. **2 a** They thought they would catch a cold from the draught. **b** An even number is unlucky. **c** In some countries, Krampus is the evil version of Sankta Nikalao/Avo Frosto (St. Nicholas/Father Christmas/Santa Claus). **d** In the run-up to Christmas. **e** The villagers are replicating an old battle between the townsfolk and an evil ruler. **f** Both surhavi and porti (*to carry*) are used to mean 'to have on, to wear'. They have other meanings too which are not related to wearing clothes: la monto surhavas dikan tavolon de neĝo (*the mountain has a thick layer of snow on it*), ŝi portas siajn vestaĵojn por meti ilin en la valizon (*she's carrying her clothes to put them into the suitcase*). **g** Frandaĵo (*a delicacy*) has been created from frandi (*to relish*) and -aĵ-; friponaĵo (*a rascally act*) has been created from fripono (*a crook*) and -aĵ-. Taken together, they give an approximation of 'Trick or treat'. Note for purists: it is possible to replace only the o-ending with an apostrophe, so you have to imagine that the children are expressing something like 'Elektu inter frandaĵo aŭ friponaĵo!' **h** The preposition ĉe does not have a consistent English equivalent. It generally means to be in the proximity of a location, though wihout touching. One usage of it is to denote one's home, homeland or place of work: ĉe mi (*at mine, in my house, in my family, in my case, in my country*), ĉe la frizisto (*at the hairstylist's*).

Language discovery

1 a No: these are subjects. The direct object (the thing directly receiving the action) takes the n-ending in Esperanto. Since these usually follow the verb, it is easy to think that an n-ending is required in the examples. That isn't the case, though: these are really parts of the subject but the word order has been adjusted from the default. **b** The sentences are fine. Esperanto allows subjectless sentences. Such sentences are described with the e- rather than a-ending, hence 'nekredeble'. 'ĉiujara' is describing 'tradicio' rather than the verb. **c** It comes before the word or phrase it applies to. In standard Esperanto, ankaŭ (*also, too*) is placed directly before the word it affects. Quite often, learners borrow word-for-word from English with expressions like 'mi ankaŭ' instead of ankaŭ mi (*me too*). **d** Both ne devi and devi ne are permissible. Ne (*no, not*) is supposed to negate the thing it precedes. By that logic, there should be a difference between ne devi (*not to have to*) and devi ne (*must not*). Zamenhof was himself inconsistent, and usually used ne devi for both meanings. Nonetheless, many Esperantists do observe the difference. **e** Branko and Sara use the inherent flexibility of Esperanto offered by the marking of the direct object with the n-ending to emphasize what was being thrown by putting it in an earlier position than it would occupy by default: **1** Almenaŭ nur florojn kaj ne tomatojn ŝi ĵetis (*At least it was flowers she threw rather than tomatoes!*) **2** Oranĝojn kaj ne tomatojn uzas la urbanoj! (*It was oranges and not tomatoes which the townspeople used!*) **2 a** Ili festas, ĉar ilia avino naskiĝis antaŭ cent jaroj. **b** El ĉiuj miaj infanoj, Ernesto estas la plej juna. **c** Dankon pro via tre utila helpo, amiko! **d** Mi restas ekster la ĉambro, laŭ la peto de mia instruisto. **e** Anstataŭ kafo li donis al mi teon sen sukero kaj kun tro da kremo. **f** Ĉiuj en la foto ŝajnas feliĉaj krom la maljunulo inter la infaneto kaj la blondulo. **3 a** direct: a book; indirect: her – Li legas al ŝi libron. **b** direct: the apple; indirect: me – Donu al mi la pomon! **c** direct: it; indirect: him – Mi aĉetis ĝin por li. **d** direct: a letter; indirect: her – Skribu al ŝi leteron. **4 a** La patro rakontas la rakonton al/pri la infanoj. **b** Ŝi demandis [lin/al li] pri tio, sed li ne respondis [ŝin/al ŝi]. (Demandi and respondi are two examples of verbs which can show people both directly or indirectly.) **c** Al ilia patrino ŝi jam demandis tion. **5 a** 1 – c, 2 – a, 3 – b **b** 1 – c, 2 – b, 3 – a **c** 1 – b, 2 – a, 3 – c **6 a** Donu la pomon (nur) al (nur) ŝi. (Either works, although before 'al' is more common.) **b** Ĉu vere vi parolas la germanan? Bonege! Ankaŭ mi parolas ĝin! **c** Proponu nur kvin eŭrojn al ili. Ĝi ne valoras pli. **d** Vi (ne) devas (ne) diri tion al li, ĉar la esprimo sendube ofendos lin. (Logically it should be devi ne to mean 'must not' compared to 'not have to', but ne devi is very commonly used to mean both.) **e** Ne sufiĉas aĉeti la libron; necesos ankaŭ legi ĝin de la komenco ĝis la fino. (The contrasting emphasis should be on legi if you are underlining that reading isn't enough.) **f** Mi tute ne komprenas eĉ unu vorton de tio, kion li ĵus diris. (Ne tute would give 'I don't really understand, I don't understand all' compared to tute ne 'I don't understand at all'.)

Listening, speaking and pronunciation

1 Ferrari's 'explosions' happened in cafés, whenever he heard Esperantists speaking in French. **2 a** There were meetings on Saturdays at *Le Talma*. **b** It is clear from the letter that these tantrums were regular events. **c** Roger Bernard's crediblity lies in the fact that he was an eye witness! **d** Li aŭdis iun paroli la francan is unambiguous and more elegant. **e** Although vivi (*to be alive*) does have a secondary definition of 'to live', the more common and unambiguous choice is loĝi (*to live/reside*). **f** The placement of ankaŭ does not immediately seem logical but we know from the article that Ferrari was a waiter in the first café, so the author seems to be contrasting the fact that he *worked* in the first one but *visited* the second. Ankaŭ would ordinarily be placed after vizitadis, so that it related to alian kafejon, meaning he visited another one, too. If it were placed before li, then it would acknowledge that not only somebody else already mentioned visited a café but also Ferrari did too.

Reading

1 kolego lia, komenciĝis 7 jaroj, 'Esperanton plej necese devas lerni la Esperantistoj mem!', Pri la kialoj tute mankis detaloj, plian ĉapitron ĝenerale nekonatan, Komenciĝis malaperi la naiva finvenkismo, Precipe tian agadon Kabe aprobis. (Several of these aren't really emphasising or contrasting: komenciĝi very often precedes the other elements in its phrase, for example.) **2 a 1** Many people interpret kolego lia as 'a friend of his', compared to lia kolego (*his friend*). **2** The Esperantists conventionally would have been speaking about 'Esperanto this' and 'Esperanto that'. Kabe kept it in first place in the sentence as we could too in English for contrast in the same situation: 'Esperanto should first be learned by the Esperantists!' **3** Precipe tian agadon Kabe aprobis gives something like 'That was just the kind of action that Kabe endorsed'. **b** Without pri (*about, concerning*) the sentence becomes li jam aŭdis la lingvon (*he had already heard the language*) rather than 'he had already heard about the language'. Bear that in mind if you ever encounter somebody saying that there is a rule stating that any preposition can be replaced by the n-ending; there is no such rule except for with the preposition je. (And only then when the meaning is clear: 'Mi vidos vin je la dua.' (*I'll see you at two.*) would take on a different meaning (*I'll see you on the second.*) if the je were replaced by the n-ending.) **c** In modern Esperanto, we would usually say malmulte da where the author uses kelke da. **d** Kabe's, published in 1911, is considered the first monolingual Esperanto dictionary, giving definitions in Esperanto of Esperanto words. Emile Boirac's *Plena Vortaro Esperanto-Esperanta kaj Esperanto-Franca*, published in 1909, seems to have been deprived of that title on a rather unfair technicality: it indeed defined Esperanto words in Esperanto, but also provided a French translation. The previous dictionaries provided translations between Esperanto and national languages. **e** The author totally logically and transparently created malkabei to mean the opposite of kabei.

Test yourself

1 a Ankaŭ mi! **b** belan tagon, montris al ni nian **c** malsata, manĝaĵo, donas al ĝi freŝan viandon. **d** fama esperantisto, fruaj tagoj, ankaŭ revenis **e** neniam forgesu la akuzativon! **2** Gramatikon, gazelojn, Librojn, nenion.

UNIT 4

Famuloj kaj la Esperanta mondpokalo

1 Finna venko (*Finnish victory*) is a play on the wording fina venko (*final victory*), the aspiration of the early Esperantists that their language would be universally adopted. **2** Futbalo is an example of an international word coming into Esperanto, whilst piedpilko (piedo (*foot*) + pilko (*ball*)) is the same word being created using existing elements, as with hospitalo and malsanulejo. **3** Since a pilko is a ball, piedpilko is a football, so the game played with it is piedpilkado, although many Esperantists aren't aware of this distinction.

Vocabulary builder

Sportoj kaj aparataro: match, to train/coach/manage a team, (American) football, judo, medal, athlete

Conversation

1 a La kolegoj pensas pri alternativaj sportoj. **b** Ili ne estas tre helpaj, ĉar ili ĉiam diras, ke ne eblas ludi en tiu aŭ en alia tago. Tio tamen estis iomete utila. **2 a** Jakob proponas atletikan turniron. Estos ĉampiono tiu, kiu havos la plej grandan sumon da poentoj. **b** Tute mankas aparataro al la organizantoj, tial ne eblas okazigi sportajn aranĝojn, kiuj bezonas diversajn aparatojn. **c** Sara diris, ke ŝi ne volis respondi antaŭ ol diskuti kun siaj kolegoj. **d** Ricevinte la duan mesaĝon de Sara, la trejnisto telefonis al la sportejo por kontroli, ĉu eblos ludi sabaton. **3 a** – 3 (mardo estos ekskursa tago); **b** – 2 (okazos instruado de Esperanto ĉiun matenon); **c** – 4 (en la vesperoj okazos la kulturaj programeroj); **d** – 1 (la matĉo por la Pokalo Zamenhof okazos en la sportejo sabaton) **4 a** kontroli la eblojn **b** multe pli oportunaj **c** malverŝajna **d** la plimulto **e** kialo **f** ĉi-jare **5 a** things like this **b** either in the morning or the evening **c** without doubt, doubtlessly **d** tennis **e** rugby **f** baseball

Language discovery

1 a 1 ... <u>kiu</u> troviĝas en la urba centro **2** ... <u>kiun</u> ili uzis lastan semajnfinon **b** ĉi-jare **c** Iu alia tago → Iu <u>ajn</u> alia tago **d** kiel eble plej + rapide **e** ju pli, des pli **f** Although post is used with kiam, by convention ol is used with antaŭ. **2** Estis grava tasko por fari. <u>Ĉiu</u> certis, ke faros ĝin <u>Iu</u>. Povus fari ĝin <u>Iu Ajn</u>, sed <u>Neniu</u> faris ĝin. <u>Iu</u> koleris pri tio, ĉar estis la devo de <u>Ĉiu</u>. <u>Ĉiu</u> kredis, ke <u>Iu Ajn</u> povus fari ĝin, sed <u>Neniu</u> sciis, ke faros ĝin <u>Neniu</u>. Rezulte, <u>Ĉiu</u> plendis pri <u>Iu</u>, kiam <u>Neniu</u> faris tion, kion povus fari <u>Iu Ajn</u>. **3 a** kioma, kiam **b** iom, ĉiuj, neniu(j) **c** Tio, kial, tion, kiam **d** Kiaj **e** iu, tie, iom **f** kiu, tiun, Kkion **g** kie, kies, ies **4 a** kio **b** kiel **c** kiu **d** kiel **e** kie **f** kia **g** kies **h** kiom **i** kial **5 a** tiun, kiu, kiun, tion (ĉion), kion **b** Kiu, tiu, Tiu, kiu (The plural forms are also possible.) **c** tiu, kiam **d** ion, kion **e** Tiuj, kiuj, Kiuj, tiuj (Although the singular forms would be justifiable if the condition were to apply to only one person.) **f** Kiam, tiam, kiun **6** tion in a; both instances of tiu in b; both instances of tiuj in e; tiam in f **7** La plej grandioza piedpilk(ad)isto/futbalisto estis Pelé, kvankam li ne faris tiel multajn golojn (tiom da goloj), kiel (kiom) kelkaj aliaj piedpilk(ad)istoj/futbalistoj. Li ne plu estas tiel bone konata, kiel antaŭe, kaj ju pli da jaroj pasas, des malpli da voĉoj li ricevas. Homoj tamen daŭre elektas lin prefere ol modernajn stelulojn/al modernaj steluloj.

Listening, speaking and pronunciation

1 The first commenter could be vegetarian. (The second one says he isn't, and the third says he enjoys meat.) **2 a** Oni proponu rabaton al ĉiuj, kiuj pretas manĝi vegetare. **b** Ŝi indikas, ke kromkosto povus forpeli komencantojn. **c** Ne proponi viandon en renkontiĝoj. 'Kiu volos manĝi viandon, tiu devos mem aĉeti.' **d** 'Mi eĉ tute ne kontraŭus, se dum la aranĝo oni proponus nur vegetarajn manĝaĵojn, por eviti la kromlaboron necesan por prepari du menuojn.' **e** 'a) ĉar oni povas malsamopinii pri tio, ĉu temas pri kruelo, b) ĉar la organizantoj ne ligu Esperanton al ideologio, kaj c) ĉar estas nekonsekvence, nomi viandon kruelaĵo kaj tamen proponi ĝin.' **f** Cetere, ĉu vere ne havi en la menuo viandon dum unu semajno estas tia katastrofo? **3** Mi supozas, ke viando ja kostas pli ol legomoj. Mi ne kontraŭus tion: mi aŭdis pri pli malbonaj (malpli bonaj) ideoj. – Tio ne estus kialo tiel bona, kiel tiu, kiun mi menciis. – Ju pli mi aŭdas pri tio, des malpli mi opinias, ke ĝi estas bona ideo. – Laŭ mia opinio, la plej bona ideo estas forgesi tiun ĉi kiel eble plej rapide, kaj anonci, ke tiuj, kiuj ne manĝas viandon, pagos malpli, ĉar iliaj manĝaĵoj kostas malpli por aĉeti. **4 a** kiu **b** ĉiuj, kiuj in the original, but tiuj, kiuj is fine too. **c** Kiu, tiu in the original, but kiuj, tiuj is fine too. **d** Kial, kiel **e** tiu

Reading

1 A team sport. **2 a** The hand: the text says it's a '<u>man</u>pilkoludo'. **b** Because there's no physical contact. **c** International events can have teams classed by age, sex and so on. **d** The UN believed that the sport matched its own message of peace. **e** Ghana, Czechia, Germany, Senegal. **f** He said that he'd worn the Brazilian shirt/jersey. **3 a** kiel **b** kiu **c** tiam **d** kie **e** kiam **f** kio

Test yourself

1 a La kioj, kialoj kaj kieloj **b** *Kiu Kiuas* **2 a** ĉiom **b** iuj **c** iel **d** ĉia **e** ial **f** ĉiel **3** Ju pli mi klopodos, des pli rapida mi povus esti. Se mi kurus kiel eble plej rapide/plejeble rapide, mi povus gajni/venki, ĉar mi estas pli rapida ol li kaj ĉiu alia. Sed nur se vi ne kuros: mi neniam povus esti tiel rapida, kiel vi. Vi estas la plej rapida, kvankam mi estas tre simila al vi/mi tre similas vin. Mi estas tre feliĉa, ke vi preferas piedpilkadon/futbalon al vetkurado!

UNIT 5

La Fundamento kaj ĝiaj gardistoj

The *Universala Vortaro* came first. It was originally published in 1894 and is part of the *Fundamento*. The *Akademia Vortaro* is the *UV* plus the *Oficialaj Aldonoj* (*official additions*) to it by the Akademio.

Vocabulary builder

Inkluzivigo: trans(gender), mute, racism, sexism

Conversation

1 a Branko ŝajnas ofte respondi per 'Kiu x-as, tiu pagu (pli)!' **b** Jakob uzas la neoficialan pronomon 'ri'. **2 a** Oni devas eviti situacion en kiu mankas sufiĉe da taŭgaj manĝaĵoj por vegetaranoj kaj veganoj. **b** Natalia pensas, ke Branko celas trudi sian etikajn kredojn, kaj ke tion oni ne faru. **c** Sinintereso ne troviĝas malantaŭ la respondo de Natalia, ĉar ŝi ne manĝas viandon. **d** Kelkaj homoj venas al eventoj ne por partopreni, sed por helpi aliajn homojn, kiuj ulie ne povus veni. **e** Sara opinas, ke la helpantoj kaj tiuj, kiujn ili helpas, povus decidi inter si, kiuj pagu la kostojn. **f** Tiel oni povus eviti la problemon, ke ili ekzemple metos virinon en ĉambron kun viroj, kiujn ŝi ne konas. **g** Sara pensas, ke eblu indiki, kiom da litoj oni volas en la ĉambro, ĉar geedzoj plej verŝajne volos resti kune sen aliaj homoj, kaj kelkaj homoj eble volos resti tute solaj. **3 a** malkonsilinda **b** iumaniere **c** iukiale **d** rulseĝo **e** prizorganto **f** kromkostoj **g** ekscii **h** geedzo **i** kunulo **j** unuope **4 a** there should be a place to indicate **b** everyone should feel welcome **c** don't worry **d** We should try to be inclusive **e** roommate **f** to spend time together **g** in a group of two, as a pair, as a couple **h** too few, too little, not enough

Language discovery

1 a Esperanto makes use of the pronoun oni (one) to speak about people generally, whereas in English we tend to use the indefinite 'you', 'people', 'they' or a construction in the passive voice. **b 1** Oni ne trud<u>u siajn</u> kredojn al aliaj. **2** Ĉiu sent<u>u sin</u> bonvena ĉi tie. **3** Tion ili decid<u>u</u> inter <u>si</u> **c** Amikoj, kiuj ne vidis <u>unu la alian</u> dum multe da tempo sendube volos reciproke saluti sin, babili, pasigi tempon kune. **d** Sara adds the prefix ge-, which is usually used with plurals to indicate that both sexes are being referred to, to edzo to create the gender-neutral term geedzo (*spouse*). **e 1** – b; **2** – c; **3** – a **2 a** lia, sia **b** sian **c** sia **d** sia **e** siaj **f** sian, ŝia **g** onin **h** siaj, onin **3 a** 5 **b** 1 **c** 2 **d** 3 **e** 4 **4** ruso (m,f), viro (m), sekretario (m,f), matronino (none: matrono is a word exclusively for women already), onkliĉo (m, using the proposed male suffix -iĉ-), primadono (f: from the Italian for 'first lady', even though in English it has passed to men too), monarĥo (m,f), damo (f), ĝentlemano (m), maŝino (none: it means 'machine'), najbaro (m,f), adrenalino (none: it means 'adrenaline'). **5 Sara:** ... kaj ja estus treege strange se unu <u>edzo</u> trovus sin en unu ĉambro, dum la alia troviĝus aliloke, ĉu ne? **Natalia:** Prave: <u>edziĉo</u> kaj edzino loĝu en la sama ĉambro. **Sara:** Ĉar <u>edzoj</u> supozeble volus loĝi nur duope, oni povu indiki sian preferon loĝi en duopersona ĉambro. **6 a** ŝi, ŝin, ŝi, sian, edzon, amiko, ŝin, ri, ŝin **b** ri, rin, ri, sian, edzon, amiko, rin, ri, rin **c** ŝi, ŝin, ŝi, sian, edzon, amiko, ŝin, tiu, ŝin **d** ŝi, ŝin, ŝi, sian, edzon, (ge)amiko, ŝin, ri, ŝin **e** ri, rin, ri, sian, edziĉon, amiko, rin, ri, rin **f** ŝi, ŝin, ŝi, sian, edzon, (ge)amiko, ŝin, tiu, ŝin **g** ŝi, ŝin, ŝi, sian, edziĉon, amiko, ŝin, ri, ŝin * In **d** and **f**, amiko would technically be correct since it's a gender-neutral word. However, since most Esperanto speakers aren't aware of this, a ge-user seeking to underline that the gender is unknown may well say geamiko either because they're not aware that amiko is neutral or because they are conscious that other people in the conversation might interpret amiko as referring to a male.

Listening

1 The author routinely adds -in- to forms which could be used neutrally. **2 a** Women didn't have the vote until 1945, so in 1935 she stood symbolically as a candidate, using a hat to hold the voting slips. **b** She wished to be elected to a role, not nominated for one. **c** As the eldest MEP, Louise Weiss got to open the first session and so was the first person to speak.

Reading

1 Christie Elan Cane is described in the article as identifying neither as a male nor a female, which is why the author uses the pronoun 'ri'. **2 a** The person to whom he is referring is non-binary and doesn't use the equivalent of li, ŝi or ĝi in English. **b** From -in- comes the adjective ina (*female*), which he adapts with mal- to create malina (*male*). **c** 'X' means that the sex isn't specified. **d** A passport issuer might use 'X' when the gender isn't known and there isn't time to query it, such as when helping refugees during a crisis. **e** The author refers to a neduuma homo, which could be amended to neduumulo.

Test yourself

1 a 'I'm sorry but you're not allowed to smoke here/smoking isn't permitted here.', etc. **b** 'That's not a surprise: people often complain about things like that.' **c** 'Do you think they'd believe me/I'd be believed/people would believe me if I told the truth?' **d** 'One would hope so, my King'. **2** All can be used by both males and females, except -ĉj- and -iĉ- (males only) and -in- and -nj- (females only). **3** All are grammatically possible except c, in which si is being used as part of the subject, which isn't possible.

UNIT 6

Pliampleksigi la vortprovizon
1 In Zamenhof's day, French was the language which diplomats used in international communication. Since English now occupies that role, his advice today would likely replace 'French' with 'English'. **2** 'Mava' is a rarely encountered synonym of 'malbona'.

Vocabulary builder
Falsaj amikoj kaj similsonaj vortoj: doctor; **Poeziaj aŭ fakaj alternativoj:** abdomen

Conversation
1 a La novaĵo de Ilka ŝokas Saran, ĉar ŝi kredis, ke Ĝordi estas mortinta. **b** Kompreni Ĝordi estas tre malfacile. (Don't worry if you had to go back to the vocabulary list when reading his parts. This was intentional, a way of demonstrating why it is important to think about using simple, everyday vocabulary when speaking to people if you can't be sure that they also know the poetic or technical language which you might use.) **2 a** Ĝordi havas sufiĉan sperton, ke li renkontis poezian lingvaĵon, kiun li uzas en ĉiutaga parolado. Ilka estas novulo, tial ofte fuŝas uzante similsonajn vortojn (serĉi/ŝerci, vento/ventro) aŭ falsajn amikojn (doktoro ≠ kuracisto). **b** Sara unue kredas, ke **1** Ĝordi estas mortinta, **2** ĉar Ilka diris, ke iu 'murdis' lin. (Misprononco de 'mordis'.) **c** Laŭ la rakonto, hundo mordis la etan fingron de Ĝordi. (Laŭ Ilka, la hundo ne estis granda, kvankam ŝi nomas ĝin 'dogo' (*a mastiff*)). **d** Ĝordi plendas, ke la malsanulejo estas malproksima kaj malpura, laŭ Ĝordi. **3 a** maldekstra **b** malfrua **c** malmulta **d** malfermita **e** malproksima **f** malrapida **g** antaŭ nelonge **h** kompatinda (kaj ankaŭ malriĉa alisence)

Language discovery
1 a Imported words: fingro, hundo, doktoro, povra, klopodi (from Russian), abdomeno, sukcesi, ekstreme (the beginning isn't the prefix eks- or ek- but is part of the word); built words: novaĵo (nova + -aĵ-), nekredeble (ne + kredi + -ebl-), kompatinda (kompati + -ind-), kuracisto (kuraci + -ist-), pardonpeti (pardoni + peti), ĝustatempe (ĝusta + tempo), piediri (piedo + iri). **b** murdita/mordita, murdis/mordis, vento/ventro, serĉas/ŝercas, komiksoj/komikistoj **c** dogo/hundo, doktoro/kuracisto **d 1** La rakonto estas nekredebl**a**. **2** Ŝerci pri tiaĵoj ne estas amuz**e**. **3** Estas neimagebl**e**, ke tio okazis. **4** Rakonti tiel estas malamuz**a** ago. **5** Telefoni al la kuracisto estis la unu**a** reago; iri al la malsanulejo estis la du**a** [reago]. **2 a** malbone **b** malofte **c** malplenigis **d** malamas/malamegas **e** malpermesas **f** maldika **3 a** scias, konas **b** pentri (what an artist does), farbo (what an artist or a decorator uses) **c** glason (what you drink from), vitro (what a window pane is made of) **d** mortos, ĵetkubo (speakers of British English often know this by its plural, 'dice') **e** leteron, literoj **f** rajton, maldekstran **g** dua, sekundojn **h** piedoj, futon (12 coloj (*inches*)) **4 a** 15 **b** 13 **c** 3 **d** 7 **e** 1 **f** 8 **g** 10 **h** 2 **i** 6 **j** 4 **k** 11 **l** 14 **m** 9 **n** 5 **o** 12 **5** bele, kredinde, sola, evidente, ĉarma is most likely because the friend is describing the woman having just glimpsed her rather than seeing her actions but ĉarme is justifiable too, diligentaj, bonkondutaj, Mirinde, malvarmaj, bonvenaj, akcepteble

Listening

1 Laŭ Lapenna, oni povas rimarki malbonan parolanton, ĉar ĉiu frazo komenciĝas per 'kaj', 'sed', kaj aliaj vortoj tiaj. **2** Komence de la frazo: '<u>Bona</u> estis Ludoviko kun siaj kolegoj en gimnazio; <u>bona</u> en la familia rondo; <u>bona</u> inter la amikoj, **bona** ĉiam kaj ĉie.' **3 a** eŭfemismo: 'prenis' anstataŭ 'ŝtelis'. **b** litoto: sendube la parolanto, tiel multe laborinte, estis pli ol 'iomete' dormema. **c** opozicio: silento ne estas laŭta **d** hiperbolo: la plendanto tre verŝajne ne diris la saman aferon milfoje. **e** ripeto (anaforo): kerna vorto estas ripetita, kaj aperas komence de la frazo. **f** hiperbato: neniu kutime parolus aŭ skribus tiel.

Reading

1 Poetoj asertas, ke la mal-vortoj estas maloportune longaj; deziris distingi sian lingvouzon de tiu de la ĉiutaga vivo. **2** Laŭ la verkinto, poetoj argumentas, ke mal-vortoj estas tro longaj. Siaflanke ŝi argumentas, ke naciaj poetoj alfrontas similajn problemojn pri longaj vortoj, kaj uzas la rimedojn de la lingvo por trovi solvojn, anstataŭ inventi novajn vortojn. **3** Ĉu io malmultekosta nepre estas 'senvalora' aŭ 'malluksa'? Oni povas elspezi multe da mono aĉetante ion fakte senvaloran, kaj malluksaj manĝaĵoj ne ĉiam estas relative malmultekostaj: iu pano povus kosti dufoje pli ol simila, sed malpli ol aliaj luksaj panoj. **4** Ĉar la poezia lingvaĵo fariĝas ĉiutaga lingvaĵo.

Test yourself

1 a En mia lernejo troviĝas **malmultaj maldekstramanuloj**. **b** Ŝi estas **malfeliĉa/malgaja**, ĉar mi **malpermesis al ŝi** ludi ĝis **malfrue** kun la aliaj infanoj. **2 a** Atakis lin tre granda nekonata **viro**. La polico **serĉas lin**. **b** Kiam mi estos **adolto/plenkreskulo**, mi **regos** la mondon kaj **postulos/ordonos**, ke ĉiuj obeu min! **c** Unu **funto pezas** proksimume 450 gramojn. **3** vespero, dormo, venas, facilo

UNIT 7

'Patra' lingvo

1 From 'dulingvaj' in the text, you could work out that 'a bilingual person' is a 'dulingvulo', so 'a monolingual' would be 'unulingvulo' using that same model. **2** 'Plurlingvulo', using the previous logic. 'Multlingvulo' also exists for people who speak many languages.

Vocabulary builder

Socio: kindergarten/nursery/crèche/playschool/childcare, etc., unemployment, fairness/justice, poverty.

Conversation

1 a Ili geedziĝis. **b** Translokiĝinte al Finnlando, Edsono planas lerni la finnan. **2 a** Emmi aludas al sia edziniĝo menciante, ke ŝi havas 'ringon ĉirkaŭ la fingro'. **b** Emmi kaj Edsono jam dum kvar jaroj estas kunuloj. **c** Sara esprimas sian opinion, ke la impostoj en Finnlando estas tro altaj. **d** Emmi rekte diras, ke impostado estas 'necesa afero por justeco'. Ŝi do ne plendas pri ĝi, sed opinias ĝin bona. **e** Edsono agnoskas, ke la infanoj de la naskiĝo estos dulingvaj, kaj ke estus preferinde, ke li lernu la finnan antaŭ ol instrui al beboj trian lingvon. Li kompreneble bezonos plurajn jarojn por regi la finnan, do instrui al la infanoj la portugalan ŝajnas ne aparte probable. **3 a** mielmonato **b** dulingvuloj **c** forpermeso **d** hejmen **e** en kiun **f** malprobabla

Language discovery

1 a 'Into the capital.' Without the n-ending, the meaning would be 'in the capital'. **b** 'Ni feriis unu monaton en Ĉilio.' **c** The n-ending in that example is marking duration. It has several other meanings in addition to marking the direct object, which is its principal use. **d** 'Mi vidis Ludovikon Zamenhof' becomes 'Mi vidis doktoron Ludoviko Zamenhof'. In the second sentence, the direct object is the title: Zamenhof's name is a description of that title, and so doesn't carry the n-ending anymore. (Zamenhof's name is usually used without an o-ending but if we wanted to use it, that first sentence would be 'Mi vidis Ludovikon Zamenhofon', with both parts carrying the n-ending.) **e** 'Nomu la bebo**n** Matio, Edsono! Mi opinias tio**n** belega nomo!' You will see later in the unit that 'Matio' and 'belega nomo' are called 'restrictive appositives', which describe something and don't take the n-ending, and that 'Edsono' is something called a 'vocative', which doesn't take the n-ending either. **f** 'Por ke' (*in order to*) is always followed by the u-ending. **g** Sara is giving an idealised view of how the world 'should' be, which is expressed in Esperanto with the u-ending. **2 a** sabaton, sabato **b** unu kilometron, sude, 20 minutojn / unu kilometron, sude, dum 20 minutoj **c** longa je du metroj, dum la tuta nokto / du metrojn longa, la tutan nokton / longa du metrojn, dum la tuta nokto **d** tutan horon, hejmen, domon, la tutan vesperon / dum tuta horo, hejmen, domon, dum la tuta vespero **3 a** La turo, kiun ni vidis, estis alta je cent metroj. **b** Ni partoprenis iliajn naskiĝtagajn festojn, kiuj daŭris dum tuta semajnfino. (Or even 'partoprenis en iliaj …', since partopreni can be followed by 'en'.) **c** Ŝejni naskis sian duan filon en la 25-a de aŭgusto, 2020. **d** Mi loĝas je 15 kilometroj oriente de Parizo, en apartmento ne tre granda, kiun mi aĉetis antaŭ tri jaroj. **4 a 1** ŝian longan katidon, ĝin **2** en ĉiujn ĉambrojn **3** dek centimetrojn **4** La antaŭan tagon, tri fojojn **5** la voston **b 1** Antaŭ ses monatoj **2** En la 25-a de aŭgusto/La 25-an de aŭgusto **3** trifoje **4** dum tuta horo **5** ŝian kvin-monat-aĝan / ŝian aĝan je kvin monatoj / ŝian je kvin monatoj aĝan **5 a** Ni volis viziti Oslon, la ĉefurbon de Norvegujo, kie ni esperis renkonti Olaf(-on), mian malnovan amikon. **b** Ni trovis ĝin tre multekosta lando, sed oni tie perlaboras pli ol ni, tial la norvegoj mem ne opinias ĝin multekosta; ili trovas ĉiun alian landon malmultekosta! **c** Olaf kaj lia edzino, Gro, havas filinon, kiu havas katidon. Ŝi montris al ni sian katidon, Katon. Jes, ŝi nomis la katidon Kato! **6** Mia**n** unuan fojo**n** en Bratislavo mi renkontis nova**n** amiko**n**, Leonardo**n**, ĉe koncerto. Li kredis mi**n** sola, ĉar Roberto, mia amiko el Skotlando, kiu flugis tie**n** kun mi, sentis si**n** laca, kaj do ne ĉeestis. Ni klopodis paroli dum iomete da tempo, sed tute ne sukcesis aŭdi unu la alia**n**, do post du minutoj ni decidis iri aliloke**n**, al loko pli kvieta. Ni trovis bona**n** loko**n** apuda**n**, nur du minutoj**n** for, do eniris kaj eksidis. Surprizis ni**n** kiel malgranda ĝi estis; nur du metroj**n** alta kaj eble kvin metroj**n** larĝa. Sed feliĉe pro la malgrandeco ni estis la solaj homoj en ĝi, kaj bele babilis duonhoro**n**. Fakte, Leonardo unuafoje en sia vivo gustumis teo**n** kun mi en tiu trinkejo: li tute ne ŝatis ĝi**n** kaj opiniis ĝin aĉa, la kompatindulo. Tio por li ne estis justa, do ni eliris kaj promenis kelkaj**n** pliaj**n** metroj**n** ĝis ni trovis alia**n** trinkejo**n**, ĉi-foje pli granda**n** tamen daŭre kvieta**n**. Du sekundoj**n** post nia alveno en la trinkejo(**n**) [usage is mixed and both approaches are justifiable] li rimarkis unu el siaj herooj, profesoro**n** Johano Wells, eksa**n** prezidanto**n** de UEA kaj, pli grave al Leonardo, mondfama**n** spertulo**n** pri fonetiko, la temo, kiu_n_ studis ĉe universitato mia nova amiko. 'Saluton, profesoro!' venis tuj el lia buŝo, kaj li preskaŭ kuris ĝis la tablo de la profesoro kaj eksidis sur seĝo_n_. Bonŝance, la profesoro trovis la strangulo_n_ ne *tiel* stranga, kaj afable respondis ĉiu_n_ demando_n_ al li direktita_n_ dum la sekvaj unu-du horoj. Li adiaŭis ni_n_, kaj Leonardo restis tie kelkaj_n_ pliaj_n_ minutoj_n_, grandan rideto_n_ sur la vizaĝo. **7 a** Ne eblas, ke vi lud_os_ kun viaj amikoj ĉi-vespere, Marteno. Mi volas, ke vi stud_u_. Mi jam diris al vi hieraŭ, ke vi est_u_ pli diligenta rilate viaj_n_ studoj_n_. **b** Mi petis, ke li alport_u_ al mi vinon ruĝan, sed li insiste respondas, ke *blankan* mi mend_is_. Mi diris, ke la kliento ĉiam prav_as_, kaj ke li forpren_u_ la ruĝan, sed li respondis, ke ĉi tie aferoj ne funkci_as_ tiel, kaj ke mi trink_u_ aŭ las_u_, sed novan mi ne ricev_os_. **c** Se mi scius, ke rajt_as_ respondi nur spertuloj, mi ne respondus, sed neniu klarigis al mi la regulojn, kaj tial mi ne sciis, ke mi ne respond_u_. **8 a** Ili manĝu kukon. **b** Dio savu la Reĝino_n_! **c** Ŝi ripozu en paco. **d** Dio benu ĝin kaj ĉiujn, kiuj veturos en ĝi. (There's no reason for Esperanto to replicate English's curious use of 'she' when referring to ships.) **e** Dio tiel helpu min!, etc.

Listening

1 'Esti denaskulo havas multege da avantaĝoj. Vi ekkonas amindajn homojn multe pli frue en via vivo, do tio signifas, ke vi havas la plezuron sekvi la vivon de amikoj de malproksime dum jardekoj, kaj kiam vi finfine renkontiĝas persone, tio estas ĉiam io speciala.' **2** '... tempo por muziko iom mankas nuntempe. Ni havas filinon kaj ŝi okupas multe da tempo kaj multe da energio en mia vivo.' **3** '... ŝi eklernis Esperanton nur kiam ŝi havis du kaj duonan jarojn, ĉar ŝi venis al ni kiel zorginfano. Do ŝi ne estas nia biologia filino...' **4** 'Mi estas sveda kaj Birke germana, kaj Esperanto estas nia komuna lingvo. Ĝi simple estas la lingvo de la domo...'
5 'Tre ofte kiam gepatroj uzas Esperanton kun infanoj, vere ofte, unu el la gepatroj uzas Esperanton kaj la alia uzas nacian aŭ la lokan lingvon. Plej ofte la patro uzas Esperanton. Do ni estas iom malofta familio, ĉar ni ambaŭ uzas Esperanton kun nia infano.'

Reading

1 a 'Baza enspezo' estas propono, ke civitanoj en lando ĉiuj ricevos regulan monsumon de la registaro. Trajto de la versio 'pura' estas tio, ke la civitanoj ricevas tiun sumon, eĉ se ili jam perlaboras sian vivon. 'Plena' oni nomas bazan enspezon sufiĉan por plenumi bazajn bezonojn; alie, ĝi estas 'parta'. **b** En Nord-Ameriko oni diskutis eksperimenton pri 'negativa enspeza impostado', alivorte, ke malriĉuloj pagu negativan sumon, ricevante pagon de la registaro. **c** La Milner-oj argumentis, ke la registaro havas moralan devon certiĝi, ke ĉiu civitano, inkluzive de tiuj, kiuj ne volas labori, povas vivteni sin. Tial, la ŝtato pagu al ĉiu civitano senkondiĉe. **d** Sociala asekuro provizas civitanojn per financa protekto kontraŭ senlaboreco, malsano, gepatreco, akcidentoj, kaj alta aĝo. **e** Eĉ infanoj, laŭ la propono de la Markizo de Condorcet, ricevu socialan asekuron. **2 a** sendependa **b** malriĉeca linio **c** nemalhavebla **d** argumenti **e** sociala asekuro **f** sensekureco **g** gepatreco **h** devo

Test yourself

1 a Marking the direct object **b** Showing motion towards **c** Measurement **d** Points in time, including dates **e** Position, omissions, and set expressions **2** Vi ne kredos min, Jamĉjo (vocative), sed mi ĵus renkontis sinjoron Kristiano Ronaldo (restrictive appositive), miaopinie la plej grandiozan piedpilkadiston (non-restrictive appositive) en la mondo, kaj trovis lin treege ĉarma (object predicate)! **3** Object predicates, restrictive appositives, and vocatives are *always* in the nominative. That leaves non-restrictive appositives as the only option. It does indeed work both ways: 'Mi vidis Helenon, mian bofratinon, hieraŭ.' – 'Mi parolis kun Heleno, mia bofratino, hieraŭ.'

UNIT 8

Reprezentiĝo mondskala
1 En 'de l' lingvo' kaj 'de l' kongreso' oni vidas uzadon de la 16-a regulo: 'La fina vokalo de la substantivo kaj de la artikolo povas esti forlasata kaj anstataŭata de apostrofo.' Oni apenaŭ plu skribas tiel. **2** Post la sukcesoj de Ivo Lapenna en Montevideo en 1954, UEA havas konsultajn rilatojn kun la Unuiĝintaj Nacioj.

Vocabulary builder
Ekologio: pollution, a flood, a typhoon, a cyclone

Conversation
1 a Pandemio: viruso, kiu infektas homojn. **b** Klimatŝanĝiĝo.
2 a La registaro anoncos en la vespero, ke oni ne havos la rajton esti en grupoj en publikaj lokoj. Alivorte: SES ne povos okazi, ĉar homoj ne rajtos partopreni. **b** Jakob komentis, ke la registaro baldaŭ malpermesos al homoj transiri la landlimon. **c** Natalia rimarkis, ke oni jam nuligis plurajn eventojn similajn al SES. **d** Branko ekhavis la ideon, ke oni povus instrui per komputilo tiel facile kiel en klasĉambro. Tial li proponis, ke SES okazu virtuale. **3 a** – 4, **b** – 2, **c** – 1, **d** – 3 **4 a** endanĝeriga **b** infektiĝos **c** senpluvado **d** haltigi **e** enaerigi **f** malfeliĉiga **g** inundiĝas **h** marborde **i** malsatego **j** dezertigado **k** aliĝigi **l** eligaĵoj

Language discovery
1 a 1 – h, **2** – a, **3** – k, **4** – i, **5** – b, **6** – d, **7** – e, **8** – j, **9** – l, **10** – f, **11** – c, **12** – g **b 1** okazos, finis **2** nuligis, okazigos, starigi, komencis, Komenciĝos **3** plivarmiĝas, degelos (although 'degeliĝos' could be used, interpreted as 'ekdegelos') **c 1** sciis, sciiĝis **2** solvis, solviĝis, solvis **3** konstruigis (It is highly unlikely that the emperor would have got his hands dirty building them himself!) **d 1** da **2** da **3** de, de **4** de **5** de **6** da, da **7** da, de **2 a** ebligi **b** plibeligi **c** ruĝiĝi **d** pliboniĝi **e** subakviĝi **f** elbuŝigi **g** enaerigi **h** eltrajniĝi **3 a** ntr, tr **b** ntr ('du semajnojn' is the accusative marking duration) **c** ntr, tr, tr **d** ntr ('duan fojon' is the accusative marking a point in time) **4 a** komenci^tr (*to start*) **b** fini^tr (*to finish*) **c** kreski^ntr (*to grow*) **d** droni^ntr (*to drown*) **e** eksplodi^ntr (*to explode*) **f** ĉesi^ntr (*to stop*) **g** ŝanĝi^tr (*to change*) **h** inundi^tr (*to flood*) **i** okazi^ntr (*to happen*) **j** aperi^ntr (*to appear*) **k** daŭri^ntr (*to last*) **l** timi^tr (*to fear, to be scared of*) **m** manki^ntr (*to lack, to be missing*) **5** Eksplodas, timigas, komenciĝis, kreskis, Mankas, aperigi, ĉesigu, daŭrigu, ŝangu, ŝanĝiĝos, Okazas, dronas; inundiĝas, aperis, daŭros, komencos, ŝanĝi, finiĝos **6 a** Mia urbo estas relative malgranda. En ĝi loĝas nur dek mil __ (numeral) homoj. En la pli granda najbara urbo loĝas pli ol duonmiliono da homoj. Malmultaj el/de ili havas sian propran domon: en kelkaj __ (adjective) domoj loĝas ĝis dek __ (numeral) homoj. **b** En Britujo troviĝas multe da katoj kaj preskaŭ tiom da hundoj, ĉar tre multaj __ (adjective) familioj ŝatas havi hejmbeston. La plimulto el/de tiuj katoj rajtas pasigi iom da tempo ekster la domo tutsole, dum preskaŭ ĉiuj el/de la hundoj eliras nur kun sia posedanto, kaj la plej granda parto de/el la tago pasiĝis en la

domo. **c** Por festi la novan kontrakton, ili mendis botelon de la plej multekosta ĉampano, kiun proponas la restoracio. Eĉ glaso de ĝi kostas £100! Mi ne scias kiel oni povas esti preta pagi tiom da mono por glaso da ĉampano, eĉ por glaso de ĉampano tiel bone konata. Mi mem ne pretus pagi tiel multe da mono por botelo de ĝi, des malpli por glaso.

Listening

1 En 2019, NASK 50-jariĝis. **2** Estiĝis en 2020 pandemia malsano COVID-19 (KOVIM-19) pro koronaviruso. (Lee Miller uses the form 'koronaviruso' because it's an internationally recognised word. The Lingva Konsultejo of the Akademio de Esperanto recommended 'kronviruso' and 'koronoviruso' but advised against 'koronaviruso' on the basis that people might think that the 'a' is an adjective ending incorrectly used in a compound noun. In the view of many people, including Lee Miller, that is not a good reason not to import the international word in accordance with the 15th Rule.) **3** La ĉefa celo de NASK estas klerigi usonajn esperantistojn. **4** Ĉeestis familianoj de Zamenhof, inkluzive de lia pranepino, Margaret Zaleski-Zamenhof. **5** Oni intencis okazigi Universalan Kongreson en Montrealo. Ankaŭ ĝi bedaŭrinde nuliĝis pro la pandemio. **6** La instruistoj de la postbaza kaj meznivela kursoj duobligis la nombron de sesioj, kaj tiel solviĝis la problemo, ke tro da homoj deziris aliĝi en 2020. **7** Ili decidis okazigi duan sesion en aŭtuno.

Reading

1 Brulado de karbo, nafto kaj tergaso. **2** En la ĉiamfrostaj grundoj kaj glaciejoj. **3** Pro la tutmonda varmiĝo degelas la glaciĉapoj. Tial la marnivelo pliatiĝos. **4** Je unu grado. Necesas je du superi la antaŭindustrian terklimaton, kaj jam je unu la temperaturo plialtiĝis. **5** Tiu ĉi turnopunkto aparte timigas sciencistojn, ĉar ĝi ne estos inversigebla, kaj neniam eblos reveni al la nunaj vivkondiĉoj.

Test yourself

1 a transitive **b** transitive **c** transitive **2** Ni komencis varmigi la planedon, kaj nun tro ŝanĝis la klimaton. La polusoj degelas kaj komencas plialtigi la mar-nivelon. / Tio ne estas vera. La planedo mem varmiĝas. Tio komenciĝis tutsole. Mi ne kredas, ke la homaro kaŭzas klimatŝanĝon. Neniu kaŭzas ĝin. Oni diru do 'klimatŝanĝiĝo'. / Ĉu vi ne rimarkis, ke plialtiĝas la temperaturo jaron post jaro? Ĉu neniu rimarkigis tion al vi? / Kiel mi diris, neniu varmigas la temperaturon. Tio okazas tutsole. **3 a** da: 'Kontraŭ ĉiu teorio estas kvanto.' does not make sense, unlike 'Kontraŭ ĉiu teorio estas argumentoj.' 'Kvanto' is therefore a quantity. **b** de: 'La nombro denove kreskis.' makes sense, but 'La klientoj denove kreskis.' is not the intended meaning. 'Nombro' is therefore not a measurement of 'klientoj' here. **c** da: 'Lumigis la ĉambron [miriga] nombro' makes no sense, unlike 'Lumigis la ĉambron lampoj.' 'Nombro' is therefore a quantity here. **d** de: 'Ni konstatis duobligon de la kvanto.' makes sense, whereas 'Ni konstatis duobligon de la lernantoj.' doesn't really. (They didn't double: it was the quantity of them which did.) 'Kvanto' is therefore not a measure of 'lernantoj' here. Note: This exercise is very, very tricky to get your head around but knowing how to apply this technique will help you down the line.

UNIT 9

Unu mondo, unu lingvo, unu mono

1 The speso as a unit had hardly any value. One thousand of them was worth one tenth of a British pound, so it was customary to see prices quoted in thousands, using the spesmilo.
2 The founder's name was Herbert F. Höveler, whose initials were HFH. Back at that time, and still true for many speakers of British English, that sequence would have been pronounced aitch-eff-aitch: E. Ĉefeĉ. (Nowadays, a growing proportion of speakers pronounce 'h' as 'haitch', so this might not seem obvious to you.)

Vocabulary builder

Laboro kaj la ekonomio: employee, inflation, debts, a salary, services, a career

Conversation

1 a Ŝia volontulado baldaŭ finiĝos, kaj Sara ne scias, kion ŝi faros poste en la vivo. **b** Jakob indikas, ke li pripensas fari staĝon. **2 a** Malmultaj aliaj kandidatiĝos, ĉar staĝanoj ne ricevas salajron. **b** Sara devis pruntepreni por vivteni sin kiam ŝi estis studento. Tial ŝi havas ŝuldojn, kaj preferas komenci repagi ilin. **c** Ĉar la firmao ne sukcesis vendi sufiĉe el siaj varoj kaj servoj en malfacila ekonomia klimato, Jakob sciis, ke oni devos maldungi homojn. Li do volontulis, kaj ricevis iom pli da mono. **d** Jakob havas sufiĉe da mono en sia ŝparkonto por lui apartamenton dum almenaŭ tri monatoj. **e** Sara intencas fariĝi dom-posedanto kaj ŝpari sufiĉe da mono, ke ŝi povos emeritiĝi en relative maljuna aĝo. **3 a** posedanto **b** plialtiĝantaj **c** maldungoto **d** konsentite **e** bazrestanta **f** mi estis faronta **g** mi estus nun solvinta **h** estos finiĝinta **i** studante **j** frapite

Language discovery

1 a pensoj kurantaj en la kapo **b** kreskantaj zorgoj **c1** kurintaj, kreskintaj **2** kurontaj, kreskontaj **d1** Komprenite! **2** Kreskante **3** Finonte, venontaj **e** La problemo estus nun solvita. **2 a** La parolanta infano ĝenis ĉiujn en la teatro, ĝis iu koleriĝinta aktoro plendis al ŝia patrino. **b** La verkata libro postulis tiom da tempo, ke li bedaŭris la forĵetitajn horojn. **c** La arestita viro antaŭĝuas la tagon de liberigo. **d** La ĵus spektita filmo donis al mi ideon pri tio, kie mi ferios en la venonta jaro. **e** La perlaborotan monon mi uzos por repagi la ŝuldojn amasigitajn en la universitataj jaroj. **3 a**-5, **b**-3, **c**-4, **d**-6, **e**-1, **f**-2 **4 a** protektanto **b** protektato **c** savonto **d** savoto **e** frapinto **f** frapito **5 a** Malĝuste maldung**ite**, li tuj serĉis novan postenon en la sama urbo. **b** Komenc**onte** mian unuan tagon en la nova laborejo, mi estis nervoza kaj restis hejme. **c** Verk**onte** libron, oni havas multajn ideojn, sed verk**ante** ĝin, oni emas tuj forgesi ilin. Publikig**inte** la libron, oni kutime denove rememoras ilin. **d** Help**ite** de siaj gepatroj, ili sukcesis ŝpari sufiĉe por havi antaŭpagon por sia nova hejmo. Pag**inte** la antaŭpagon, ili nun devas pagi hipotekon ĉiun monaton. **e** Vid**inte** la katon, la hundo tuj ekĉasis. Ĉas**ate**, la kato rapide forkuris. **f** Promes**inte** grandajn financajn sukcesojn, la estro de la firmao devis agnoski sian eraron laŭtleg**ante** la mizerajn jarfinajn rezultojn. **6 a** Mi estis respondonta, sed mi ne havis tempon. **b** Mi estus kontaktinta vin, sinjoro, sed vi ne estis doninta al mi vian telefon-numeron. **c** Vi rajtos ludi vian gitaron post unu horo, kiam la bebo estos jam vekiĝinta. **d** Ŝi estis elironta, kiam ŝi rememoris, ke ŝia frato estas veturanta kaj estos alveninta baldaŭ. **e** La domo estis brulanta rapide. Kiam la fajrobrigadistoj alvenis, la fajro jam estis (for)bruliginta ĉion. **f** La dunginto estis pruntepreninta tiom da mono, ke post kiam li estis repaginta siajn ŝuldojn, restis nenio plu por mi! **7 a** Ni estus povintaj gajni pli da interezo, sed ni investis malsaĝe. (We could have earned more interest but we invested unwisely.) **b** Estas amata tiu stelulo super ĉiuj aliaj. (This star is (be)loved above all others.) **c** Estis bezonataj tri pliaj ludantoj, kaj tiam ni estus estintaj sufiĉe multnombraj por havi plenan teamon. (Three more players were needed, and then we would have been enough to have a whole team.) **d** Mi estus devinta akcepti la alian postenon, kiun oni estis proponinta al mi. (I should've accepted the other job which had been offered to me.) **e** Tion mi estis dironta, sed mankis tempo. (That's what I was going to say but there wasn't time.) **f** Vi estos ricevinta vian repagon ene de unu semajno, sinjoro. (You shall have received your repayment within a week, sir.) **8 a** Mi estos paginta (pagos) vin morgaŭ. **b** La arbo estis forhakita (de la viro) antaŭhieraŭ. **c** Ĝingis-Ĥano estis fondinta (fondis) la Mongolan Imperion. **d** Vi neniam estos pardonita(j) pro viaj krimoj! **e** Biletoj estos vendataj post du tagoj. **f** Ĉu estas permesate fumi ĉi tie? / Ĉu fumi estas permesate ĉi tie?

Listening

1 'Ĝis nun ĝi ne troviĝas en la internacia klasifikado de malsanoj, do oficiale ĝi ne estas malsano.' **2** 'Elbrula sindromo estas ja ligita al la laboro, kaj estas simple ne eblo ripozi. Ĝi ĉefe okazas ĉe homoj, kiuj havas grandan ŝarĝon, havas multe da taskoj, kiujn ili devas plenumi, kaj ofte ili ne ricevas ian sufiĉan rekompencon, ne nur en la mono, sed ankaŭ en la sento, ke la laboro valoras vere iel, kaj ke ĝi havas sencon.' **3** 'Multaj homoj sufiĉe ofte faras kromhorojn, ĉar estas tiu ĉiama penso en la kapo: 'Mi devas fari tion, mi devas fari tion', kiu komencas agi feroce. Kaj ofte en la kromhoroj ne eblas fakte fini la laboron, kaj kun la kreskantaj kromhoroj malkreskas la salajro hora, kaj tiel oni havas senton, ke la valoro de la laboro estas tute malalta.' **4** 'Homoj en Japanio eĉ mortas pro tio, pro koratakoj. Tiu koncepto nomiĝas "kiroŝi". Sufiĉe ofte temas pri homoj, kiuj estas junaj. Komence ĝi okazis ĉe homoj 40–50-jaraj, kiuj havas ian problemon kun la koro aŭ ian similan. Poste okazis, ke eĉ homoj 30-jaraj mortis en la laborejo, ĉar ili tro laboris. En Japanio tio ekzistas kiel oficiala kaŭzo de morto.' **5** Elenua sindromo: ĝi tuŝas homojn, kies laboro estas aparte teda, kiuj ne sentas sin sen valoraj, ne faras decidojn, kaj kiuj tial enuas laborante.

Reading

1 Usono **2** Li apenaŭ interesiĝis, kaj konservis sian jaman laborpostenon. Li poste malfermis sian propran firmaon kaj tiam devis eksiĝi de la antaŭa posteno por havi la rajton labori por sia propra firmao. **3** La plej multaj apartenis al la ŝtato, kaj oni ne rajtis vendi ilin. Oni do interŝanĝis inter si, ĝis ĉiuj havis apartamenton deziritan. **4** La falo de Sovetio havis la rezulton, ke oni povis privatigi sian loĝejon. Tio ne estis tre sukcesa, ĉar oni ne sciis, kiom vere valoras la komunalkoj, kaj malfidinduloj trompis per malveraj promesoj, aŭ vendante la saman apartamenton al pluraj homoj. **5** Kelkaj homoj forsendis la makleristojn, rifuzante eĉ paroli kun ili. Estas nun tro malfrue: neniu plu interesiĝas pri tiuj apartamentoj, tial la loĝantoj devas resti tie. Aliaj troviĝas en la sama situacio, ĉar ili havis tro da postuloj. **6 a** loĝanto **b** privatigi **c** antaŭurbo **d** renovigi **e** ŝanco **f** ostaĝo

Test yourself

1 The participle 'komencanta' means something which is starting. It isn't the word 'komencanto' as an adjective. The course should be labelled as a 'kurso por komencantoj' or a 'porkomencanta kurso'. **2** The form 'unuiĝi' would be changed to 'unuigi' ('made into one'), and this would be reflected in the names: 'Unuigitaj Nacioj', 'Unuigitaj Ŝtatoj', and 'Unuigita Reĝlando'. **3** 'Ni mortontoj salutas vin!'

UNIT 10

De dotoj ĝis amasfinancado

1 La senpaga aplikaĵo Amikumu ebligas al esperantistoj trovi aliajn en sia ĉirkaŭaĵo. **2** Por trovi kaj publikigi eventon oni povus uzi la retejon Eventa Servo: eventaservo.org.

Vocabulary builder

Esplorado: an explorer, a researcher, an exam, a theory, **Reta laborado:** to upload, to digitize, a button, to copy

Conversation

1 a La danĝera lingvo **b** Jakob rekomendas, ke Sara petu subvencion. **2 a** Oni ne sciis, ke ekzistas tiuj arĥivoj, ĝis oni hazarde trovis ilin 98 jarojn post la morto de Hodler. Tio donis al esploristoj malmultan tempon por verki ion por la centjariĝo de la forpaso de Hodler. **b** Ekzistas elŝuteblaj numeroj, sed ili estas bildoj, ne tekstoj. Tiel oni ne povas priserĉi ilin, kaj devas legi ĉion por trovi interesaĵojn. Pro tio, ke la dokumentoj estas bildoj, esploristoj ne povas kopii kaj alglui utilajn partojn. **c** Sara intencas ciferecigi la tieajn dokumentojn kaj gazetojn. **d** La PIS helpas fakulojn kaj jam spertajn studentojn plenumi esplorojn en la fakoj lingvo-planado, lingva politiko, lingva justeco. Per ĝia helpo oni partoprenas en konferencoj, prelegas, kaj publikigas fakajn librojn. **e** esplorado, edukado, konservado **3 a** cerbumi **b** alglui **c** alsendi subvencipeton **d** serĉmaŝino **e** alparoli **f** alirebla **g** alsendato **h** paĝparo **i** postlasaĵo **j** ĝisdatigi

Language discovery

1 a1 'La studento', the subject of the sub-clause. **2** 'kiuj', the subject of the sub-clause. **b1** 'liajn'. The professor is the subject of the main clause but not the implied subject of 'kontroli'. **2** 'siajn'. The researcher is the implied subject of 'kontroli', and so the reflexive pronoun is used to refer back to her. **c1** lia **2** sia **d** 'La fakulo devis priserĉi dosieron por trovi la informojn, kiujn li serĉis.' Note that the object of 'priserĉi' is not the same as 'serĉi'. It's possible to use 'traserĉi' as an alternative to 'priserĉi', although this exercise was set up to demonstrate a particular role of using 'pri' as a prefix. **e** 'Ĉu vi ankoraŭ laboras? Mi kredis, ke la projekto estis jam <u>el</u>laborita, sed ŝajnas, ke vi daŭre <u>pri</u>laboras ĝin.' 'pri' and 'el' can have special meanings when used as prefixes, as seen in this example. **2 a** La profesoro timis, ke iu nekonato priserĉis <u>lian</u> ĉambron por ŝteli la ekzamenpaperojn. It is not possible to use 'sian' here because that would refer to the thief's own room. **b** La ŝtelisto sciis, ke la profesoro konservas la ekzamenpaperojn en <u>sia</u> ĉambro. 'sia' is required here because the room was logically the professor's, who is the subject of the sub-clause. **c** Traserĉante/Priserĉante <u>lian</u> dosierujon, Maria trovis la dosierojn preparitajn kun <u>ŝia</u> eks-kolego. 'sia eks-kolego' would have been the files', and thus is not possible. **d** Traserĉante/Priserĉante <u>sian</u> dosierujon, Maria trovis la dosierojn perditajn kun <u>siaj</u> gravaj informoj. 'siaj' refers to whatever 'perditajn' is referring to. **3 a** Leja estis tre feliĉa ricevinte por <u>sia</u> naskiĝtago novan libron kun persona mesaĝo de <u>ĝia</u> verkinto. **b** Leja estis tre feliĉa ricevinte por <u>sia</u> naskiĝtago novan libron venantan kun persona mesaĝo de <u>sia</u> verkinto. **c** La juĝistoj aljuĝos la premion al tiu, kiu plej bone verkos <u>sian</u> raporton kaj ne al tiu, kiu unua respondos al <u>ilia</u> peto verki raporton. **d** Malĝojiginte <u>lian</u> edzinon, Andreo pardonpetis al Daĉjo, kiu respondis, ke Andreo pardonpetu rekte al <u>lia</u> edzino, ne al <u>ŝia</u> edzo. No reflexives in this sentence. **e** Aŭdinte la novaĵon pri <u>sia</u> frato, Antonio telefonis al <u>li</u> por gratuli <u>lin</u>. <u>Lia</u> frato, tamen, ĝis tiam ankoraŭ ne aŭdis la novaĵon pri <u>si</u>, kaj devis klarigi al <u>sia</u> frato, ke la novaĵo ne estas vera, demandante, ĉu <u>li</u> jam rakontis la supozatan novaĵon pri <u>sia</u> frato al iu alia. **4 a** La patrino ordonis al sia filo legi sian libron. **b** La patrino ordonis al sia filo teni ŝian manon. **c** La reĝo konstruigis sian kastelon. **d** La reĝo konstruigis al siaj fratoj sian kastelon. / La reĝo igis siajn fratojn konstrui lian kastelon. **5 a** Yes **b** Yes **c** Yes, because 'lavigis' hasn't been split. **d** No: Bruno's would be 'sian'. **e** Yes, although it's technically possible that this could be a third man's car. **f** No **6 a** No **b** Yes **c** Yes **d** No **7 a** La esploristo laboris ĉe universitato mondfama pro sia esplorado. **b** La esploristo laboris ĉe universitato mondfama pro lia/ŝia esplorado. **8 a** She already had to work for the last ten days and is now, understandably, <u>exhausted</u>. **b** He <u>came</u> <u>out with</u> the truth whether he wanted to or not. **c** We'll have to <u>think up/invent</u> a new system to solve the problem. **d** I'll never forgive him for <u>robbing</u> me/<u>stealing from</u> me. I'll never have those photos again! **e** The police <u>interrogated/questioned</u> the prisoner for several hours but he refused to answer. **f** They <u>discussed/talked through</u> the problem, and eventually reached an agreement. ('Diskuti' was originally used intransitively, and Zamenhof used 'pridiskuti' to introduce a direct object. Nowadays, 'diskuti' can also be used transitively, so there is no distinction in meaning between 'diskuti ion' and 'pridiskuti ion'. The modified form has endured, even though it is now no longer needed.) **9 a** sendito **b** aljuĝinto **c** alvenanto **d** priparolato **e** alparolato **f** rigardato **g** alrigardato **h** alrigardanto

Listening

1 Li rekomendis la titolon 'PIV 2005'. Tiu de 2002 nomiĝas 'La Nova PIV'. **2** Konsili surbaze de siaj propraj spertoj al mendantoj, se oni vidas, ke io povus al la verko utili. **3** 'La plej ofta mendo, kiun mi ricevadas kaj pri kiu mi opinias, ke same ĝin renkontas aliaj eldonejoj (ne nur en Esperantujo), estas deziro de iu aŭtoro aŭ tradukinto, ke la eldonejo eldonu la verkon, kiun li aŭ ŝi ĵus finis.' **4** 'Se ekaperas nova aŭtoro, eĉ se li skribus veran majstroverkon, komence li devas fronti kontraŭ malsukcesoj, ĉar la libroaĉetantoj ne kutimas aĉeti (pli precize eĉ rigardi en la librovendejo) libron verkitan de aŭtoro, pri kiu li neniam aŭdis aŭ legis.' **5** 'La Esperanto-merkato estas nesufiĉa por povi en ĝi vere ekonomie sukcesi.'

Reading

1 La citaĵo supozigas, ke Zamenhof vidis la homaron kiel unu popolon, kaj ke naciaj tendencoj estis bariloj. **2** Ĝi devis esti pli ol jura aranĝo: ĝi devis montri sin utila al normalaj homoj, kaj kunigi ilin, supozeble per alpreno kaj disvastigo de Esperanto. **3** Lapenna atentigis, ke internacia politiko ĉefe temis pri registaroj, sed ne pri la paca kunvivado de ordinaruloj. **4** La politika avantaĝo ĉefe estas tio, ke en la hodiaŭa mondo, neniu provus anonci sin kontraŭ paco kaj interkompreniĝo. Kvankam Lins ne listigas teĥnologiajn avantaĝojn, estas evidente, ke li celas Interreton kaj la eblon facile kaj rapide vojaĝi internacie. **5** La interproksimiĝo de homoj ekster nacioj surbaze de egalrajteco **6 a** kortuŝite **b** senrigarde **c** senantaŭjuĝa **d** senprecedence

Test yourself

1 a La maljunulo. This is a bit of a trick question because it's a basic sentence just presented in a different order from normal. 'Kreski' is intransitive, so the sentence is really 'La maljunulo kreskigis siajn tomatojn' or 'La maljunulo igis siajn tomatojn kreski'. **b** Aleksandro (dankis sian teamon) **c** Luko: implied subject of 'tuŝi'. **d** Nina: 'ŝia' is the implied subject of the verb-like noun 'festo'. **e** La ŝtelisto: subject of the sub-clause. **f** La geedzoj: the verb 'refarbigi' isn't split. **g** Sandrine: implied subject of 'pagi'. **h** The first refers to 'li'; the second refers to Irvin: 'de Irvin' is the implied subject of the verb-like noun 'plendado'. **2 a** 'ĉiujn amikojn' is the implied subject of 'estimi'. **b** 'kiuj' is the subject of the sub-clause. **c** 'kiuj' is the subject of the sub-clause. **d** Complement of the subject 'la novaj vortoj'. **e** 'La aŭtoro ... rigardadis ... kiel leĝojn por si.' **3 a** It is not possible to insert a verb in the middle of a noun phrase, as Zamenhof did in 'Ĝi la homan tiras familion' (Ĝi tiras la homan familion). **b** The most memorable example of the accusative of motion in Esperanto is found in the first verse of *La Espero*: 'En la <u>mondon</u> venis nova sento.' **c** 'Per laboro de la <u>esperantoj</u>' **d** soifanta-militanta, batalantoj-esperantoj, dividitaj-disbatitaj, laciĝos-efektiviĝos **e** The abridged version in Unit 2 features 'Staros "rondo familia"' in reference to 'La popoloj faros en konsento, Unu grandan rondon familian'. The full version of the poem contains 'Flugas per facila vento el la buŝo Nova Sento', referring to 'Per flugiloj de facila vento' and 'En la mondon venis nova sento'.

Esperanto–English glossary

Words already listed or translated within each unit have not been included in this vocabulary list, unless they appear in a later one. Basic vocabulary and grammatical words have also been omitted.

Labels in superscript indicate a verb's transitivity or a particular preposition which it is typically used with, according to the **Plena Ilustrita Vortaro**. Words are presented in their basic forms: the verb **pravi**, for example, is listed as the adjective **prava**. The symbol · indicates a break between elements, showing how the word is formed: the word **al·front·i**[tr], for instance, is a transitive verb built from the preposition **al**, the root **front/o**, and the **i**-ending.

adult·i[intr]   to commit adultery
advokat·o   attorney, barrister
afiŝ·o   note, post
agnosk·i[tr]   to acknowledge
akir·i[tr]   to acquire, to obtain, to get
aktual·a   current, present
al·front·i[tr]   to confront, to face
al·iĝ·i[intr]   to join
al·iĝ·il·o   application form
al·ir·i[intr,tr]   to access, to approach
al·kutim·iĝ·i[intr]   to get used to
al·port·i[tr]   to fetch, to bring
al·propr·ig·i[tr]   to take ownership
al·ven·i[intr]   to arrive
al·vok·i[tr]   to invoke, to appeal to
ampleks·o   range, scope, extent
anstataŭ·i[tr]   to take the place of, to substitute for
anstataŭ·ig·i[tr]   to replace, to substitute
apart·a   particular, separate
aparten·i[intr]   to belong
apenaŭ   barely, hardly, scarcely
apog·i[tr]   to support, to lean, to rest
atent·i[tr]   to watch out for, to pay attention
ating·i[tr]   to reach, to achieve
aŭdac·a   daring, bold

babil·i[intr]   to chat

ĉerp·i[tr]   to extract
ĉes·i[intr]   to stop, to cease

daŭr·i[intr]   to continue, to last, to keep on, to endure
de·nov·e   again
dejor·i[intr]   to serve, to be on duty
demand·i[tr]   to ask
dev·i   to have to, must
diligent·a   hardworking, industrious
dispon·ebl·a   available
doktor·o   person with a doctorate
dolor·i[tr]   to hurt, to cause pain
dron·i[intr]   to drown
dung·i[tr]   to hire, to employ

efektiv·a   actual, real
efektiv·ig·i[tr]   to achieve, to accomplish
efektiv·iĝ·i[intr]   to become realized, fulfilled, accomplished
en·konduk·i[tr]   to introduce
epok·o   age, era, epoch
erudici·o   erudition
estim·i[tr]   to think well of
evident·a   obvious
evit·i[tr]   to avoid, to evade
evolu·i[intr]   to evolve, to develop

fajr·o   fire
far·iĝ·i[intr]   to become
farb·o   dye, paint
feri·o   vacation, holiday, day off
feroc·a   fierce
fidel·a   faithful
foj·o   time, occasion

fond·i^{tr}   *to found, to set up*
fonetik·o   *phonetics*
font·o   *source*
for·est·o   *absence*
forc·i^{tr}   *to grow in a greenhouse*
frand·i^{tr}   *to relish*
frap·i^{tr}   *to knock, to strike*
fripon·o   *crook*
fuĝ·i^{intr}   *to run away, to flee*
funkci·i^{intr}   *to operate, to function, to work*

gast·ig·i^{tr}   *to host*
gazet·o   *newspaper, magazine, periodical*
gest·o   *gesture*
grandioz·a   *superb, magnificent, great*
gust·o   *taste*
gust·um·i^{tr}   *to taste*

ĝust·a   *correct, right, proper*

haven·o   *harbour, port*
hazard·o   *chance, randomness, accident*
hejm·o   *home*

imag·i^{tr}   *to imagine*
imperi·o   *empire*
impon·i^{tr}   *to impress, to be impressive*
impost·o   *tax*
inkluziv·a   *inclusive*
interes·i^{tr}   *to interest*

ju pli ... des pli ...   *the more ... the more ...*

ĵet·i^{tr}   *to throw*

kapt·i^{tr}   *to catch, to capture*
kler·a   *educated, enlightened*
klopod·i^{intr}   *to try*
kompat·i^{tr}   *to pity, to have compassion for*
konduk·i^{tr}   *to lead*
kondut·i^{intr}   *to behave, to conduct oneself*
kongru·i^{intr}   *to match, to coincide, to fit together*
konsekvenc·o   *consequence, consistency*
konsil·i^{tr}   *to advise*
konstat·i^{tr}   *to ascertain, to pick up on, to take note*
kotiz·i^{intr}   *to pay dues*
kresk·i^{intr}   *to grow*

kur·i^{intr}   *to run*
kurioz·a   *interesting, curious, quaint*
kutim·i^{inf; al aŭ tr}   *to be used to, to be in the habit of*
kvankam   *although, even though*
kvazaŭ   *as if, as though*

lanĉ·i^{tr}   *to launch, to start, to run*
larĝ·a   *broad, wide*
legom·o   *vegetable*
leĝ·o   *law*
lert·a   *skilful, clever*
liber·ig·i^{tr}   *to free, to liberate*
liber·o   *freedom, liberty*
lim·ig·i^{tr}   *to restrict, to limit*
lok·o   *place, location, spot*
luks·o   *luxury, extravagance*

mank·i^{intr}   *to be lacking, to be missing*
mem   *self*
mem·or·i^{tr}   *to remember, to keep in mind*
mend·i^{tr}   *to order (goods and services)*
mensog·i^{intr}   *to lie, to tell a lie*
mez·o   *middle*
miel·o   *honey*
miliard·o   *billion (thousand million)*
mir·i^{intr}   *to marvel at, to wonder*
mord·i^{tr}   *to bite*

nivel·o   *level*
norm·o   *standard, norm*

ofer·i^{tr}   *to sacrifice*
okaz·i^{intr}   *to happen, to occur, to come about*
okup·i^{tr}   *to occupy*

parenc·o   *relative, family member*
part·o·pren·i^{tr aŭ en}   *to take part, to participate*
paŝ·i^{intr}   *to step, to stride*
pel·i^{tr}   *to propel, to drive*
pen·i^{intr}   *to endeavour, to make an effort*
pentr·i^{tr}   *to paint (a portrait, etc.)*
per·e de   *by means of, with the intervention of*
per·labor·i^{tr}   *to earn*
pled·i^{intr}   *to plea, to plead*
pokal·o   *cup, trophy, goblet*
posed·i^{tr}   *to own, to possess*

posten·o   *post, station, place of duty*
postul·i^tr   *to demand, to require*
pov·i^tr   *to be able to, can*
prav·a   *right (having a correct opinion)*
precip·c   *mainly, chiefly*
prem·i^tr   *to squeeze, to apply pressure, to press*
pres·i^tr   *to print*
pretend·i^tr   *to claim*
pri·serĉ·i^tr   *to seach, to look within*
pri·zorg·i^tr   *to take care of*
prokrast·i^tr   *to delay, to put off*
propon·i^tr   *to propose, to offer, to suggest*
propr·a   *own, personal*
prov·i^tr   *to try, to attempt, to test*
pund·o   *pound (currency)*

rabat·o   *discount*
rakont·i^tr   *to narrate, to tell*
re·kon·i^tr   *to recognize*
reg·i^{ntr,tr}   *to rule, to master*
registr·i^tr   *to register, to record*
regul·o   *rule*
reĝisor·o   *director*
reklam·o   *advertisement*
rekt·a   *direct*
renkont·i^tr   *to encounter, to meet*
rest·i^{ntr}   *to stay, to remain*
ret·poŝt·aĵ·o   *an email (the item)*
ret·poŝt·o   *email (the system)*
rev·i^tr   *to dream, to daydream*
rimark·i^tr   *to notice*
rimed·o   *resource, means*
rul·seĝ·o   *wheelchair*

serĉ·i^tr   *to look for*
serv·i^{tr,ntr}   *to serve*

si·n·ten·o   *attitude, posture*
signif·i^tr   *to mean*
spec·o   *type, sort, kind*
spekt·i^tr   *to watch (a film, a show)*
spert·a   *experienced*
streb·i^{ntr}   *to strive*
sub·strek·i^tr   *to underline*
sukces·i^{ntr}   *to succeed, to manage to*
super·i^tr   *to exceed, to surpass*
sur·baz·e de   *based on*

ŝanc·o   *chance, luck*
ŝanĝ·i^tr   *to change*

taŭg·i^{ntr}   *to be suitable, to be fit for*
teror·o   *reign of terror*
trajt·o   *feature, trait*
trakt·i^tr   *to treat, to handle, to deal with*
trankvil·a   *tranquil, calm*
tru·o   *hole*
tur·o   *tower*

unu·ig·i^tr   *to unite*

valor·o   *value, worth*
verk·i^tr   *to compose, to create, to write*
vic·o   *line, row, file, turn*
vitr·o   *glass (substance)*
voj·o   *way, route*
vok·i^tr   *to call*
vokal·o   *vowel*
vol·i^tr   *to want*

zorg·i^{ntr,tr}   *to care for, to be anxious about, to be concerned over*

English–Esperanto glossary

The following section contains vocabulary which may be useful for the Speaking and Writing tasks, complementing the grammar and vocabulary by helping learners to express themselves as experienced Esperanto speakers do.

absolutely not!   *tute ne!*
acknowledge   *agnoski*[tr]
actual   *efektiva*
addition, in   *aldone*
additional   *kroma*
advise   *konsili*[tr]
again   *denove*
agree   *konsenti*[intr]
aim   *celo*
alas!   *ho ve!*
alike   *egale*
all right   *en ordo*
although   *kvankam*
amaze   *mirigi*[tr]
ambiguous   *dusenca, dusignifa*
analyse, analyze   *analizi*[tr]
anecdote   *anekdoto*
another   *ankoraŭ unu*
any   *ajna*
anyhow   *ĉiaokaze, ĉiuokaze*
anyway   *ĉiaokaze, ĉiuokaze*
apart from   *krom*
approve   *aprobi*[tr]
approximately   *proksimume*
apropos   *rilate -n/al*
apt   *trafa*
argue   *disputi*[intr], *argumenti*[intr]
as if   *kvazaŭ*
as though   *kvazaŭ*
ascertain   *konstati*[tr]
ask   *peti*[tr], *demandi*[tr]
attitude   *sinteno*
averse   *malinklina*

barely   *apenaŭ*
based on   *surbaze de*
become   *fariĝi*[intr]
believe   *kredi*[tr]

belong   *aparteni*[intr]
besides   *cetere; krom*
better, all the   *des pli bone*
beyond   *preter*
both ... and ...   *kaj ... kaj ...*
briefly   *mallonge, koncize*

cause   *kaŭzi*[tr], *kialo*
caveat   *averto*
chiefly   *precipe*
cite   *citi*
claim   *pretendi*[tr]
coherent   *kohera*
comparable   *komparebla*
compare   *kompari*[tr]
concede   *cedi*[tr]
concerning   *koncerne +n*
concisely   *koncize*
conclusion   *konkludo*
condemn   *kondamni*[tr]
confront   *alfronti*[tr]
conjecture   *konjekti*[tr]
consequence   *konsekvenco*
consequently   *sekve, konsekvence*
considerable   *konsiderinda*
consistent   *kohera*
contemplate   *konsideri*[tr], *kontempli*[tr]
continue   *daŭri*[intr]
contradict   *kontraŭdiri*[tr]
contrast   *kontrasti*[tr aŭ kun]
convince   *konvinki*[tr]
counter   *kontraŭi*[tr]
criticize   *kritiki*[tr]
current   *aktuala*

defer   *prokrasti*[tr]
demand   *postuli*[tr]
demonstrate   *(el)montri*[tr]

deplore   *tre bedaŭri*[tr]
describe   *priskribi*[tr]
dichotomy   *dupartigo, disdueco*
discuss   *diskuti*[intr, tr]
distinguish   *distingi*[tr]

each   *ĉiu*
each other   *unu la alian*
either   *unu aŭ la alia*
either ... or ...   *aŭ ... aŭ ...*
elsewhere   *aliloke*
et al   *k aliaj, kaj aliaj*
et cetera   *kaj tiel plu, ktp*
even   *eĉ*
even though   *kvankam*
ever so   *tre, ege*
ever, hardly   *preskaŭ neniam*
every   *ĉiu*
everyday   *ĉiutaga*
example, for   *ekzemple*
exceed   *superi*[tr]
except   *escepte de*
express   *esprimi*[tr]
extent   *amplekso*
extra   *aldona*

face   *alfronti*[tr]
figure   *cifero*
finally   *fine, finfine*
furthermore   *krome*

generally   *ĝenerale, ordinare, plej ofte*
guess   *konjekti*[tr]*, diveni*[tr]

hand, on the other   *aliflanke*
hardly   *apenaŭ*
hereby   *per ĉi tio*
however   *tamen*

imagine   *imagi*[tr]
immediate   *tuja*
in order to   *por ke + -u, por + -i*
in other words   *alivorte*
including   *inkluzive de*
indeed!   *jes ja!*
indifferent   *indiferenta*
interest   *interesi*[tr]
introduce   *enkonduki*[tr]

keep on   *daŭri*[intr]
kind   *speco*

lacking, to be   *manki*[intr]
largely   *grandparte*
last   *lasta*
last but not least   *laste sed ne lastrange*
last, at   *fine*
lately   *lastatempe*
lead   *konduki*[tr]
likewise   *same*
limit   *limigi*[tr]
long last, at   *finfine*
long-term   *long-tempa, long-daŭra*

mainly   *precipe*
marvel at   *miri*[intr]
match   *kongrui*[intr]
mean   *signifi*[tr]
meanwhile   *intertempe*
moreover   *plue, cetere*

namely   *nome*
narrate   *rakonti*[tr]
neither ... nor ...   *nek ... nek ...*
nevertheless   *tamen*
no way!   *tute ne!, neniel!*
nonetheless   *tamen*
noticeable   *perceptebla, rimarkinda*
notwithstanding   *malgraŭ*
nowadays   *nuntempe*

objective   *celo*
obligation   *devigo*
obvious   *evidenta*
occasion   *fojo*
once   *unu fojon*
once upon a time   *estis iam*
one another   *unu la alian*
oppose   *kontraŭi*[tr]
or else   *alie*
ordinarily   *kutime*
otherwise   *alie*
outcome   *rezulto*
outstanding   *elstara*

particular   *aparta*
pick up on   *konstati*[tr]
point   *punkto*

point, to the   *trafa*
predict   *antaŭdiri*^{tr}, *prognozi*^{tr}
pretend   *ŝajnigi*^{tr}
propose   *proponi*^{tr}
prove   *pruvi*^{tr}

quotation   *citaĵo*
quote   *citi*

real   *efektiva*
recall   *rememori*^{tr}
recently   *lastatempe*
recognize   *rekoni*^{tr}
recollect   *rememori*^{tr}
reference to, with   *rilate -n/al*
relation to, with   *rilate -n/al*
replace   *anstataŭigi*^{tr}
request   *peti*^{tr}
require   *postuli*^{tr}
response to, in   *responde -n/al*
restrict   *limigi*^{tr}
right, to be   *pravi*

separate   *aparta*
so   *do*
something like that   *lo tla*
sort   *speco*

so-so   *mezkvalita*
source   *fonto*
spite of, in   *malgraŭ, spite*
strive   *strebi*^{ntr}
suchlike   *tia*
suggest   *proponi*^{tr}
summarize   *resumi*^{tr}
support   *apogi*^{tr}

take the place of   *anstataŭi*^{tr}
tell   *rakonti*^{tr}
that is to say   *t.e. (tio estas)*
the more ... the more ...   *ju pli ...*
     des pli ...
therefore   *tial*
time   *fojo*
try   *klopodi*^{ntr}, *provi*^{tr}
type   *speco*
typical   *tipa*

underline   *substreki*^{tr}
unless   *krom se*
usually   *kutime*

way, by the   *parenteze*
well   *nu*
would-be   *supozita, kvazaŭa*

Grammar index

References are to units.

Bibliography

UNIT 1

Monumente pri Esperanto: dvd.ikso.net/faka/scienco/Monumente.pdf

Rusoj loĝas en Rusujo: bonalingvo.org/docs/rusojenrusujo.pdf

Lingvaj Respondoj: bit.ly/3hXNsWM

Listo de Rekomendataj Landnomoj: akademio-de-esperanto.org/decidoj/landnomoj/listo_de_rekomendataj_landnomoj/index.html

UNIT 2

Estas mi Esperantisto: uea.facila.org/artikoloj/legaĵoj/estas-mi-esperantisto

La Ondo de Esperanto, interviews with the Esperantistoj de la Jaro: esperanto-ondo.ru/Ind-jaro.htm

La vivo de TEJO-volontuloj en Roterdamo: youtube.com/watch?v=fp73e5cz8_Y

UNIT 3

Kabe: Ĉu eterna mistero? esperanto.org.uk/articles/movado/kabe-ĉu-eterna-mistero

La iamo longe for (video): youtube.com/watch?v=GVCzONYXZL0

La iamo longe for (lyrics): kantaro.ikso.net/iamo_longe_for

UNIT 4

Pelé: uea.facila.org/artikoloj/homoj/pele

Kontakto: kontakto.tejo.org

Esperantista Vegetarano: vegetarismo.info/arkivo-ev

Bonan Apetiton: apetito.ikso.net

UNIT 5

Egalecen: egalecen.org

kern.punkto – vidhandikapo: kern.punkto.info/2018/05/30/kp138-vidhandikapo

kern.punkto – genro kaj egaleco: kern.punkto.info/2018/12/12/kp150-genro-kaj-egaleco

Malgranda gefrato: rano.org/frateto

Voice recordings from UEA's magazine: uea.org/revuoj/sono

UNIT 6

Poetoj detruas nian lingvon: bonalingvo.net/index.php/La_poetoj_detruas_nian_lingvon

Poetoj konstruas nian lingvon: dvd.ikso.net/revuo/Revuo_Esperanto/2009/12.pdf#page=11

Vortotrezoro trovita en la malantaŭo de aŭto: liberafolio.org/2020/10/13/vortotrezoro-trovita-en-la-malantauo-de-auto uea.facila: uea.facila.org

La bona lingvo: claudepiron.free.fr/livres/bonalingvo.htm

Retoriko: ivolapenna.org/verkoj/books/esp_retoriko.pdf

Konfuziloj: edukado.net/biblioteko/fotoj?al=26

UNIT 7

Stela ĉiam nur kritikas: stelachiamnurkritikas.wordpress.com

UNIT 8

Esperanta Retradio: esperantaretradio.blogspot.com

Monato: monato.be/indekso.php

Unesko-kuriero: uea.org/revuoj/unesko_kuriero

UNIT 9

Ata-ita-diskuto: eo.wikipedia.org/wiki/Ata-ita-diskuto

La Zamenhofa Esperanto: simpozio pri -ata/-ita: katalogo.uea.org/katalogo.php?inf=3441

La strato de Tanja: kniivila.net/la-strato-de-tanja

Homoj de Putin: kniivila.net/putin-kaj-la-popolo

Krimeo estas nia: kniivila.net/krimeo-estas-nia

Idoj de la imperio: kniivila.net/idoj-de-la-imperio

UNIT 10

Esperantic Studies Foundation: esperantic.org

Tekstaro de Esperanto: tekstaro.com

Eventa Servo: eventaservo.org

Amikumu: amikumu.com

Edukado.net: edukado.net/instrumaterialoj

Ekparolu: edukado.net/ekparolu/projekto

Somera Esperanto-Studado: ses.ikso.net

Nord-Amerika Somera Kursaro: nask.esperanto-usa.org

Specimen exams: edukado.net/ekzamenoj/referenckadro

Comparing CEFR and ACTFL language proficiency standards

This table shows an approximate comparison of the CEFR Global descriptors and ACTFL proficiency levels.* For both systems, language proficiency is emphasized over mastery of textbook grammar and spelling. Note that the ACTFL system divides the skills into receptive (reading and listening) and productive (speaking and writing). For more information please refer to www.actfl.org; www.coe.int; www.teachyourself.com.

CEFR	ACTFL	
	RECEPTIVE	PRODUCTIVE
C2 Can understand with ease virtually everything heard or read. Can summarize information from different spoken and written sources, reconstructing arguments and accounts in a coherent presentation. Can express him/herself spontaneously, very fluently and precisely, differentiating finer shades of meaning even in more complex situations.	Distinguished	Superior
C1 Can understand a wide range of demanding, longer texts and recognize implicit meaning. Can express him/herself fluently and spontaneously without much obvious searching for expressions. Can use language flexibly and effectively for social, academic and professional purposes. Can produce clear, well-structured, detailed text on complex subjects, showing controlled use of organizational patterns, connectors and cohesive devices.	Advanced High/ Superior	Advanced High
B2 Can understand the main ideas of complex text on both concrete and abstract topics, including technical discussions in his/her field of specialization. Can interact with a degree of fluency and spontaneity that makes regular interaction with native speakers quite possible without strain for either party. Can produce clear, detailed text on a wide range of subjects and explain a viewpoint on a topical issue giving the advantages and disadvantages of various options.	Advanced Mid	Advanced Low/ Advanced Mid
B1 Can understand the main points of clear standard input on familiar matters regularly encountered in work, school, leisure, etc. Can deal with most situations likely to arise whilst travelling in an area where the language is spoken. Can produce simple connected text on topics which are familiar or of personal interest. Can describe experiences and events, dreams, hopes and ambitions and briefly give reasons and explanations for opinions and plans.	Intermediate High/ Advanced Low	Intermediate Mid/ Intermediate High
A2 Can understand sentences and frequently used expressions related to areas of most immediate relevance (e.g. very basic personal and family information, shopping, local geography, employment). Can communicate in simple and routine tasks requiring a simple and direct exchange of information on familiar and routine matters. Can describe in simple terms aspects of his/her background, immediate environment and matters in areas of immediate need.	Intermediate Mid	Intermediate Low
A1 Can understand and use familiar everyday expressions and very basic phrases aimed at the satisfaction of needs of a concrete type. Can introduce him/herself and others and can ask and answer questions about personal details such as where he/she lives, people he/she knows and things he/she has. Can interact in a simple way provided the other person talks slowly and clearly and is prepared to help.	Novice High/ Intermediate Low	Novice High
0	Novice Low/ Novice Mid	Novice Low/ Novice Mid

*CEFR = Common European Framework of Reference for languages; ACTFL = American Council on the Teaching of Foreign Languages

Photo credits

Notes